宇宙開発の基礎知識

宇宙をめざす人類のあゆみ

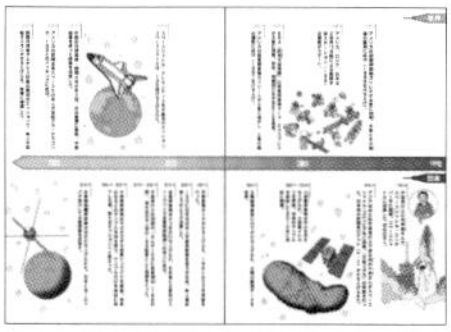

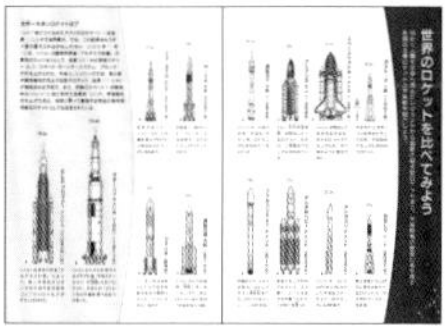
世界のロケットを比べてみよう

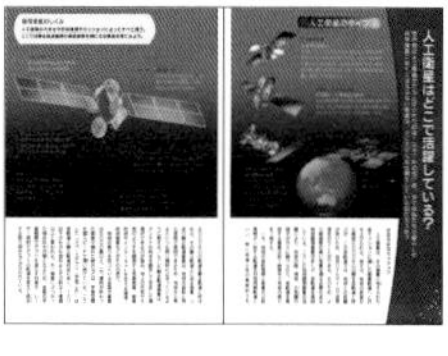
人工衛星はどこで活躍している?

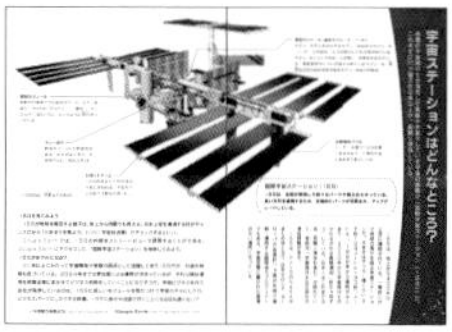
宇宙ステーションはどんなところ?

宇宙をめざす人類のあゆみ

20世紀半ばに始まったソ連（現在のロシア）とアメリカの開発競争から、世界の国々が開発に参加する新時代へ。
世界と日本の宇宙開発の歴史をひも解いてみよう。

世界

1950

1957年
世界初、ソ連の人工衛星《えいせい》スプートニク型1号がR-7ロケットで打ち上げられた。

1959年
ソ連のルナ計画で宇宙探査機ルナ2号が打ち上げられ、史上はじめて月面に到達。

1961年
ソ連の有人宇宙船ボストーク1号でガガーリンが108分の宇宙飛行に成功。

1960

1962年
アメリカの惑星《わくせい》探査機《たんさき》マリナー2号が史上初の惑星接近飛行に成功。金星の表面温度などを観測した。

日本

1955年
糸川英夫《いとかわひでお》博士がペンシルロケット（直径1・8センチ、重さ190g、長さ23センチ）の水平発射試験に成功。

1962年
ロケット打ち上げ施設として内之浦《うちのうら》宇宙空間観測所（鹿児島県）の建設がスタート。

1966年
ソ連の月探査機ルナ9号が月面軟着陸《なんちゃくりく》に成功。月面のパノラマ写真を地球に送信した。

1969年
アポロ11号に搭乗《とうじょう》したニール・アームストロングらが人類ではじめて月面に降り立った。

1970年
アポロ13号が月探査に向かう途中、酸素《さんそ》タンクの爆発事故が発生。急きょ地球へ帰還《きかん》した。

1971年
ソ連の月探査機ルナ19号が打ち上げられ、月を周回しながら1年間観測を行った。

1972年
アメリカの惑星探査機パイオニア10号が木星探査と太陽系外脱出《だっしゅつ》の旅へ。翌年、11号が木星・土星探査へ。

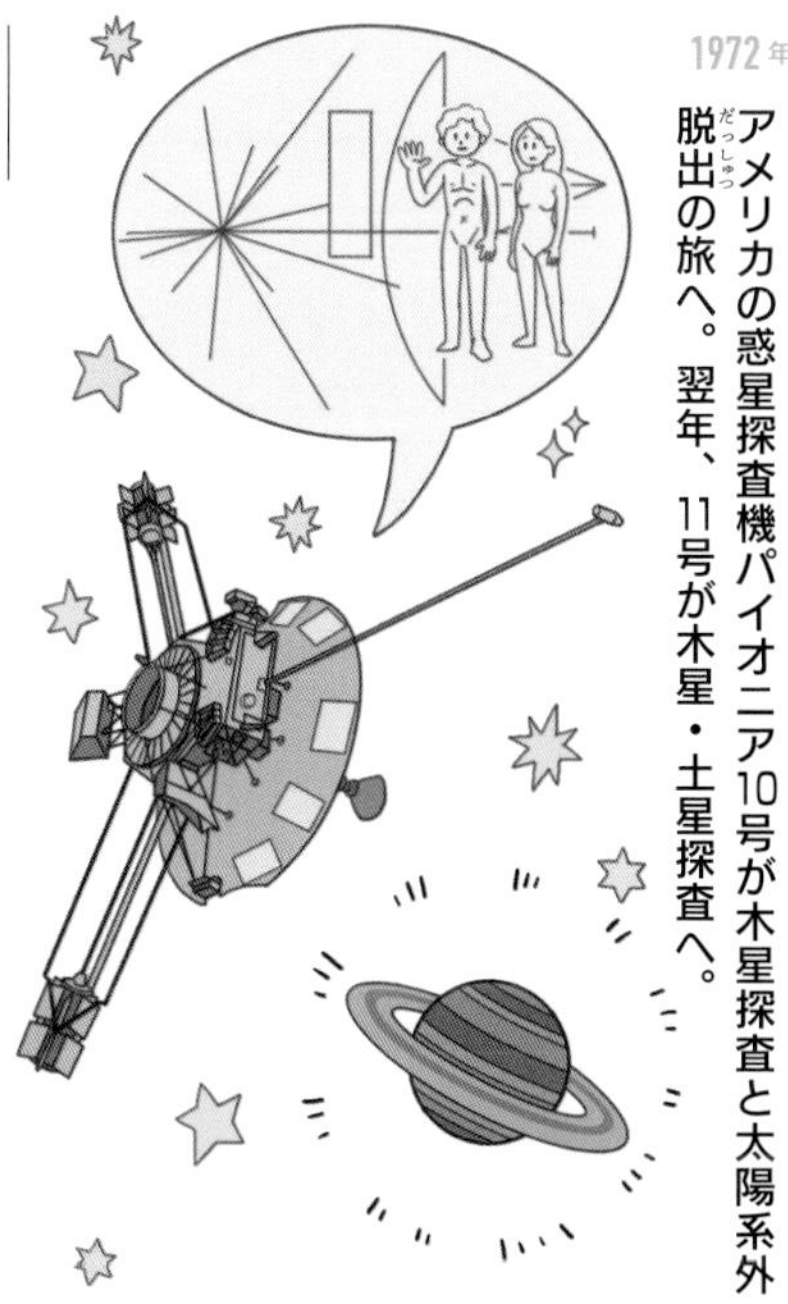

1981年
NASAの有人宇宙船スペースシャトル・コロンビア号が初の打ち上げに成功。

1986年
ソ連によって宇宙ステーション・ミールの建設が始まり、人類が宇宙に長期滞在《たいざい》できる時代へ。

1970

1980

1963年
世界初の山地に建つロケット発射場として、内之浦《うちのうら》宇宙空間観測所が開所。

1968年
種子島《たねがしま》宇宙センターで初のロケット打ち上げ。翌年、宇宙開発事業団NASDA《ナスダ》（JAXA《ジャクサ》の前身）が設立された。

1970年
日本初の人工衛星おおすみの打ち上げに成功。地球の周回にも成功した。

1981年
太陽観測衛星ひのとりが打ち上げられ、太陽フレアの観測に成功した。

1985年
ハレー彗星《すいせい》が地球に接近。日本は探査機すいせいを打ち上げ、欧州・アメリカ・ロシアと協力して観測を行った。

世界

1995年

アメリカの惑星探査機《わくせいたんさき》ガリレオが木星に到着《とうちゃく》。木星とその衛《えい》星《せい》の観測に成功（1989年打ち上げ）。

1998年

アメリカ、ロシア、日本など世界15カ国による国際宇宙ステーション（ISS）の建設がスタート。

2003年

ESA（欧州《おうしゅう》宇宙機関）の惑星探査機マーズ・エクスプレスが火星に到着。翌年、南極冠《なんきょくかん》に氷があることを発見。

2004年

アメリカの惑星探査機カッシーニが土星に接近し、土星の輪の撮影《さつえい》に成功（1997年打ち上げ）。

1990　　2000

日本

1992年

宇宙飛行士の毛利《もうり》衛《まもる》さんが、スペースシャトル・エンデバー号に搭乗《とうじょう》。スペースシャトルに搭乗した、初の日本人。

1994年

アジア初の女性宇宙飛行士である向井《むかい》千秋《ちあき》さんがスペースシャトル・コロンビア号に搭乗。「宇宙メダカ」の実験を行った。日本初の純国産ロケット（H-Ⅱ）が打ち上げられた。

2003年～2010年

小惑星《しょうわくせい》探査機はやぶさが打ち上げられ、小惑星イトカワを探査。地表のサンプルを回収して2010年に地球に帰還《きかん》。

2006年

太陽観測衛星ひのでが打ち上げられ、太陽の観測データを収集。

2011年
スペースシャトル・アトランティス号が最後のミッション。スペースシャトルは、１３５回打ち上げられた。

2019年
中国の月探査機・嫦娥《じょうが》４号が史上初、月の裏側に着陸。中継衛星を使って映像を送信した。

2020年
アメリカの民間企業スペースXの有人宇宙船クルードラゴンが、ISSとのドッキングに成功。

2022年
国際月探査アルテミス計画の最初のミッションで、無人宇宙船オリオンが打ち上げられ、無事に帰還《きかん》した。

2010

2020

2007年
月探査機かぐやが打ち上げられ、１年半にわたり月探査を行った。

2009年
ISSに日本初の有人宇宙実験棟きぼうが完成。無人補給機こうのとりが活躍した。

2010年
金星探査機あかつきが打ち上げられ、６年後に2度目のスイングバイで金星周回軌道《きどう》への投入に成功。

2013年～2014年
宇宙飛行士の若田光一《わかたこういち》さんがISSに長期滞在《たいざい》（１８８日間）、後半は日本人初のISS船長として指揮をとった。

2014年～2020年
小惑星探査機はやぶさ2が小惑星リュウグウを探査。地表の石などのサンプルを持ち帰り、サンプルだけを地球に投下した後、新たなミッションへと旅立った。

2018年
水星磁気圏《じきけん》探査機みおが打ち上げられた。日本とヨーロッパが協力して水星探査を目指す。

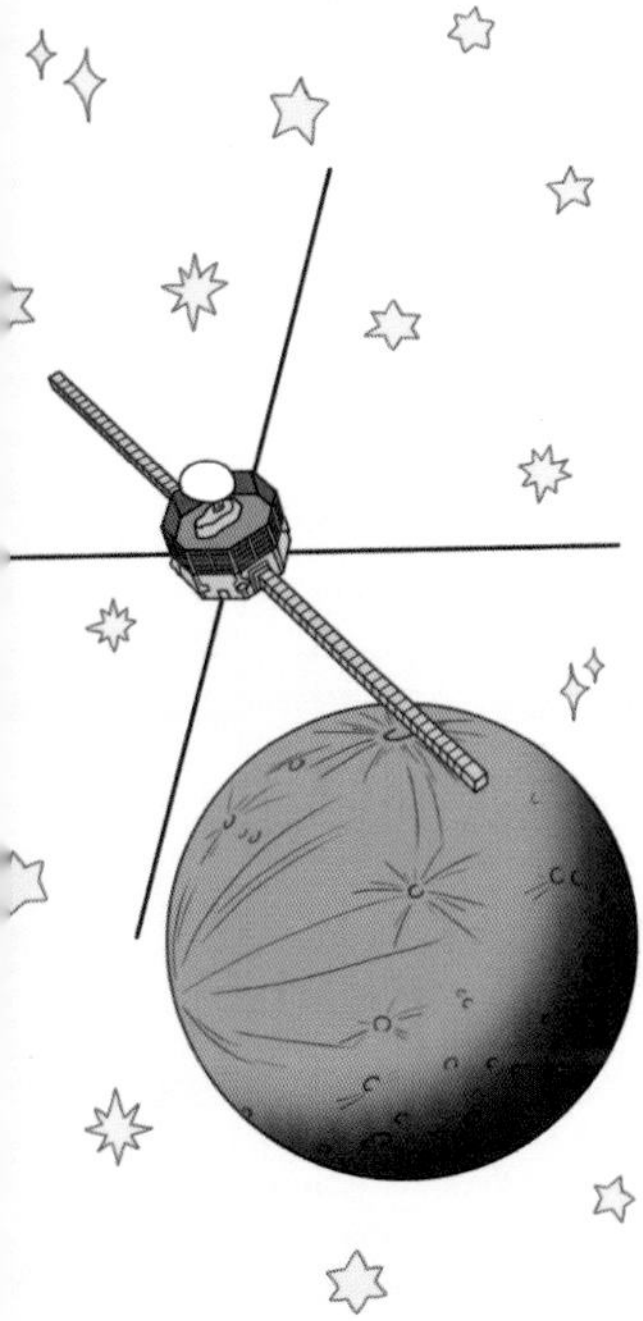

世界のロケットを比べてみよう

初めて人類を宇宙へ運んだレジェンドから最新の超大型ロケットまで、宇宙開発の歴史に名を残す各国の主要ロケットと宇宙船を紹介しよう。

ボストーク ソ連（1961年）

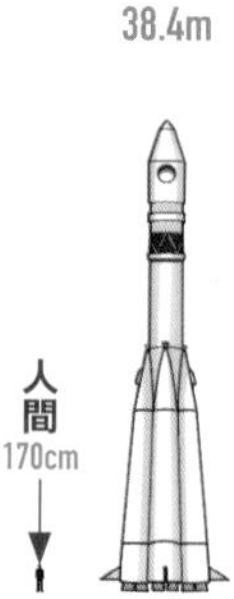

宇宙飛行士ガガーリンを乗せた史上初の有人宇宙船の打ち上げに使われたロケット。

スペースシャトル アメリカ（1981年）

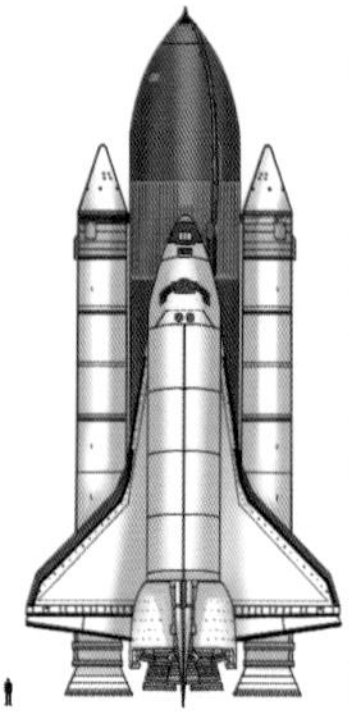

NASAが開発した再使用型宇宙船。燃料ロケットで打ち上げられ、飛行機のように着陸できた。

アリアン5 EU（1996年）

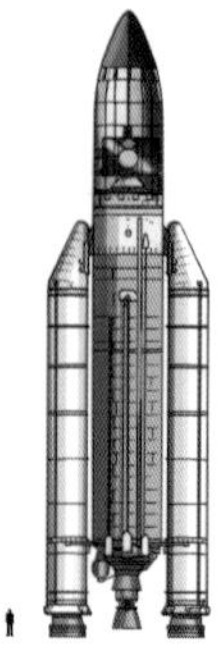

ESA（欧州宇宙機《おうしゅううちゅうき》関《かん》）が開発した大型ロケット。多数の人工衛星《えいせい》の打ち上げに使われている。

長征2F 中国（1999年）

2003年、中国初の有人宇宙船「神舟5号」の打ち上げに使われた大型ロケット。

GSLV インド（2001年）

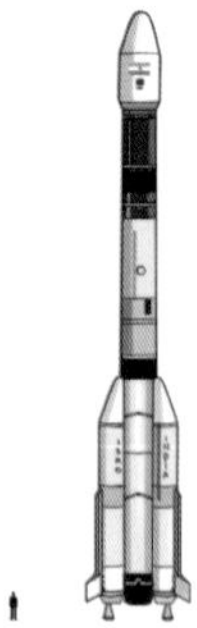

静止衛星打ち上げ用に開発された大型ロケットで、液体燃料ブースターを装備。

アトラスV アメリカ（2002年）

2022年、ISSとのドッキングに成功した宇宙船スターライナーの打ち上げにも使われた。

デルタⅣヘビー アメリカ（2004年）

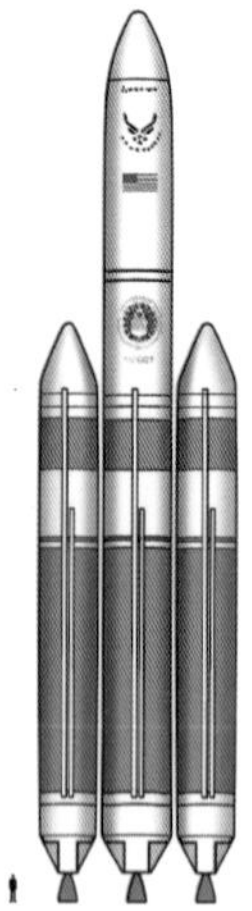

衛星打ち上げ用のデルタシリーズで最大。2018年まで世界最大の打ち上げ能力を誇《ほこ》った。

ファルコン9 FT アメリカ（2015年）

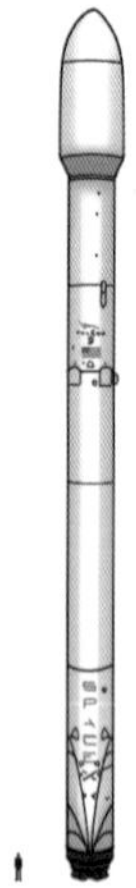

民間のスペースX社が開発。ISSにドラゴン補給船《ほきゅうせん》を打ち上げたファルコン9（v1.0）の改良型。

世界一大きいロケットは？

1967 年につくられたアメリカのサターン V は全長 110.6 mで世界最大。でも、この記録はもうすぐ塗《ぬ》り替《か》えられるかもしれない。2022 年 11 月 16 日、NASA の国際月探査「アルテミス計画」の最初のミッションとして、全長 98.1 mの新型ロケット SLS（スペース・ローンチ・システム）ブロック 1 が打ち上げられた。今後 SLS シリーズでは、有人機や貨物船を打ち上げる巨大ロケット（全長 111.2 m）が開発される予定だ。また、民間のスペース X が開発中の Starship は二段式で全長約 120 m。宇宙船を打ち上げたあと、地球に戻《もど》って着陸する完全に再利用可能なロケットとしても注目されている。

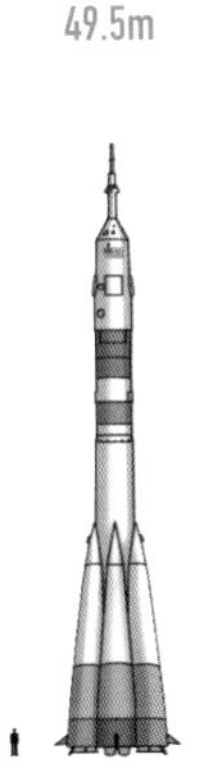

ソユーズFG ロシア（2001年）

国際宇宙ステーション（ISS）に物資を運ぶプログレス補給船の打ち上げに使われた。

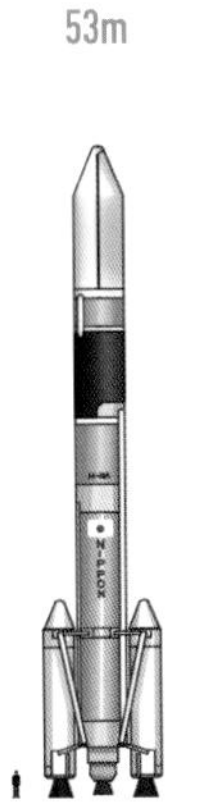

H-ⅡA 日本（2001年）

純国産H-Ⅱロケット（1994 年）の後継機で、日本の打ち上げロケットの主役。

SLS ブロック1 アメリカ（2022年11月）

NASA の国際月探査「アルテミス計画」によって、無人宇宙船オリオンや日本の月面探査機 OMOTENASHI などが打ち上げられた。

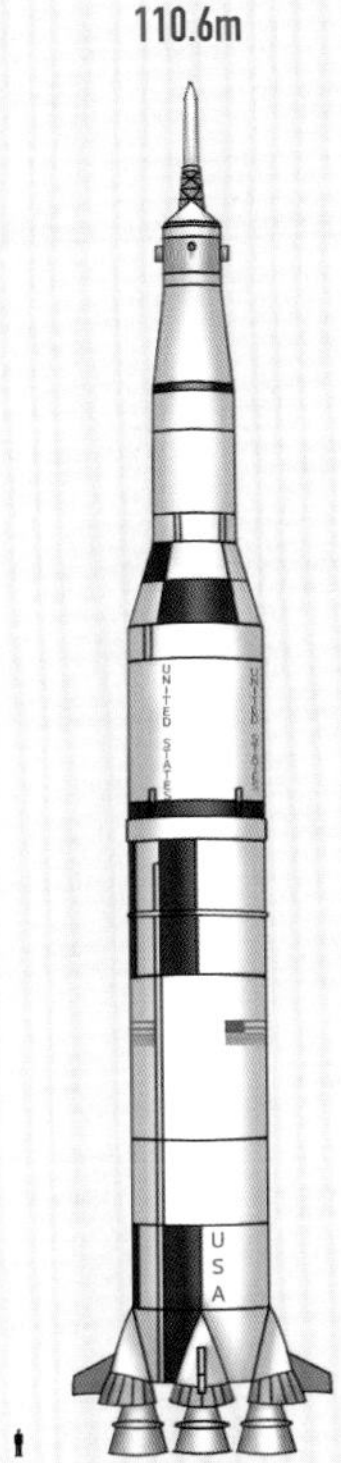

サターンV アメリカ（1967〜1973年）

NASA のアポロ計画やスカイラブ計画（宇宙ステーション）で活躍《かつやく》した巨大ロケット。宇宙に約 120 トンもの物資を運べる能力があった。

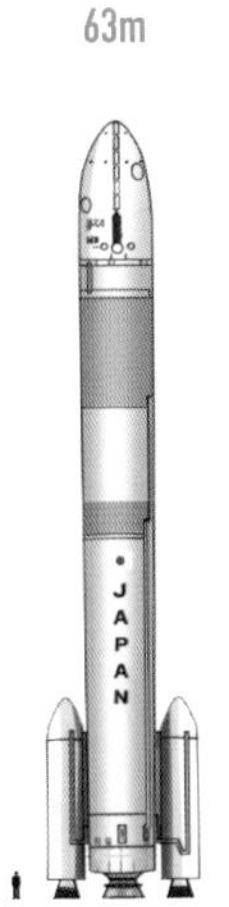

H3 日本（開発中）

H - Ⅱ A の後継機として日本の宇宙輸送を担う基幹《きかん》ロケット。2022 年現在、開発中。

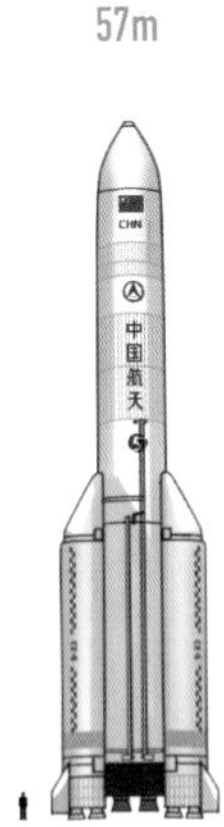

長征5号 中国（2016年）

2020 年に月探査機「嫦娥《じょうが》 5 号」を打ち上げた。長征ロケットは中国の月探査計画で活躍。

人工衛星はどこで活躍している?

世界初の人工衛星が打ち上げられたのは1957年の旧ソ連。今では私たちの暮らしや科学調査になくてはならない衛星《えいせい》は、どこでどんな仕事をしているのだろうか?

人工衛星のタイプ

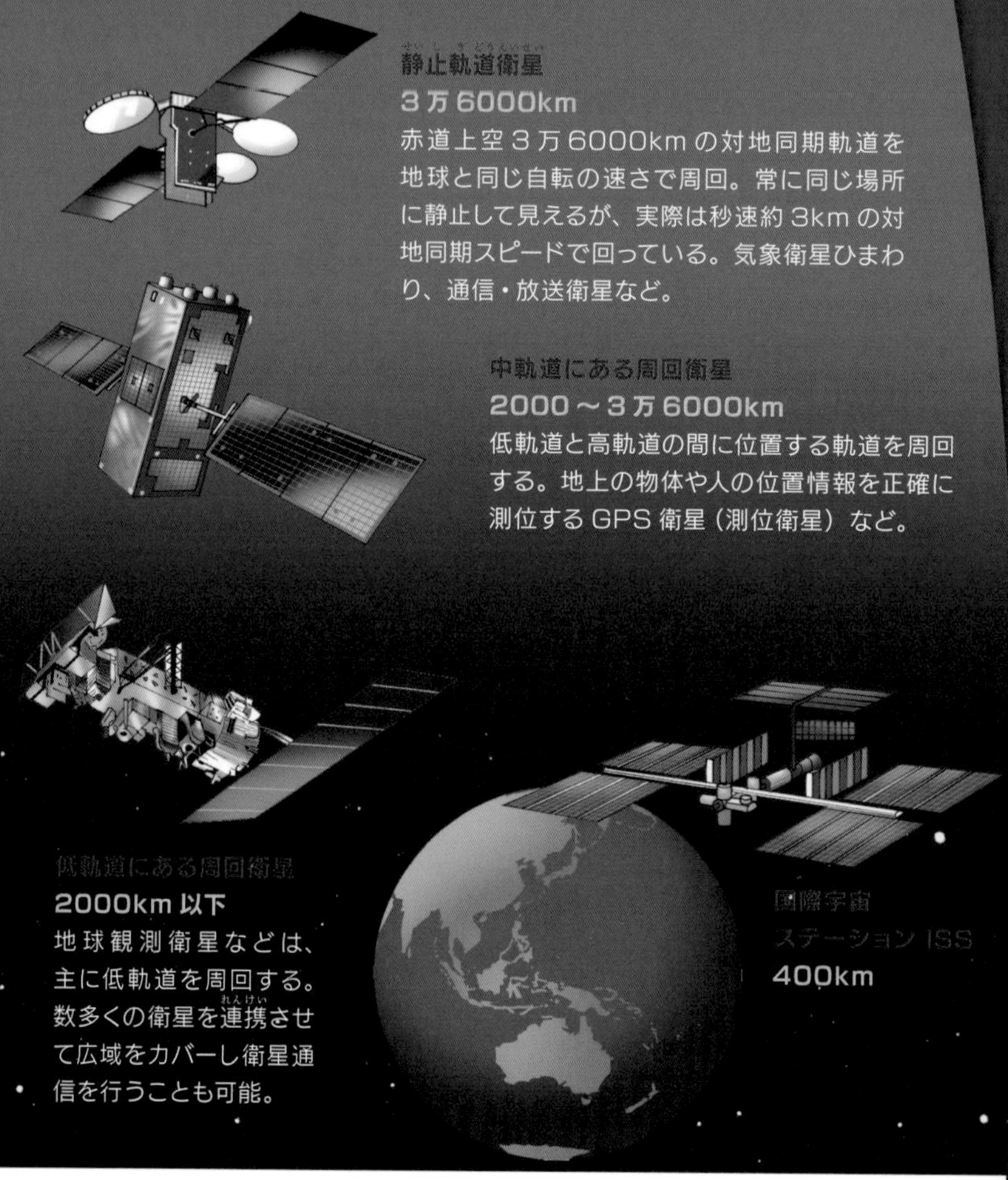

静止軌道衛星《せいしきどうえいせい》
3万6000km
赤道上空3万6000kmの対地同期軌道を地球と同じ自転の速さで周回。常に同じ場所に静止して見えるが、実際は秒速約3kmの対地同期スピードで回っている。気象衛星ひまわり、通信・放送衛星など。
中軌道にある周回衛星
2000～3万6000km
低軌道と高軌道の間に位置する軌道を周回する。地上の物体や人の位置情報を正確に測位するGPS衛星(測位衛星)など。
低軌道にある周回衛星
2000km以下
地球観測衛星などは、主に低軌道を周回する。数多くの衛星を連携《れんけい》させて広域をカバーし衛星通信を行うことも可能。
国際宇宙ステーションISS
400km

さまざまなミッション

人工衛星は、その衛星に与《あた》えられた各ミッションに適《てき》した衛星軌道へと打ち上げられる。例えば、地球の表面から高度2000キロの間を低軌道と呼ぶが、この低軌道では、地球との距離が近いため、ほぼリアルタイムで送受信を行うことができる。そのため、より解像度の高い写真を撮《と》る必要のある地球観測衛星の多くが、低軌道を周回している。こうした地球観測衛星の活躍により、地球の陸、海域、大気圏《たいきけん》の様子が次々に調べられた。低軌道を周回する衛星は約1時間半で地球の周りを1周する。

一方、地球の自転周期と衛星の公転周期が一致する軌道を対地同期軌道といい、特に赤道上空の高度約3万

通信衛星のしくみ

人工衛星の大きさや形は種類やミッションによってすべて違う。ここでは静止軌道衛星の通信衛星を例に主な構造を見てみよう。

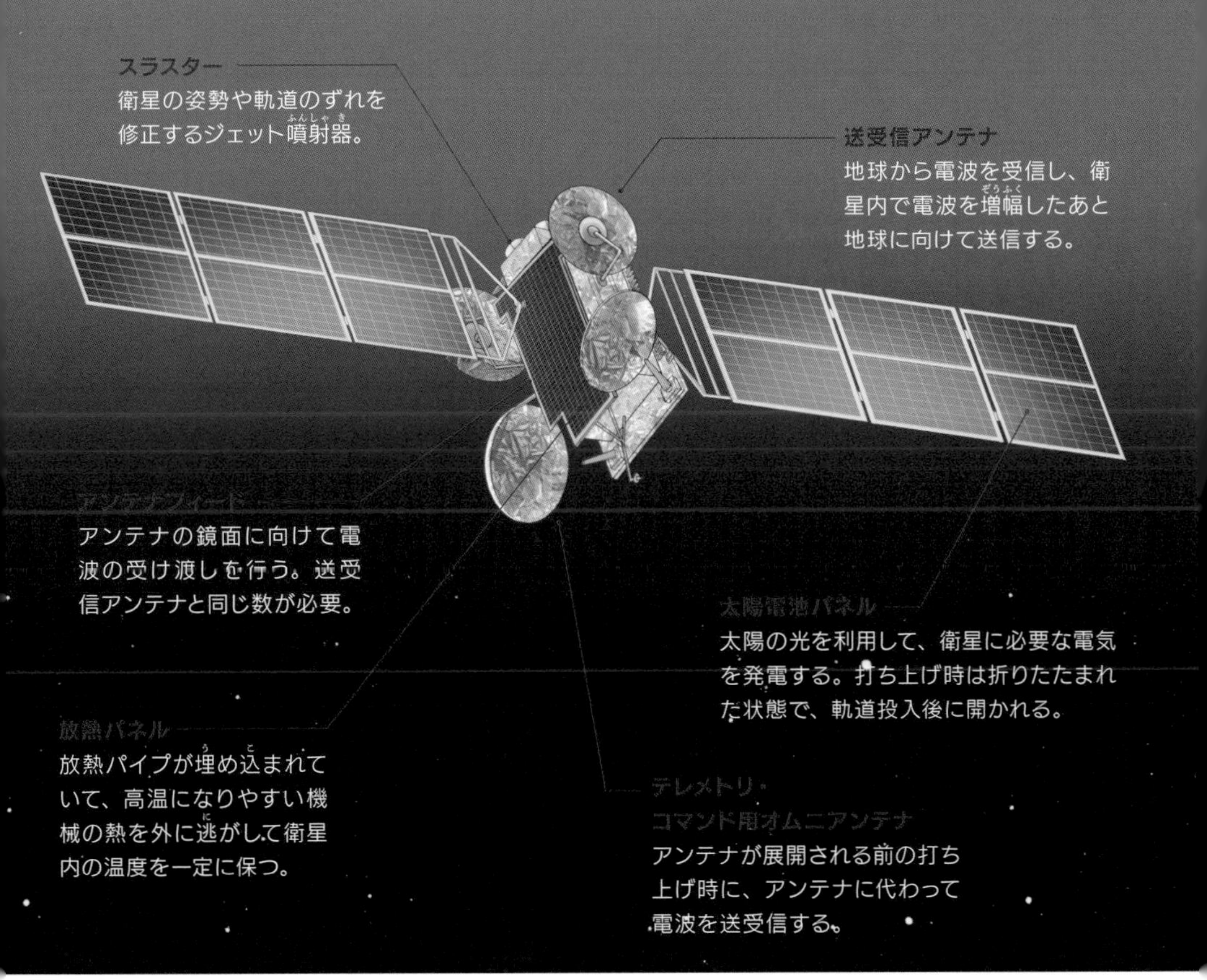

スラスター
衛星の姿勢や軌道のずれを修正するジェット噴射器《ふんしゃき》。
送受信アンテナ
地球から電波を受信し、衛星内で電波を増幅《ぞうふく》したあと地球に向けて送信する。
アンテナフィード
アンテナの鏡面に向けて電波の受け渡しを行う。送受信アンテナと同じ数が必要。
太陽電池パネル
太陽の光を利用して、衛星に必要な電気を発電する。打ち上げ時は折りたたまれた状態で、軌道投入後に開かれる。
放熱パネル
放熱パイプが埋《う》め込《こ》まれていて、高温になりやすい機械の熱を外に逃《に》がして衛星内の温度を一定に保つ。
テレメトリ・コマンド用オムニアンテナ
アンテナが展開される前の打ち上げ時に、アンテナに代わって電波を送受信する。

6000キロの軌道を静止軌道と呼ばれる。その静止軌道上にある衛星、つまり静止軌道衛星は、地球の自転と同じ速度で周回できるため、地球から見るといつも同じ場所に止まっているように見える。こうした静止軌道衛星は、アンテナの向きを固定して安定した通信ができるのが強み。地上の天気や大気のようすを観測する気象衛星、衛星放送やインターネットを支える通信・放送衛星などがその代表だ。

　地球の周りを回っている各国の衛星は5000基以上。一方、運用が終わった衛星や壊れた破片などは、宇宙空間を猛《もう》スピードで漂《ただよ》い続けている。こうした「スペースデブリ（宇宙ごみ）」は低軌道と静止軌道付近に多く、1ミリ以下のものも含《ふく》めるとその数は1億個以上と言われる。万一衛星にぶつかった場合は大打撃《だいだげき》となるため、各国の宇宙機関でデブリを減らす対策や、レーザー照射でデブリの軌道を変えて除去《じょきょ》する取り組みなどが行われている。

宇宙ステーションはどんなところ?

各国の宇宙飛行士が滞在して実験や作業をしている宇宙の施設が「国際宇宙ステーション（ISS）」だ。これまでに20ヵ国260名以上が、長期に滞在している。

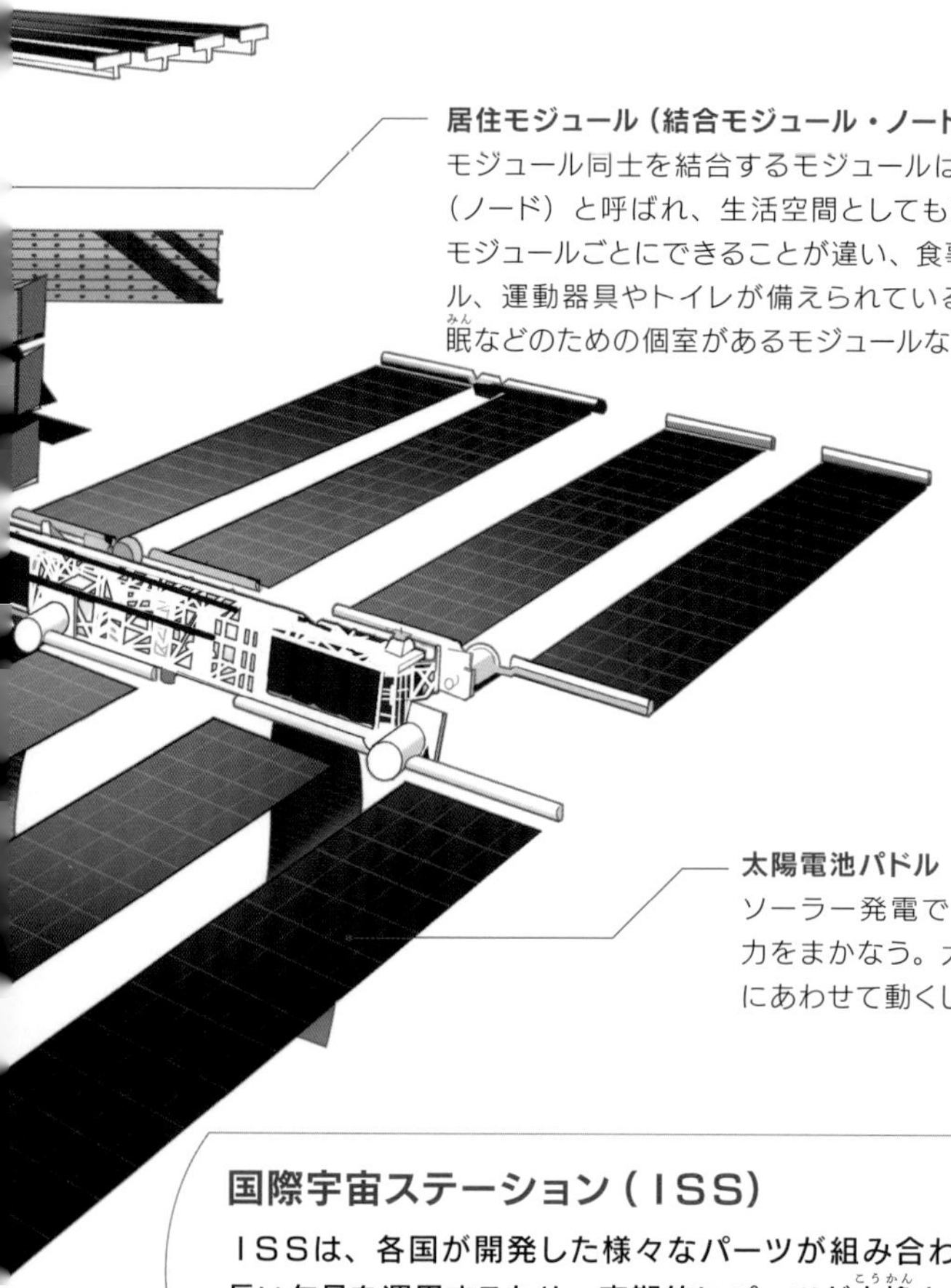

居住モジュール（結合モジュール・ノード）
モジュール同士を結合するモジュールは結合モジュール（ノード）と呼ばれ、生活空間としても活用されている。モジュールごとにできることが違い、食事をするモジュール、運動器具やトイレが備えられているモジュール、睡《すい》眠《みん》などのための個室があるモジュールなどがある。

太陽電池パドル
ソーラー発電でISSの電力をまかなう。太陽の向きにあわせて動くしくみ。

国際宇宙ステーション（ISS）

ISSは、各国が開発した様々なパーツが組み合わさっている。長い年月を運用するため、定期的にパーツが交換《こうかん》され、アップグレードしている。

ISSは、地上から400キロ上空に建設されている。一周約90分で地球の周りを回る宇宙ステーションだ。大きさはサッカー場くらい（タテ約109メートル×ヨコ約73メートル）。1998年から建設がはじまり、2000年から宇宙飛行士がかわるがわる長期滞在《たいざい》（約6ヵ月ずつ）している。日本人はこれまで9名（民間人滞在も含む）が訪れていて、若田光一《わかたこういち》宇宙飛行士は5回もの滞在経験がある。

ISSは、アメリカのNASAがまとめ役となり、日本やロシア、ヨーロッパの各国計15ヵ国が共同で建設・運用する国際協力プロジェクトでもある。宇宙空間に置かれた国境のない場所になっている。

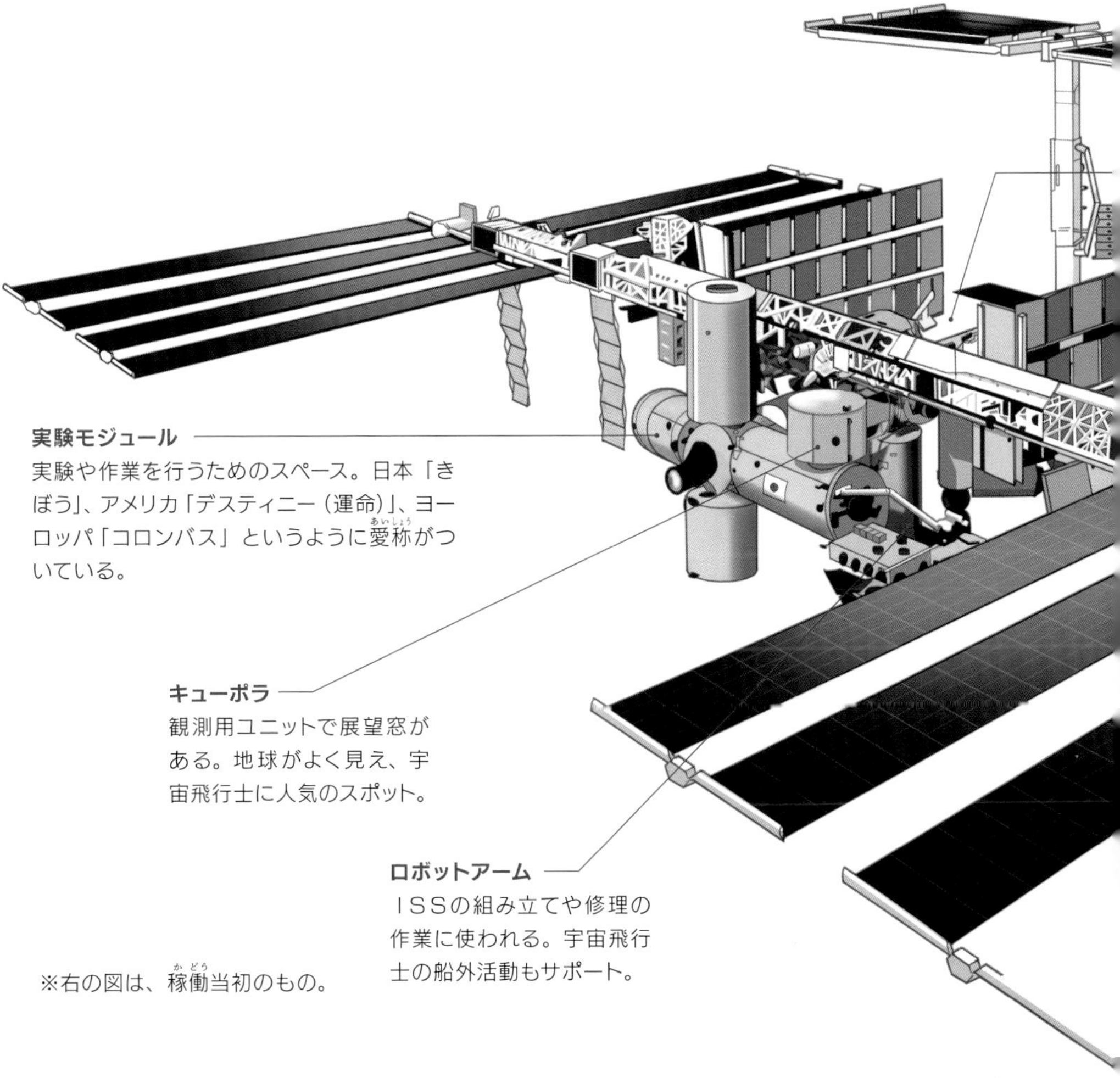

実験モジュール
実験や作業を行うためのスペース。日本「きぼう」、アメリカ「デスティニー（運命）」、ヨーロッパ「コロンバス」というように愛称《あいしょう》がついている。
キューポラ
観測用ユニットで展望窓がある。地球がよく見え、宇宙飛行士に人気のスポット。
ロボットアーム
ＩＳＳの組み立てや修理の作業に使われる。宇宙飛行士の船外活動もサポート。

※右の図は、稼働《かどう》当初のもの。

ＩＳＳを見てみよう

ＩＳＳが地球を周回する様子は、地上から肉眼《にくがん》でも見える。日本上空を通過する日がチャンスだから「＃きぼうを見よう」（KIBO 宇宙放送局）でチェックするといい。

Google Earth では、ＩＳＳの内部をストリートビューで探索《たんさく》することができる。Google Earth にアクセスして、「国際宇宙ステーション」を検索してみよう。

ＩＳＳがホテルになる？

20 年以上にわたって宇宙開発や実験の拠点《きょてん》として活躍してきたＩＳＳだが、引退の時期も近づいている。２０２４年までは参加国による運用が決まっているが、それ以降は運用を民間企業にまかせてビジネス利用をしていくことになりそうだ。宇宙ビジネスを行う会社が発表しているのは、ＩＳＳに新しいモジュールを取りつけて宇宙ホテルにしたり、ビジネスパークにしたりする計画。ＩＳＳに旅行や出張で行くことになる日も遠くない？

- **「＃きぼうを見よう」** lookup.kibo.space
- **「Google Earth」** earth.google.com/web

20XX年宇宙ニュース―未来の宇宙開発

民間の会社による宇宙開発が盛《さか》んになって、宇宙旅行を楽しめる時代がやってきそうだ。将来に話題を集めそうな宇宙関連ニュースを、未来のウェブ記事風に紹介してみよう。

未来ニュース future news

2040年夏の宇宙旅行プランが出そろう

夏休みの家族旅行に宇宙体験を計画している人も多いはず。今シーズンからは宇宙路線にもLCC（ローコストキャリア）が登場、料金プランもバリエーションが増している。おすすめプランをまとめて紹介しよう。

実績《じっせき》のある主催《しゅさい》会社としては、スペースX社、ヴァージン・ギャラクティック社、ブルー・オリジン社あたりが知られているが、日本、中国、インドの会社主催のプランは比較的《ひかくてき》予算はリーズナブル。旅行日程では、日帰りのものから宇宙ホテルに8日間滞在するものまであるので、予定に合わせて選ぶとよいだろう。

また、まずは宇宙を体験してみたい、無重力空間をたっぷり味わいたい、ダイナミックな宇宙景色をながめたいといった目的によっても選択《せんたく》プランは変わってくる。次の掲載《けいさい》情報をもとに、最適プランを選んでほしい。

・月周回旅行プラン（8泊10日）
月の周回軌道《きどう》を回るツアー。宇宙飛行士さながらの体験をあなたに。月の裏側や「地球の出」を見ることができる。＊アップグレードプランでは月着陸あり。

・宇宙ホテル滞在プラン（10泊12日）
暮らすように宇宙を楽しむプラン。食事やエンタメ鑑賞《かんしょう》もふくまれる。自由研究のテーマに宇宙実験や地球観測もおすすめ。＊オプションで船外活動あり。

・サブオービタル宇宙飛行プラン（日帰り）
宇宙空間の入り口（高度100キロ）まで飛行して帰還《きかん》する日帰り無重力体験ツアー。安価で人気も高く、早めの予約がおすすめ。宇宙LCC各社が力を入れている。

・無重力体験だけプラン（日帰り）
小型宇宙船で高度80キロまで、大型のカプセルで高度30キロまで行くプランがある。各地で開催されているので最初の宇宙体験にはピッタリ。

宇宙エレベーターの建設進む

赤道上に建設されたアース・ポートに、約10万キロのケーブルが無事につながった。今後はエレベーターの試験運転が行われ、静止軌道《せいしきどう》にステーションが整備されていく。完成すればケーブルカー感覚で宇宙旅行ができると期待は大きく、完全開通が待たれる。

私たち火星に移住します

火星常駐《じょうちゅう》の隊員がついに決定

火星への有人着陸に成功した2033年以来、火星に常駐《じょうちゅう》する隊員の訓練が行われてきた。火星はこれから地表面だけでなく地下も探査《たんさ》していく必要があるが、ステーションはまだ小規模《しょうきぼ》で貧弱《ひんじゃく》だ。宇宙服を着ての生活が中心になるだろう。過酷《かこく》な長期ミッションに挑戦《ちょうせん》する勇者が、このたび3名決定した。

月面トマト初収穫《しゅうかく》

月面農場では作物が順調に生長。
特に、トマトがおいしいと評判だ。

「月産月消」をめざす月面農場では、イネ、ダイズ（エダマメ）、ジャガイモ、サツマイモ、トマト、イチゴ、キュウリ、レタスと8種の作物が育てられている。収穫物は現地で消費されているが、今期はトマトが豊作だ。担当者によると「これまでになく味が濃くてあまい」とのこと。今回は特別に地球に運ばれ、市場の初セリにかけられることになった。記録的な高値がつくのは間違いない。

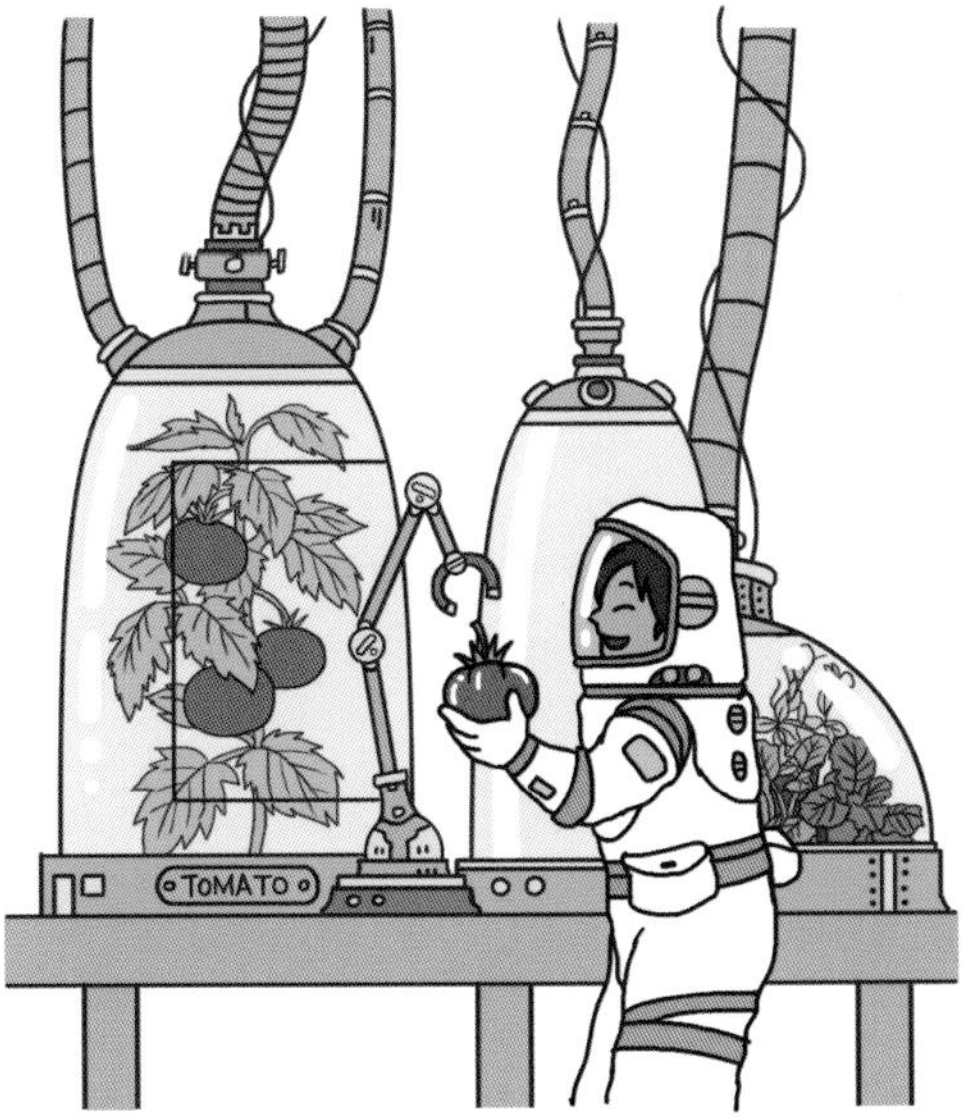

宇宙の映《ば》えスポットはココ！

「地球見」スポットが大盛況《だいせいきょう》

月から見る地球も満ち欠けして見えるが、まん丸に見える「満地球」まであと3日となった。月面ステーションの展望窓は最高の映え写真が撮れると、「地球の出」を待つ人でいつも混雑《こんざつ》している。満地球ともなると、さらに長い順番待ちの列ができそうだ。

宇宙ぐらしの衣食住

人類が宇宙旅行を楽しんだり、宇宙空間で暮らすようになったとき、どんな生活スタイルになるのだろう。ISS滞在での暮らし方を参考に、未来を想像してみよう。

宇宙服はいつ着るの?

　宇宙服には2種類あって、ひとつは打ち上げと帰還《きかん》のときに着る服。これは内部に宇宙船内と同じ圧力がかかるようになっている。これで船外に出ることはできない。もうひとつが、宇宙での船外活動時に体を守ってくれるヘルメット付きの服で、これはがんじょうに作られた、重く気密性《きみっせい》の高いもの。内部が適切な温度になるように設計されている。宇宙旅行で宇宙遊泳オプションを希望するなら、この船外服を着ることになるだろう。

何を着ておしゃれする?

　宇宙ステーション内部は、地上と同じ服装でだいじょうぶ。動きやすい服装がよさそうだ。着なれた服を持っていきたいところだが、材質には注意が必要。燃えにくく静電気が発生しにくいものを、おすすめカタログから選ぼう。宇宙は水が貴重で洗濯《せんたく》ができないから、下着や靴《くつ》下《した》は多めに準備するべし。

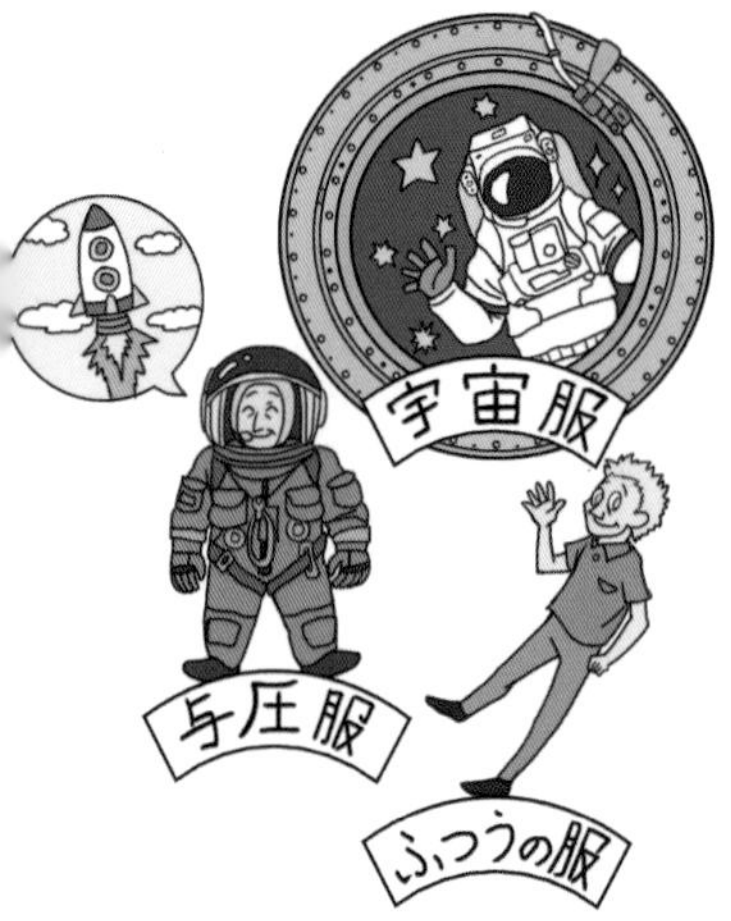

船内でシューズは必要?

　足が床《ゆか》につかない無重力空間では、靴《くつ》底《ぞこ》のあるシューズはいらない。ほとんどの人が靴下《くつした》だけですごす。ただ、体力維《い》持《じ》のためにランニングマシンや自転車を使うときには靴があるといいだろう。

お化粧《けしょう》や髪型《かみがた》はどうする?

　引火する成分(アルコールなど)が入っていなければ、化粧品も持ち込みOK。でも、化粧落としに使えるものもかぎられるので、バッチリメイクはむずかしいかも。ロングヘアは広がりやすいから、まとめ髪がよさそう。また、船内は24時間エアコンが稼働《かどう》していて乾燥《かんそう》するため、全身の保湿《ほしつ》クリームは絶対に忘れてはいけない。

アクセサリーはOK?

　大事なネックレスや結婚《けっこん》指輪は、少しなら持ち込みOK。腕時計《うでどけい》もOK。ただし、宇宙服を着るときにははずして荷物に入れる。髪飾《かみかざ》りやヘアゴムは実用的なものなら持ち込める。

何を食べようか?

基本は宇宙食になる。宇宙では火をつかった料理ができないし、液体は飛び散ってしまうからだ。そのためスープ類はどろりとしたもの。食べカスが機械類を壊《こわ》してしまうから、ぱさぱさしたパンやクッキーもNG。菌《きん》が生きている納豆やヨーグルトなどもダメ。かぎられた空間なので、においの強いものもやめておこう。

宇宙食として作られたレトルト食品やフリーズドライ食品、缶詰《かんづめ》は、現在でも300種類もあり、味と質がレベルアップし続けている。日本食もあるし、フランスでは三つ星シェフプロデュースの「宇宙コース料理」缶詰《かんづめ》が作られた。ISSでは、手巻《てま》き寿司《ずし》やピザでミニパーティが開かれたこともある。宇宙ごはんは、これからも進化していきそう。

どうやって食べるの?

今のところ宇宙にはコンロや電子レンジがないから、宇宙食はパックごとウォーマーで温めたり、お湯や水を注いだりして食べる。パックから直接スプーンやフォークで口に運んで食べるんだ。残念ながら、宇宙で使う食器はまだない（飲み物専用のカップはある）。食品が飛び散らず、後始末もかんたんな宇宙用の食器が開発されるとよいのだが……。

フレッシュな野菜やお肉は食べられる?

ISSでは、2013年から野菜栽培装置で野菜が育てられている。「VEGGIE（ベジー）」という装置は、植物の光合成をうながすLED照明を使っていて、肥《ひ》料《りょう》も調整できるため、葉物野菜が地上の3倍の早さで育つ。これまでにレタスや大豆、白菜の一種（東京べか菜）などが育てられた。トマトの栽培《さいばい》の実験もはじまっている。

牛肉や豚肉《ぶたにく》を宇宙で入手するのは無理だが、培養肉《ばいようにく》や昆虫《こんちゅう》を育てて加工する方法は可能性がありそうだ。

コーラやお酒は飲める?

炭酸《たんさん》飲料は飲めない。無重力空間では中の泡《あわ》が合体して大きくなって、ジュース部分がぶわっと噴《ふ》き出《だ》してしまうんだって。ビールも同じ。そもそもアルコールは燃えやすいこと、酔《よ》っぱらってしまうと非常事態《ひじょうじたい》に対応できないことから、お酒は禁止されている。

カレーが名物なんだって?

宇宙飛行士は、カレーが大好き。宇宙では味覚が地上より鈍感《どんかん》になり、スパイスがきいたちょっと辛《から》め、濃《こ》いめの味を「おいしい」と感じるようになるそうだ。味が薄《うす》いと感じたら自分で調味料を足すけれど、塩とコショウは粉《こな》ではなくて液体のものだ。粉だと飛び散ってしまうからね。

空気、水はどうしているの？

水を電気分解《ぶんかい》して、酸素《さんそ》と水素《すいそ》を作っている。水素があまるので、二酸化炭素と反応させてもう一度水にするシステムもある。宇宙では水も貴重。一滴《いってき》もムダにはできない。トイレの排水《はいすい》、除湿《じょしつ》で出た水も全部集めて、ろ過・浄化《じょうか》処理し、飲料水として使えるようにしている。おしっこも飲めるようにしているよ。

においはあるの？

「宇宙のにおい」を、直接鼻でかぎ取ることはできない。だけど、船外活動をすると宇宙服に、甘酸《あまず》っぱい、焦《こ》げたようなにおいがつく。宇宙空間にあるわずかな物質（主に有機物）のにおいなのだそう。

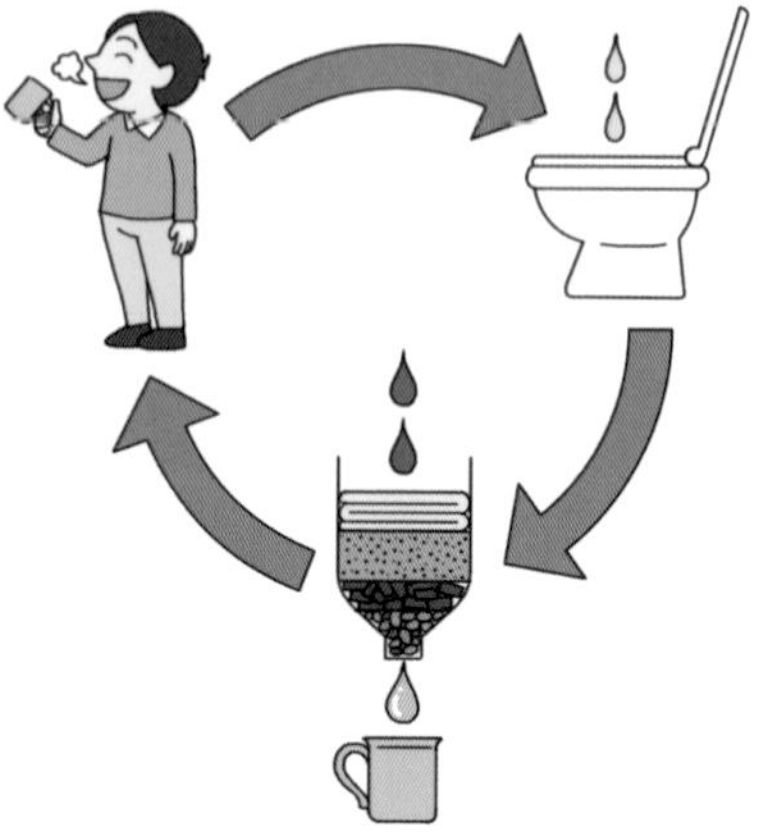

宇宙ステーションの中は、何年もいろんな人が暮らしているから、閉めきった部室や病院みたいなにおいがする。バラの栽培実験《さいばいじっけん》で花が咲《さ》いたときには、「宇宙バラ」のいいにおいがしたそうだ。

お風呂やトイレも気になるよね？

お風呂やシャワーはないから、ぬれタオルで体をふく。髪《かみ》の毛は水を使わないシャンプーを使って、乾《かわ》いたタオルでふく。歯みがきも、口にふくんだ水をタオルに出すか飲み込んでしまうんだ。無重力状態では水は下に流れず、ボールのような玉になってぷかぷかと空間に浮《う》かぶ。機械に吸い込まれると故障《こしょう》の原因になるので、水分は取《と》り扱《あつか》い注意なのだ。

トイレは洋式トイレだけど、体が浮くから足元のバーに足を引っかけて座る。排泄物《はいせつぶつ》は、バキューム装置で吸引。うんちは、袋《ふくろ》につめて、タンクにためて、大《たい》気圏《きけん》で燃やすとか。おしっこは飲み水として再利用する。

お掃除《そうじ》もしなくちゃならないんですか？

宇宙ステーションにも掃除機《そうじき》はある。ただ、ホコリもふわふわ浮《う》いているから床にはホコリがたまりにくい。空気を循《じゅん》環《かん》させているフィルターの周囲にホコリがたまるため、そこを念入りに掃除するそうだ。水が使えないので、みんながよく触《さわ》る手すりやスイッチ類はウェットティッシュみたいなもので消毒する。

ベッドでぐっすり眠《ねむ》れますか？

宇宙のベッドは、寝袋型《ねぶくろがた》。ふとんや毛布といった掛《か》けものは使えない。寝袋が浮かび上がらないように壁《かべ》に固定されていて、中にもぐり込んで寝る。無重力だから、横たわらずに壁ぎわや天井に張りついたままでも眠れる。体が浮く感覚が水の中にいるようで、安眠《あんみん》できるそうだ。

科学の先駆者たち

1 宇宙を目指した人々

Gakken

目次

科学の先駆者たち ❶ 宇宙をめざした人々

［執筆］
・「日本の宇宙開発」：沢辺有司
・その他、全話：柴田のぞみ

科学監修 ——— 小野田淳人

表紙イラスト ——— Minoru
巻頭記事イラスト — 大志、広野りお
表紙デザイン ——— arcoinc
巻頭記事デザイン — 梅田海緒
編集 ——— 原郷真里子
編集協力 ——— 窪木淳子、戸村悦子、岩崎美穂、相原彩乃、飯塚梨奈、黒澤鮎見、館野千加子、宿里理恵
DTP ——— 株式会社四国写研

[内容に関する注意・補足]

◆エピソード・セリフ・描写について
・本書で描かれたエピソードには、諸説ある場合があります。
・また、それらの中の登場人物のセリフなどは、実際に発言したものや、その口調などを再現したものではありません。
その人物の性格やエピソードをわかりやすくするために、 脚色して描かれています。
・複数のエピソードを一つにまとめたり、物語の流れや人物の特徴を分かりやすくするために脚色したりしている場合があります。
・科学的な事象や実験・研究の詳細等については、物語を分かりやすくするために、一部を省いたり、簡単に言い換えたりしている場合があります。
・物語に登場する手紙や著書の文章は、原文をそのまま訳したものではなく、一部を省略したり平易な言葉に言い換えたりしている場合があります。

◆名前・地名について
・人物の名前が複数ある場合、一般的によく知られている名前を採用し、必要に応じてその他の名前を補足しています。(その人物の人生の中で、まだその名で呼ばれていなかった場合や、関係性の中での呼称なども、読者の混乱を避けるため、「一般的によく知られた名前や呼び名」で表記している場合があります)
・人物の名前は、教科書などで採用されている表記を採用している場合が多数ですが、その原則にのっとらない人物名表記もあります。
・地名の表記については、一般的によく知られているものを採用し、必要に応じてその他の名前を補足しています。

◆生没年・年月日・年齢について
・人物の生没年については、諸説ある場合がありますが、一般的によく知られているものを採用しています。
・年号は西暦で表しています。月日については、明治5(1872)年12月の改暦よりも前の日本国内におけるできごとについては「旧暦」の月日を用い、それ以降は「新暦」の月日で表します。
・明治5(1872)年12月の改暦よりも前に生まれた日本人の年齢については、「数え年」で表しています。一方、改暦以降に生まれた人物については、生没年月日がわかる範囲で、没年を「満年齢」で表しています。また、没年以外の年齢については、年表をより簡略化するために、その年の誕生日を迎えたあとの「満年齢」で表しています。

◆旧国名・旧地名・藩などの地域について
・旧国名・旧地名・藩などの示す地域については、必要に応じて( )内や欄外に、今の地名や地域を補足しています。
ただしその範囲は、必ずしも完全に一致するとは限りません。

◆その他
・その他、内容の理解を助けるのに必要な事項を、( )内等に適宜補足しました。
・用字や用語の表記は、発話者の年齢や感情で使い分けている場合があり、また、執筆者の意図をくみ、統一していない箇所があります。
・引用箇所についても、子どもにわかりやすいよう、漢字を平仮名にしたり、表現を調整している場合がございます。

プロローグ
地球から月へ

ツィオルコフスキー
ゴダード、オーベルト

新しく入ってきた書籍《しょせき》のタイトルを目録《もくろく》に書き並べていた司書は、ペンのインクが切れたのを見て集中力を手放し、一息つこうと顔を上げた。窓《まど》から差し込む光はすでに夕暮れの角度になっていて、幾重《いくえ》にも並んだ本棚《ほんだな》の角のそれぞれを、柔《やわ》らかく包《つつ》み込《こ》んでいる。モスクワにあるこの大きな図書館には、今日もたくさんの人が訪れていたが、彼らも夕日の色に気づいて、一人、また一人と、帰り支《じ》度《たく》を始めていた。

広い館内を見渡した司書の視界に、毎日のように顔を見せる十代の少年が映った。司書は、学校に行けずにこの図書館に通う彼のことをいつも気にかけていた。痩《や》せこけて髪《かみ》は伸び放題、ズボンの裾《すそ》はボロボロで、シャツの袖《そで》は穴《あな》だらけだった。彼はいつもの奥《おく》まった席に座って、陽《ひ》が傾《かたむ》くのにも気づかず、本を読《よ》み耽《ふけ》っていた。

司書は、自分がつい先ほど渡したその本が、彼に食べられてしまうのではないかと思った。少年が、机に覆《おお》いかぶさるようにして本を腕《うで》の中に抱《かか》え込《こ》んで、かじりつくように読んでいたからだ。

無理もないだろう、と司書はひそかにうなずいた。その物語は、今、ヨーロッパ中の読者を夢中にさせていたのだから。今日届《とど》いた新入荷の包《つつ》みにあったその一冊を、司書は右から左で彼に渡していた。そうだ。だからまだ目録に書いていなかったっけ。気づいた司書は、ペン先をインク壺《つぼ》に浸《ひた》し、目録にタイトルを書き入れた。

「分類、フランスの小説、ロシア語訳。題名、地球から月へ。著者、ジュール・ヴェルヌ」

少年の名は、コンスタンチン・エドゥアルドヴィチ・ツィオルコフスキーといった。彼は手にした本の主人公、バービケインの言葉を、一文字も逃《のが》さぬように夢中で追いかけていた。物語は、大砲《たいほう》マニアのグループ、「大砲クラブ」のリーダーであるバービケインが、メンバーを呼《よ》び出《だ》してなにやら驚《おどろ》くべき発表をする……というところから始まっていた。

読み進めるうちに、ツィオルコフスキー少年はただならぬ予感を感じていた。単に面白い小説を読んでいるというだけではない、この物語が、何か自分の人生に決定的なヒントを与えてくれるのでは、という予感だった。

ページをめくり、会場に集まった大砲クラブの面々とまったく同じ気持ちで、ツィオルコフスキーはバービケインの高らかな宣言《せんげん》を聞いた。

「私は、この問題をあらゆる角度から検討《けんとう》し、断固《だんこ》としてそれに取り組み、駁論《ばくろん》の余地なきわが計算から、秒速11キロメートルの初速度を弾丸に与え、月に向けて発射すれば、それは必然的に月に到達《とうたつ》するという結論が導《みちび》かれたのです」（『地球から月へ』ジュール・ヴェルヌ作、石橋正孝訳より）

この一文だけでもツィオルコフスキーの心を揺《ゆ》さぶるのには十分だったが、読み進めていくと、さらに驚きの内容が彼を待ち受けていた。なんと、バービケインの考案した月に到達《とうたつ》するという弾丸を、人間が乗れる形状に変えてもらいたい、それに乗って月へと出発したいので——と言う人物が現れたのだ。

「地球から月へ！　地球から……人間が、月へ行く……」

感じていた予感が炸裂《さくれつ》した。これこそが、自分が人生をかけて探究すべきテーマだと、彼は確信した。ツィオルコフスキーは、もはや自分が図書館にいることを忘れてしまっていた。


すっかり陽《ひ》が沈《しず》み、館内を照らすのは石油ランプの明かりだけになっていたが、ツィオルコフスキーはそれにも気づいていないようだった。閉館の準備をしていた職員が、未だ読書を続けるツィオルコフスキーを見つけて近寄《ちかよ》ってきた。

「きみ、もう閉館の時間だ。外は真っ暗だぞ。はやく帰りなさい。……きみ！　聞いているのか!?」

職員は呼《よ》びかけを無視されて、つい声を荒《あら》らげた。それに気づいた司書がやってきて、慌《あわ》てて職員をたしなめた。

「おい、彼は耳が悪いんだ。子どもの頃に高熱を出して、ほとんど聞こえなくなってしまったそうだ。その上、母親も亡《な》くしてしまって。それで学校に行けなくなって、ここで勉強してるんだ」

「そうだったのか……」

職員はバツの悪そうな表情を浮《う》かべながら、ツィオルコフスキーの肩《かた》を軽く叩《たた》いた。そして、彼が顔を上げるのを見ると、大きな柱時計と出口を順番に指差した。ツィオルコフスキーは、時計の針《はり》を見て目を丸くした。

「もうこんな時間⁉　あんまり面白いから時間を忘れちゃって……。すみません、すぐ帰ります」

ツィオルコフスキーは、慌《あわ》てて出口へ駆《か》けていった。外へ飛び出したツィオルコフスキーを、真っ白に輝《かがや》く満月が迎《むか》えた。

「あの月に……あの輝く地に、人間は、立てるんだろうか？」

街外れのアパートに帰宅したツィオルコフスキーは、黒パンをかじりながらノートの切《き》れ端《はし》で何やら計算を始めた。

「バービケインたちの作った大砲の砲身《ほうしん》は約270メートル、発射体の初速度が秒速11キロメートル……うわっ、これではとんでもない加速度になってしまう。人体がこんな衝撃《しょうげき》に耐《た》えられるわけがない。このやり方では、現実では無理だ」

彼は鉛筆《えんぴつ》を放り投げたが、その瞳《ひとみ》は先ほどの月の光を吸《す》い込《こ》んだように輝いていた。

「どうしてぼくは、この小説にこんなに魅了《みりょう》されるんだろうか。それは、つまり……数字だ。作者は物理法則を理解していて、距離《きょり》や、速度や、角度や、重量なんかをすべて具体的な数字で書いている。……それらはすべてもっともらしく書かれているし、実際ほとんどが正しい。だからほんとうに実現できそうに思える。この弾丸《だんがん》に、人間を乗せられるかどうか、という点以外は」

ツィオルコフスキーはテーブルにあったコップの水を一気に飲《の》み干《ほ》し、計算したノートの切《き》れ端《はし》ともう一度向かい合った。

「だってあれは小説だ。小説ってのは、面白く書かなければいけない作り話なんだから。作者は物語を面白くするために本物の数字を並べて、そしてひとつだけ嘘《うそ》をついた。その嘘！　ぼくの頭を支配してるのは、その嘘が、もしかしたら嘘じゃないかもしれないってことだ……物語のための嘘ではない、現実に人間を月に運べる方法が、あるんじゃないかってことなんだ」

しばらく経《た》ったある日。ツィオルコフスキーがいつものように図書館から帰ると、郵便《ゆうびん》受けに手紙が一通届いているのに気づいた。書かれた宛名《あてな》の筆跡《ひっせき》は親しみ深い、よく見知ったものだったので、その場で封《ふう》を切った。

「父さんからだ。こないだ送った手紙の返事だな。なになに？『おまえが数学や物理の勉強を続けたいのはよくわかった。しかし、勉強に熱中するあまり、ろくに食事を取らなかったり、徹夜《てつや》をしたりしているのはよくない。体を壊《こわ》さないか心配だ。それに、おまえももう成人する年歳《とし》だから、そろそろ仕事を見つけないといけない。耳のことがあるから仕事探しは簡単ではないかもしれないが……とにかく一度こちらに帰りなさい』……か。確かに、ぼくももう19だ。いつまでも父さんに甘《あま》えてはいけないな。にしても、父さんは心配性だなぁ。はやいとこ帰って安心させてやらなきゃ」

こうしてツィオルコフスキーはモスクワでの生活に別れを告《つ》げ、故郷《こきょう》のヴャトカ（現在のキーロフ）に帰ってきた。荷物の整理が一段落したところで、ツィオルコフスキーは久々に父の書斎《しょさい》のドアを開けた。

「昨日のことのように思い出せる。父さんは、ひどい混乱と悲しみに落ち込んでいたぼくを、この部屋に招待《しょうたい》してくれたんだ」

――ぼくが10歳の冬のことだった。風邪《かぜ》をこじらせて高熱を出し、回復はしたものの聴力《ちょうりょく》をほとんど失ってしまったのだった。左耳は集中すればかすかに聞こえるが、聞こえていた頃に比べたらひどい不自由さだった。家族がぼくの名前を呼《よ》ぶ声、友だちの笑い声、繊細《せんさい》な音楽や雨音、小鳥のさえずり。ぼくは、それらの完全な響《ひび》きを永遠に失ってしまったのだ。打ちひしがれていたぼくに、父は本の世界を教えた。聞こえなくても本は読める。読む力を人一倍鍛《きた》えれば、聞こえない耳を補《おぎな》ってくれる力になるだろうと――。


最初は孤独《こどく》を紛《まぎ》らわせるためだけの読書だったが、ある時、子ども向けの科学の雑誌に、こんな記事を見つけた。

「水素ガスは、空気より軽い。大きな袋《ふくろ》に、水素ガスをいっぱいに詰《つ》め密封《みっぷう》すると、水素ガスと袋の重量を合計した重さが空気より軽ければ、袋は宙に浮《う》かんでいくだろう」

気球や風船が浮くものだというのは知っていたし、風船のように空を飛べたらいいなという子どもらしい憧《あこが》れもあった。しかし、なぜ浮くのかは知らなかったので、その記事はツィオルコフスキー少年にとって、神様が手の内を見せてくれたように感じられた。その上親切に、実験のためのアドバイスが記してあった。曰《いわ》く、「袋は軽い材料のものを選び、気体を通さないよう工夫すること。ゴムがいいが、手に入らなければ、絹《きぬ》の袋に薄《うす》くゼラチンを塗《ぬ》って乾《かわ》かし、目を埋《う》めたものが最適《さいてき》だ」。

自分の手で、あのフワフワ浮かぶ風船が作れる……。どうしても試してみたくなって、父に頼み込んで材料を手に入れて作ってみた。数日後、なんとか絹製風船第1号が完成した。家の庭で、バレリーナのチュチュのようにふわりと浮かび上がった風船を見た母の顔ときたら！　彼にとって、それまで自分の耳のことで嘆《なげ》かせているばかりだった母を驚《おどろ》かせ、そして喜ばせることができたのが、何より嬉《うれ》しかった。

そこからツィオルコフスキーは、本で学んだことを実験で再現する楽しさに目覚めていった。13歳の時に母が亡《な》くなってしまったが――その寂《さび》しさを紛《まぎ》らわせてくれたのも、読書と実験だった。いつの間にか父の蔵書《ぞうしょ》を読《よ》み尽《つ》くし、科学への尽きない興味をあふれさせていた彼を、父は思い切ってモスクワへ送り出してくれた。その上、勉強に集中できるようにと、裕福《ゆうふく》ではないのに毎月の仕送りもしてくれたのだ。

開けたままにしていたドアの向こうに、その父が姿《すがた》を見せた。何か言いたいことがあるらしい。父はツィオルコフスキーの左側に立つと、耳に向かって大声で要件《ようけん》を話した。それを聞いたツィオルコフスキーは、申《もう》し訳《わけ》なさそうにこう答えた。

「あぁ、ごめんよ父さん。ぼくのために仕事を探してきてくれたのか。でも、仕事ならもう決まったんだ。昨日面接で合格をもらってね。来週から家庭教師を始めるよ」

「なに、家庭教師だって？　耳が聞こえないのに、教えられるのか」

「できるさ。それに人と会話する方法は一つじゃない。『他の方法』もある——例えば筆談《ひつだん》とか。子どもの勉強部屋ってのは、書くものには困《こま》らない場所でしょう？」

「しかし、それで上手く教えられるものかね？　人に教えた経験もないのに」

ツィオルコフスキーは父の顔から目を外し、自分たちのいる部屋を見回した。壁《かべ》一面本で埋《う》まった父親の書斎《しょさい》を。子どもの頃、世界から音が失われて傷《きず》ついていた心を慰《なぐさ》めてくれた、たくさんの書物たちを。

「父さん。確かにぼくは、まだ人に教えたことはないけどね。でも教えてもらった経験なら人一倍あるよ。まず、父さんと、父さんのこの部屋に。そしてモスクワの大きな図書館や、そこにいた司書、それから自然の……夜の星空なんかにね。学ぶってどういうことか、ぼくはよく知ってる。ぼくは父さんがぼくにしてくれたように、学ぶことは自分の身を助けるんだって、子どもたちに教えてあげたいと思ったんだ」

毎日図書館に通《かよ》い詰《つ》め、苦労して身につけた学問は、ツィオルコフスキーの大きな力になっていた。彼の父は、息子の堂々《どうどう》とした態度に、それがはっきりと現れているのを感じた。そして、もう何も言うことはないのだと悟《さと》って、微笑《ほほえ》んで息子の背中を叩《たた》いた。

ツィオルコフスキーは父の信頼《しんらい》を得て安堵《あんど》した。それと同時に、彼の頭の中では、さっき自分が言った「他の方法」という言葉が繰《く》り返《かえ》し響《ひび》いていた。あの忘れられない小説を読んだ日のことを思い出したからだ。あの夜以来、ずっと考えているのだ。月に行くための、実現可能な、他の方法を。

ツィオルコフスキーは家庭教師の仕事でとりあえずの収入を得つつ、教員試験を受けた。そして、モスクワでの猛勉強《もうべんきょう》の甲斐《かい》あって素晴らしい成績で合格し、中学校の数学教師となった。一方で、興味を持った分野、空を飛ぶ手段である気球や飛行船、流体力学の研究も続けていた。その研究の空の先に、月が浮かぶ宇宙空間が広がっているのが、ツィオルコフスキーにははっきりと見えていた。

『先生、また気球を飛ばす実験がやりたい!』

受け持っている生徒が、そう書いた小さな黒板を鼻先に押し付けてきたので、ツィオルコフスキーは今朝からの考え事を中断しなければならなかった。

「……ああ、気球、気球ね。もちろん、次の気球を準備してるよ。明後日には飛ばせるかな。こないだのやつより大きいが、さて、どうなると思う?」

生徒はツィオルコフスキーの左耳に遠慮《えんりょ》なく叫《さけ》んだ。

「もっと高く飛ぶ!」

「オーケー。それが君の予測だな。どうなるかは当日のお楽しみだ」

「でも先生、隣町の学校では気球なんて飛ばさないって言ってたよ。どうして先生は気球を飛ばすの?」

割って入ってきたもう一人の生徒の言葉に、ツィオルコフスキーはつい正直に答えてしまった。それは、教師としてではなく、目の前の生徒と同じ頃の子どもに戻《もど》った彼の、素直な思いだった。

「……それは……ほんとうは自分が宙に浮いて、自由に動きたいんだけど、地球には重力があって、人間にはできないから……だからそれができる気球を、代わりに浮かべてるんだ」

ぽかんとした子どもたちの顔を見て我《われ》に返ったツィオルコフスキーは、わざとらしい咳払《せきばら》いをして、「ほら、授業を始めるぞ」と大きく手を叩《たた》いた。

——そう、子どもの頃から空想していた、どこまでも自由に動ける、重力の束縛《そくばく》のない世界……雪に足を取られることも、凍結《とうけつ》した道で滑《すべ》って尻《しり》を地面に打ちつけることもない。宇宙空間こそ、その夢の世界なのだ。そこに実際に行けるかもしれないと気づかせてくれたのが、ジュール・ヴェルヌのあの小説だった。

あの夜の満月を、ツィオルコフスキーは思い出していた。

——昨日読み終えた本は重要な手がかりなのかもしれない。アレクサンドル・ペトローヴィチ・フョードルフなる人物の『大気中飛行の新原理』という本。わたしが計算したところでは、気球では不可能だった。ジュール・ヴェルヌの大砲でも無理だろう。しかし、この方法ならば！『大気中飛行の新原理』が示すところの、ロケットならば……。

授業を忘れて黒板に数式や図案を描き始めたツィオルコフスキーの姿《すがた》に、生徒たちは顔を見合わせてこう言った。

「先生は、どうして足のないイカの絵なんか描いてるんだ？」

ツィオルコフスキーが黒板に描いた、足のないイカ——ではなく、ロケットの設計図は、数年後の１９０３年、「ロケット推進装置《すいしんそうち》による宇宙探検」という論文で雑誌に発表された。１９０３年といえば、ライト兄弟が世界で初めてエンジンを載《の》せた飛行機、ライトフライヤー号で空を飛んだ年だ。人類がやっと12馬力のエンジンで数百メートルを飛べたという段階なのに、ロケットで宇宙空間を飛行するという話はあまりに現実離れしていた。

しかも、飛行力学が専門のヴェトチンキンという学者にロケットを使うこと自体を否定されてしまったため、ツィオルコフスキーの説を実験などで検証《けんしょう》してみようという者も現れなかった。学者たちは専門家のヴェトチンキンに追随《ついずい》し、人間がロケットで宇宙へ行くなどというのは、ろくに学校も出ていない片田舎《かたいなか》の教師が語る、ばかげた夢物語だと酷評《こくひょう》した。そして、こんなものは学術論文とは言えないと、まったく相手にしなかった。

手に入るお金といったら教師の給料しかなく、家族も養わなければいけないツィオルコフスキーには、実際にロケットを作って自説を証明《しょうめい》してみせるのは、とうてい無理な話だった。だから理論だけが彼の見せられる唯一《ゆいいつ》のものだったのに、それを門前払《もんぜんばら》いされては、どうしようもなかった。

「まったく、人類は天動説を信じていた頃から大して進歩しちゃいないな。自分の知っていることだけが正しいと思い込み、科学的な正しさを知ろうとしない人々がいかに多いか」

独《ひと》り言《ごと》を言いながら歩くツィオルコフスキーの長靴《ながぐつ》が、2月の雪を踏《ふ》みしめた。その年もロシアの冬は厳しかった。全身を防寒具《ぼうかんぐ》で包《つつ》んでいなければ、あっという間に凍傷《とうしょう》だらけになってしまっただろう。ロシアの人々にとって、自然とは恵《めぐ》みを与《あた》えて人を生かしてくれるような、優しい存在ではなかった。ロシアの自然とは、厳《きび》しく、譲歩《じょうほ》せず、人々が築いたものを奪《うば》い去《さ》りもする、常に身構《みがま》えていなければならない相手だった。ツィオルコフスキーにとっても、もちろんそうだ。

「人類の命運は、人類だけで切《き》り拓《ひら》かなければいけないものだ。地球は人類のことなど考えちゃくれない。たとえ人類が皆この氷に閉じ込められて凍《こご》え死《じ》に、人類の歴史が無に帰《き》そうと、地球は一切気にせず回り続けるだろうな」

ツィオルコフスキーは灰色の空を見上げた。分厚《ぶあつ》い雲の向こうに、無限の宇宙が広がっている。そこには無限の空間だけでなく、広大な土地である無数の星、エネルギーに満ちたいくつもの恒星《こうせい》がある。もしこの地球に住めなくなる日が来たとしても、ロケットを使って、あの雲を突《つ》き破《やぶ》り宇宙に出ることができれば、人類が生《い》き延《の》びられる可能性はゼロではないだろう——ツィオルコフスキーはそう考えていた。だから誰に何を言われようと、自分の考えを曲げることはなかった。

ツィオルコフスキーの生活は変わらなかった。いつもの生活——それは、昼食の最中に、または散歩の途中で、それから放課後の教室で、考え事をしては手帳を引っ張り出して何やら計算し、スケッチをし、家に帰ると実験室にこもる。そんな日々がもう20年以上続いていた。その頃、ツィオルコフスキーはカルーガというモスクワに近い大きな街に引《ひ》っ越《こ》し、女学校で数学を教えていた。

「ツィオルコフスキー先生、いつも何か書いてるよね」

生徒が帰り支度をする中、ツィオルコフスキーが教壇《きょうだん》から去らずになにか書き物をしているのを見て、一人の生徒が隣《となり》の席の友人に話しかけた。

「ダーリヤ、知らないの？　先生は小説とか論文を書いて発表してるんだって」

「ええっ？　知らなかったよ。そんなことができるなら、なんで学校の教師なんかやってるんだろう？」

「それはね……小説はともかく、論文はあんまり相手にしてもらえないみたいよ。先生は大学に行ってないそうだから」

「そうなんだ。どんなことを研究してるのかな」

興味がわいた彼女は、友人と別れの挨拶《あいさつ》を交わすと、教壇のツィオルコフスキーに近づき、手元を覗《のぞ》き込《こ》んだ。そこには、改良を加えられた「足のないイカ」のスケッチがあった。ダーリヤというその生徒はしたり顔で、ツィオルコフスキーの左耳に叫《さけ》んだ。

「これ知ってます。お父さんが便秘《べんぴ》の時おしりに入れてるやつ」

「……ダーリヤ。それは坐薬《ざやく》だ。これはロケット」

ツィオルコフスキーは、ダーリヤがそれでも興味を失わず、自分の手帳を眺《なが》めているのを見て、教室の黒板にこう書いてみた。

『人間が月へ行く方法――我々人間《われわれ》が、地球から宇宙へと飛び立ち、月に着陸して、地球に帰ってくるためには何が必要か？』

ダーリヤは満月のように目を丸くしながら一番前の席に座った。ツィオルコフスキーは、中学生に自分の研究をどう説明したものか、急いで頭の中で整理してから話し始めた。

「月に行って、帰ってくるためには、操縦《そうじゅう》ができないといけない。地球上でだって、どこに行くにせよ、乗り物っていうやつはすべて操縦するものだ。これはわかるね。だからフル回転してスピードを出したり、何かにぶつからないように止まったり、出力を自由にコントロールできるエンジンが必要だ。しかし、船や自動車のエンジンは空気中の酸素《さんそ》を燃やして動いているので、空気のない宇宙では使えない。さぁ、どうする？」

ダーリヤは、眉間《みけん》に皺《しわ》を寄《よ》せて少し考えてから答えた。

「酸素のいらないエンジンを作ればいい？　輪ゴムで動くやつとか」

「輪ゴムか！　悪くないな。たくさんひねらないと」

ツィオルコフスキーは朗《ほが》らかに笑って答えた。世間に無下《むげ》にされ続けた自分の研究に、興味を持ってくれる存在がいることが、嬉《うれ》しくてしょうがないのだ。

「ただ、地球の引力を振《ふ》り切《き》って宇宙に飛び出すには、輪ゴムだとちょっとパワー不足だな。月に行くためには、秒速11・2キロメートルの速度が必要になる」

「11……キロ!?　1秒に11・2キロメートルですって!?」

思いもしない速さだったので、黒板に書かれた数字をダーリヤは大声で繰《く》り返《かえ》した。ツィオルコフスキーは、ダーリヤが秒速11・2キロメートルという数字に驚《おどろ》くことができる子だというのがわかったので、もう少し話ができるぞと腕《うで》をまくった。彼女はきちんと物理の授業を聞いて理解しているのだ。そうでなければ驚くことはできまい。

「そう、11・2キロメートル毎秒。時速にすると40300キロメートルだ。1時間で地球を1周できてしまうほどの速さになるな。先生はよくみんなと気球の実験をするけど、おそらく気球では宇宙には行けない。のんびり高く昇《のぼ》るだけではだめなんだ。地球の引力から逃《に》げ切《き》るには、足が速くないといけない」

ダーリヤは肩《かた》を落としてこう言った。

「そんな速度で空に向けて乗り物を飛ばすなんて、不可能です。しかも酸素《さんそ》が使えないんでしょう?　無理だと思います」

ダーリヤの声は、ツィオルコフスキーにはほとんど聞き取れないほど小さくなってしまった。ツィオルコフスキーはその弱気を跳《は》ね返《かえ》すように胸を張り、落ち着いた、そしてしっかりとした声でこう返した。

「いいや、可能なんだ。絶対にできる」

引力に負けたかのように床に向けられていたダーリヤの瞳《ひとみ》は、また大きく丸く見開いた。自分の教師を信頼《しんらい》していいものかどうか、探るような目つきをしている。ツィオルコフスキーは、次の言葉を発する前に、黒板に例の「足のないイカ」を描いた。「坐薬《ざやく》じゃないぞ」と釘《くぎ》を刺《さ》してから、イカの体を上下に分ける線を真ん中に引き、分かれた下半分を、さらに縦《たて》方向に伸《の》びる、細長い二等辺三角形の道で区切った。イカの中に3つの部屋と、1本の廊下《ろうか》ができた。そして、上の部屋に「人間」、下の2つの部屋の片方に「液体酸素《えきたいさんそ》」、もう片方に「液体水素」と書き入れ、一番下の、廊下の終わりの広がった部分に「噴射口《ふんしゃこう》」と書いた。

「人間が乗れるほどの、大きなロケットだ。この下の二つが燃料《ねんりょう》タンク。この中身が最初の問題の答えだ。酸素がないなら、持っていけばいい」

ダーリヤの体が椅子《いす》の上でピン、と小さく跳《は》ねた。何から言えばいいのかわからない、というふうに口をパクパクさせている。

「ロケット花火を知っているね？　自分の腹に火薬をパンパンに詰《つ》めて、尻《しり》に火をつけられたらすっ飛んでいくあいつだ。仕組みはあれと同じ。火薬じゃなくて、めいっぱい冷やして液体にした酸素と水素を燃料として積むんだ。そうすれば酸素のない宇宙空間でも火を燃《も》やせるから、エンジンを動かすことができる。それに液体酸素《えきたいさんそ》と液体水素の組み合わせは、おそろしくよく燃えるんだ。爆発的《ばくはつてき》なパワーが出せる。なおかつ液体ならば、灯油《とうゆ》やガソリン同様、細かい燃焼《ねんしょう》コントロールもできるだろう」

ツィオルコフスキーが話し終わるのを待ちきれず、ダーリヤは質問を畳《たた》み掛《か》けた。

「では、そのロケットは秒速11・2キロメートルを出せるんですか？」

「出せる。わたしの作った方程式を使えば、その速度を出すのに必要なロケットの重量と、燃料の量が算出できるんだが……いや、しまった。日が暮れてきてしまったな、ロケットのこととなると、ついつい話が長くなってしまう。また今度にしよう」

ダーリヤはうなずいたが、最後にひとつだけ、と人差し指を立てて質問した。

「最初は先生の話を疑《うたが》っていましたが、今ではすっかり信じる気持ちになっています。先生は、どうして自分のロケットにそんなに自信があるんですか？」

——自信？　ダーリヤは、わたしに自信があったから、この話を信じたんだろうか？

ツィオルコフスキーは、ダーリヤの「自信」という言葉がのみ込めず、視線を宙《ちゅう》に泳がせた。しばし考え込んだ彼はダーリヤの勘違《かんちが》いに気づき、こう答えた。

「いや、違うんだダーリヤ。きみを信じてみる気持ちにさせたのは、わたしの自信ではなくて、物理法則の確実さだよ。液体酸素を積んだロケットで月に行けるということを示しているのは、わたしではなくて物理法則なんだ。人間なんかより、はるかに間違いのないものだ」

——そうだ、今までずっと、自分を支えてきてくれたのは、数学や物理の揺《ゆ》るぎない確かさだった。だからわたしは、誰に何と批判《ひはん》されようとも、考えを曲げることはできないのだ。ロケットで月に行くことができる……その根拠《こんきょ》は、確かな物理法則なのだから。わたしはただ、まだ人類が見つけていない、たくさんのことのうちの一つを、人より少しはやく拾い上げたに過ぎない……。

ツィオルコフスキーはそんなことを考えながら、月が昇《のぼ》り始めた空の下、帰路についた。

ツィオルコフスキーがダーリヤにロケットの特別講義《とくべつこうぎ》をしていたちょうどその時、ラトビアのバルト海に面したリーガという美しい港町《みなとまち》の学校で、フリードリッヒ・アルトロヴィチ・ザンデルという18歳の学生が、若い教師のところに質問に来ていた。

「……なるほど、その公式を使えばいいんですね。家に帰ってまた計算してみます」

「相変わらず理解が早いね。君のような優秀な生徒がいると、こちらも授業に気が抜けないよ」

「いえ、先生こそ、いつも最新の学説を仕入れてきて、ぼくたちに紹介《しょうかい》してくれるのが、とても楽しいんです」

「いやあ、学問は日々進歩するものだからね。教えるほうも勉強は続けないといけないんだよ。そうだ、最新といえば……君は宇宙に興味を持ってたよね。こないだ手に入れた雑誌に、面白い話があったよ」

そう言って、教師がザンデルに話したのは、ツィオルコフスキーの論文のことだった。ザンデルは満月のように目を丸くして、液体燃料ロケットでの宇宙飛行というアイデアを受け止めた。学年トップの頭脳《ずのう》を誇《ほこ》るザンデルには、そのアイデアの背後《はいご》に、とてつもない広さの未知の世界があるのが、すぐにわかった。

自身の頭に突如刺《とつじょさ》さったロケットという物体から次々湧《わ》き出《で》る考えや数式にまみれて学校を出たザンデルは、夢を見ているような気持ちだった。美しい港町の夕暮れも、今日はまったく目に入らなかった。自宅に着いて、玄関《げんかん》のドアを開ける時にはもう、ザンデルの腹《はら》は決まっていた。

「ああ、これでぼくの進路が決まった。宇宙飛行のための、液体燃料ロケットの研究！　これこそが、ぼくの一生を捧《ささ》げるに値する仕事だ」


また、ウクライナの黒海沿岸《えんがん》にある港町オデッサでも、天文好きのヴァレンティン・ペトローヴィチ・グルシュコという学生が、ジュール・ヴェルヌの小説や、ツィオルコフスキーの研究を紹介する本と出会っていた。グルシュコも、あっという間にロケットでの宇宙飛行に魅入《みい》られた。やがて、彼もまた、ロケットエンジンを開発する道に進んでいく。

ツィオルコフスキーのアイデアは、権威《けんい》ある学者たちには無視された。しかし、才能と未来のある若者たちにとっては、無限の可能性を秘めた宝箱だったのだ。


ツィオルコフスキーが、「人より少しはやく拾い上げたに過ぎない」と感じていたのを証明《しょうめい》するかのように、ツィオルコフスキーに遅れて、他の国にも同じ答えにたどり着いた人たちがいた。

一人は、アメリカのマサチューセッツ州に生まれたロバート・ゴダード。もう一人は、オーストリア＝ハンガリー帝国《ていこく》ハンガリー領（現在のルーマニア）トランシルヴァニアに生まれたヘルマン・オーベルトである。

２人とも、ツィオルコフスキーと同様にジュール・ヴェルヌの小説を読んで宇宙に憧《あこが》れを抱《いだ》き、独自《どくじ》に研究を続けていた。彼らはそれまで、ツィオルコフスキーのことも、お互《たが》いの存在も研究も知らずにいたのに、出した結論は両者とも液体燃料《えきたいねんりょう》ロケットだった。

ゴダードは大学に研究室を持っており、金銭面《きんせんめん》に余裕がなかったツィオルコフスキーと違って、スミソニアン協会からロケット研究のための資金援助《しきんえんじょ》を受けていた。そのため、彼は自分で設計したロケットを作って、自説を証明《しょうめい》することができたのである。ツィオルコフスキーの論文から23年が経った１９２６年、ついにゴダードは自分の手で液体燃料ロケットを完成させる。

「おばさん、おはよう。いい天気だね。ロケットを飛ばすにはぴったりだ」

「ロバート。だからって、ほんとにその針金《はりがね》を飛ばす気なの？　その針金と天気と、何の関係があるのよ」

ゴダードが、おばの家の農場に奇妙《きみょう》な形の装置《そうち》を持ち込んでセッティングしていると、おばはけげんそうにその装置をのぞきこんだ。

「おばさん、これは針金じゃなくて、チューブだよ。てっぺんのこの筒《つつ》がエンジンで、このチューブで下の容器に入ってる液体酸素とガソリンを送るんだ」

「はぁ……？　にしても、奇妙な形してるよ」

「重さのある燃料タンクを下に置かないと、安定して飛ばないんじゃないかと思ってね。飛ばしてみて、問題があるようだったら改良するさ」

「飛ばしてみて……って簡単に言うね。わたしには、こんな妙《みょう》な仕掛《しか》けが空を飛ぶなんて信じられないよ」

「飛ぶさ。ほら、ゴム風船に空気を入れて手を放すと、中の空気が勢いよく出て吹っ飛んでいくだろう？　原理は、あれと同じなんだ。ぼくは空気のかわりに、ガソリンと液体酸素でそれをやろうってわけ」

「やっぱりあんたの母親は過保護《かほご》すぎたのね。せっかく大学に入れても、そんな風船遊びをやってるなんて……」

　ゴダードの作ったロケットは、おばの言う通り、空を飛ぶような物には少しも見えなかった。発射台に設置されたそれは、高さだけならゴダードの身長の2倍ほどあったが、お世辞《せじ》にも格好《かっこう》いいとは言えない素朴《そぼく》な造《つく》りだった。

　ランタンを極限《きょくげん》まで簡略化《かんりゃくか》したらこんな形になるだろうか。ランタンでいう火が灯《とも》る部分に液体酸素とガソリンのタンクが、持ち手の部分にはエンジンと噴射《ふんしゃ》ノズルがあり、フレームを兼《か》ねた細いチューブでつながっていた。エンジンのノズルが全体の上部にあり、燃料タンクに向かって噴射《ふんしゃ》するという、今から見ると常識《じょうしき》外《はず》れな構造《こうぞう》をしていたが、なにしろこれが世界で初めて飛翔《ひしょう》に成功する液体燃料ロケットなので、常識などまだ存在していなかったのだ。

「先生！　こちらは準備オーケーです！」

計測を任された助手が、大声で呼《よ》びかけた。ゴダードは彼に手を振《ふ》って了解の合図を送り、もう一人の助手に声をかける。普段はのどかな農場の一角が慌《あわ》ただしいので、納屋に繋《つな》がれたロバも、そわそわと人間たちの様子をうかがっていた。ゴダードが、発射前の最終確認に駆《か》けずり回る。

「カメラの準備は大丈夫《だいじょうぶ》か？　しっかり記録してくれよ。おーい、おばさん、もう火をつけるよ。危《あぶ》ないから家の中に入ってて！」

「大げさだね。どうせ飛ばないから大丈夫だよ」

そう言いながらも、おばはちょっとずつ後ずさっていった。助手が棒《ぼう》の先に火種をつけてロケットに点火するのを、ゴダードは、祈《いの》るような気持ちで見つめた。

火がついてからしばらくは煙《けむり》が上がるだけだったが、ロケットは間もなく、発射台からふわりと浮かび上がった。そして次の瞬間《しゅんかん》には、炭酸水《たんさんすい》があふれるような音を立てて、勢いよく飛び上がった。周囲にいた人々は思わず顔を伏《ふ》せ、ロバは飛び上がって首を震《ふる》わせた。唯一《ゆいいつ》ゴダードだけが、ロケットの姿《すがた》を目に焼きつけていた。ゴダードの視線の先で、ロケットは高さ12・5メートルまで上《じょう》昇《しょう》し、56メートル離れた場所に落ちた。空中にいたのはわずか2・5秒の間だったが、ゴダードにとっては一生忘れることのできない2・5秒になった。

「……驚《おどろ》いた。風船よりは飛んだじゃないの」
こわごわ顔を上げて目を丸くするおばをよそに、ゴダードと助手たちは冷静に距離を測り、記録を書き留め、落下したロケットを回収した。すべてが終わってから、やっとゴダードは両手を握《にぎ》りしめ、控《ひか》えめに喜びのポーズを作った。
「やっと、やっとうまくいった……今日までは飛ばすための試行錯誤《しこうさくご》だったが、明日からはもっと高く飛ばすための試行錯誤になるんだな。よし。挑戦《ちょうせん》を続けよう……」

孤独《こどく》に積み上げてきた自分の研究は間違っていなかったのだ。ゴダードは静かに喜びを噛《か》み締《し》め、その後も研究を続けた。改良を重ねたロケットは、最終的に2700メートルの高さに達する性能になった。最初のロケットでは燃料タンクをおもりにして姿勢《しせい》を安定させようとしていたが、ジャイロスコープ（回転するコマが一定の姿勢を維持する力を利用した装置）で制御《せいぎょ》されるように改良したことで、大幅《おおはば》に安定した飛行が可能になった。宇宙に到達《とうたつ》するにはまだだったが、ゴダードが発明し特許を取った技術の数々は、彼の死後NASAに買い取られ、宇宙空間へ到達することになる。

一方ヘルマン・オーベルトは、地元のトランシルヴァニアからドイツに出て、ミュンヘンで医学を、ハイデルベルク大学で物理を学んだ。大学では宇宙飛行の方法について独自に研究し、ツィオルコフスキーやゴダードと同じ、液体燃料ロケットという結論にたどり着いていた。それを博士論文にまとめて提出《ていしゅつ》したが、オーベルトの考えはあまりに先進的で、学内には彼の研究を理解できる教授が一人もおらず、悲しいことに論文が評価されることはなかった。

――最高学府が呆《あき》れたもんだ……いいさ、わかった。俺は博士号なんかなくたって、偉大《いだい》な科学者になってみせる。いつか必ずロケットを作り上げて、俺の研究の価値を証明してみせるんだ。

オーベルトの論文は大学には評価されなかったが、興味を持ったある出版社から、１９２３年に『惑星間《わくせいかん》宇宙へのロケット』というタイトルで出版された。

「地球の重力から離脱《りだつ》できる機械は実現可能である。また、人間の健康を損《そこ》なうことなく乗れるように、製作することが可能である」

オーベルトは本の中で、そう断言していた。ツィオルコフスキーと同様に学者たちからは酷評《こくひょう》されたが、一般読者の間では評判《ひょうばん》となり、たくさんの若者が現実的な宇宙飛行について興味を持つきっかけになった。

「月旅行なんて絵空事《えそらごと》だと思ってたけど、もしかしたら実現可能かもしれないな」

「ああ、オーベルトの理論はしっかりしていて、現実的だ。我々《われわれ》が知ってるロケットというのは、大《たい》砲《ほう》に取って代わられた旧時代の飛び道具とか、祭りでぶっ放す花火くらいのものだ。だが、彼の本を読むと、ロケットにはすごい可能性があるように思えてきた」

「だろう。乗り物みたいに、スピードや方向のコントロールができるようになったらと考えると……

わくわくするな」

「しかし、人間が乗れるようになるという話はどうなんだろう？　加速度でぺちゃんこになったり、酸欠《さんけつ》になったり、熱で焼け死んだりするんじゃないか」

「オーベルトは医学も学んだらしいぞ。それなりに根拠《こんきょ》のある話だと思うけど……」

学生街のあちこちで、オーベルトの本をかたわらに、そんな会話が交わされるようになった。

さらに、同じ頃、アメリカでゴダードの液体燃料ロケットが成功した、というニュースが舞《ま》い込《こ》んできた。ゴダードの著作の他にも宇宙飛行に関する本が次々出版され、マニアの間で宇宙飛行への期待は大きく盛《も》り上《あ》がっていった。そして、ロケットに注目していたのはマニアだけではなかった。


１９２９年、ドイツ陸軍兵器局。弾薬《だんやく》を扱《あつか》う部署《ぶしょ》の一室で、部長であるベッカーは一通の書類を受け取った。

「国防大臣からの書面？　機密扱《きみつあつか》いのハンコがある。これは、もしかして、ついにわたしの進言が聞き入れられたのか？　ええと、……『ロケット・エンジンを兵器に使用するための研究を始めよ』……やはり！　やったぞ」

ベッカーは思わず立ち上がった。

「ロケットという技術はせいぜい信号弾に使うくらいで、我《わ》が国《くに》の所有禁止兵器のリストには載《の》っていないのだ。その抜け穴を利用しない手はない。上もやっと気づいてくれたな」

第一次世界大戦で敗戦国となったドイツは、ヴェルサイユ条約で軍備に関して厳《きび》しい制約《せいやく》を受けていた。特に長距離《ちょうきょり》を飛ばせる大砲は、持つこと自体禁じられていた。ベッカーは代わりになる長距離射程の技術を探すうち、ロケットの技術を進歩させることで使えるようになるのではと思いつき、上に報告していたのだ。

「これで、やっと研究に持っていける。まずは人材を育てないといけないな。取り急ぎ部下を何人か工科大学にやって学ばせるとして……民間の人材にも使える者がいないかどうか調べよう」

こうしてドイツ陸軍はロケットの軍事利用の可能性に着目し、密《ひそ》かに人材を集め始めた。

その頃、博士号を取れなかったオーベルトは、仕方なくトランシルヴァニアに戻《もど》って教職に就《つ》いていた。しかしこの宇宙ブームの火付け役である彼が、放っておかれるはずがなかった。１９３０年４月、彼のもとに一通の手紙が舞《ま》い込《こ》む。

「ドイツから手紙だ。またＳＦ映画を手伝えってんじゃないだろうな。なになに……このたび、陸軍より資金提供《しきんていきょう》を受け、国立化学工業試験所にて、液体燃料ロケットエンジンの試作をすることとなった。ついては貴殿に開発主任をお願いしたい……だって？　おお！」

自分の研究の価値を証明《しょうめい》してみせるチャンスが来た！　願ってもない依頼《いらい》に、オーベルトは喜んでドイツに向かった。

国立化学工業試験所に到着《とうちゃく》したオーベルトは、急いで仕事に取りかかった。ルーマニア国籍《こくせき》のオーベルトには滞在期限《たいざいきげん》があり、4ヵ月弱しか時間がなかったのだ。

休む間もなく仕事を進めるオーベルトの元に、強力な助っ人が現れた。

「オーベルト先生、はじめまして。お目にかかれて光栄です。ぼくはヴェルナー・フォン・ブラウン、こちらがクラウス・リーデル。我々《われわれ》はベルリン工科大学の学生です。ご覧《らん》の通りの若造《わかぞう》ですが、先生の著作は誰より読み込んでいるつもりです。我々がお手伝いします。必ず成功させましょう！」

20世紀の宇宙開発を語る時、絶対に避《さ》けて通れない名前——ヴェルナー・フォン・ブラウン。まだ18歳の、自信に満ちたこの青年も、オーベルトの論文に夢中になった一人だった。

優秀な助手を得たオーベルトは、液体酸素とガソリンを使うロケットエンジン「ケーゲルデューゼ（円錐型《えんすいがた》ノズルという意味）」の燃焼試験を無事成功させる。この時から、ブラウンはオーベルトを師と仰《あお》ぎ、生涯《しょうがい》にわたって交流が続いた。


宇宙に憧《あこが》れた若者たちが夢に向かって歩き出した背後《はいご》で、世界は激動《げきどう》していた。

第一次世界大戦中、ロシアでは1917年に2月革命が起き、内戦を経て1922年にソビエト連邦が成立した。ドイツでも革命が起き、帝政《ていせい》が倒《たお》され、共和制に移行した。

20世紀の宇宙開発は、こうした国家の変動や戦争と切っても切れない関係の中で発展してきた。特に、ソ連と名を変えたロシアでは、科学技術を発展させることが国を挙げて推奨《すいしょう》され、宇宙ロケット開発も、国の事業として大きく広がっていくことになる。

ツィオルコフスキーに憧れたグルシュコやザンデルも、こうした時勢に後押《あとお》しされる形で、ロケット研究者としての立場を確立させていった。ソ連はまず、初の国立ロケット研究機関である気体力学研究所を、レニングラードに立ち上げた。グルシュコは、そこに入ってロケットエンジンの開発を担当することになった。ザンデルも、宇宙船のためのロケットエンジン開発を目指し、44歳の時、民間の航空技術《こうくうぎじゅつ》を支援《しえん》する団体の後《うし》ろ盾《だて》を得て、志《こころざし》を同じくする仲間と「反動推進《はんどうすいしん》研究グループ」（通称ギルド）という団体を作った。

1931年、ドイツでオーベルトとフォン・ブラウンが出会った翌年。ギルドを結成したばかりのある日、ザンデルは一人の若者と知り合う。

グライダーを作るための資金を申請《しんせい》しに来たんです、と話したウクライナ生まれの青年は、ザンデルの活動の話を聞いて大いに興味を示し、すぐギルドに参加するようになった。

青年の名はセルゲイ・パーヴロヴィチ・コロリョフ。ザンデルと出会った26年後、世界初の人工衛《じんこうえい》星《せい》スプートニクを打ち上げて、歴史に名を残すことになる人物だ。

宇宙開発の時代は、このように幕を開けたのである。

科学の
先駆者たち

直径58センチの月
——人類初の人工衛星——

コロリョフ

「セリョージャ。セリョージャ。朝食は終わったのかな？　どれ、今日はおじいちゃんと飛行機が飛ぶのを見に行こうか。きっと楽しいぞ」

セリョージャと呼《よ》ばれた4歳くらいの男の子は、ダイニングの椅子《いす》によじ登り、庭のライラックが咲《さ》いたかどうか見ようとしていた。乗り出していた窓《まど》から顔を引っ込めて、祖父《そふ》の声がしたほうを向く。

彼はある日突然《とつぜん》、このライラックの咲く家に連れてこられて、以来、祖父母と3人で静かに暮らしていた。彼はこのあたたかく立派な家で何不自由ない生活をしていたが、両親がそばにいないさみしさと、きょうだいも友だちもいない退屈《たいくつ》を抱《かか》えていた。だから飛行機が飛ぶのを見に行く、と聞いて、胸《むね》が躍《おど》った。しかし、すぐに答えることはせず、キッチンの様子をうかがってみた。そこでは祖《そ》母《ぼ》が鼻歌を歌いながらバスケットにサンドイッチを詰《つ》めていた。ポットには、いっぱいの紅茶《こうちゃ》が湯気を立てている。

――優《やさ》しいおじいちゃんと、おばあちゃん。パパが死んじゃって、ママは仕事を見つけるため、遠くの学校でお勉強することになって、週末にしか帰ってこない。それでぼくはこのニジィンに引っ越してきたみたい。おじいちゃんもおばあちゃんも、そんなぼくをかわいそうに思って、こうして優しくしてくれる。

ニジィンは、ウクライナの現在の首都であるキーウから、北東に１２０キロほどに位置する。何百年も前から建つ石造《いしづく》りの教会がいくつもある、古い街だ。セリョージャが生まれたのは、キーウの西側にあるジトーミルという街だったが、一年前、祖父母の住むここニジィンにやってきた。

「うん。飛行機が飛ぶところ、見たい」

セリョージャは素直に二人に従うことが、今日の最善《さいぜん》だと判断《はんだん》した。もし祖母が乗り気でなかったり、祖父が体を痛めていたりしたら「おうちにいたい」と言うつもりだった。しかし二人とも孫《まご》と出かけるのを楽しみにしており、自分も飛行機が飛ぶのを見たかった。全員にとっての最善。

セリョージャ——セルゲイ・パーヴロヴィチ・コロリョフは、元々自分のわがままを無理やり通すことが好きではなかった。しかし、この家に来て、自分が遠慮《えんりょ》しすぎるのもよくないと覚えた。祖父母は、自分が遠慮ばかりしていると悲しそうにする。父が死んでしまって、母とも離れて暮らしているからだろうか。孫が退屈《たいくつ》しないようあれこれと世話を焼くのが、自分たちの義務《ぎむ》だと考えているようだった。

優しい祖父母と、苦労をしている母と、天にいる父。彼らのために、セリョージャ少年は、なんでもいいから、自分にできる「よいこと」をしたかった。セリョージャの健気《けなげ》な気持ちと生まれ持った控《ひか》えめな性格は、常《つね》に全員にとっての最善になるようにと場を導《みちび》く、大人びた振《ふ》る舞《ま》いを身につけさせていた。

街はずれにある、いつもは人気《ひとけ》のない原っぱに、今日はたくさんの人が集まっていた。何が行われるか知らない人も、何事だろうかと次から次へと集まってきて、市場でも立ったかのような賑《にぎ》わいだった。セリョージャは祖父の手を離すと、何かに呼《よ》ばれるように大人の足の間をすり抜け、騒《さわ》ぎの中心へと一目散《いちもくさん》に向かっていった。

「危険《きけん》だから、ここから先には出ないで！」

制止《せいし》する係員の足にぶつかって、セリョージャが立ち止まる。係員の足の間から、日差しを受けて眩《まぶ》しく輝《かがや》く、２枚の白い翼《つばさ》が目に飛び込んできた。

「あれが飛行機!? ねぇ、おじいちゃん、見て!! すごくキレイだよ!!」

ふだん控《ひか》えめなセリョージャも、はじめて見る飛行機には子どもらしい興奮《こうふん》を隠《かく》せなかった。飛行機は、木製の骨組みに真っ白い布が張《は》られ、運転席のうしろにエンジン、そこから後ろ向きにプロペラが取り付けられていた。

セリョージャは、一目見てすぐにこの美しい機械が大好きになった。どんな人があの飛行機を飛ばすんだろう？ あたりを見回して探していると、小気味よいエンジン音が響《ひび》いて、皆の視線を集めた。セリョージャも振《ふ》り返《かえ》ると、一人の男性が翼の前にいて、こちらに笑顔を向けていた。

「ウトチキン！ セルゲイ・イサエヴィチ・ウトチキン!!」

観客の一人がその男性に向かって、セリョージャと同じ、セルゲイという名を呼びかけた。鮮やかな赤毛に大きな背丈《せたけ》、一目見てアスリートとわかる立派な体格。彼は片手を上げて観客に応《こた》えた。上等なフェルトの帽子《ぼうし》をしっかり被《かぶ》り直《なお》して、落ち着いた様子で操縦席《そうじゅうせき》に座《すわ》ると、もう一度観客のほうを見て、笑顔で握《にぎ》り拳《こぶし》をかかげた。観客は大喝采《だいかっさい》でウトチキンを送り出す。

やっとセリョージャに追いついた祖父が肩車《かたぐるま》してくれたので、セリョージャにも、ウトチキンの乗った飛行機がゆっくりと滑走《かっそう》を始めるのが見えた。「ヒーローというのはああいう人のことだ！」と、セリョージャは胸をときめかせた。

ウトチキンの飛行機は、航空《こうくう》技術黎明期《れいめいき》の複葉機《ふくようき》だった。操縦席の後ろのエンジンがプロペラを回し、その力が飛行機を前へ前へと進めていくのが、小さいセリョージャにもよくわかった。そして2枚の翼が、間違いなく機体を浮《う》かび上《あ》がらせる形をしているのもわかった。車輪が数回草の上を跳《は》ねて、そしてもう一度大きく跳ねたと思ったら、もう地面に戻《もど》ってこなかった。空気の中に透明《とうめい》な坂道があって、飛行機はその斜面《しゃめん》を駆《か》け上《のぼ》ってゆく。セリョージャには、白い翼が空を滑《すべ》ってゆくのが、信じられない光景にも見えたし、そうなって当たり前のようにも見えた。

——ぼくも、あんなふうに空を飛びたい。

その気持ちはセリョージャにとって、はじめての譲《ゆず》れないものになった。

それから10数年。セリョージャ——19歳になったコロリョフは、ウクライナを離れ、モスクワ高等技術学校の航空機械学科に入った。住まいは、元々モスクワに住んでいた母親と、その再婚相手の義《ぎ》父《ふ》の家に居候《いそうろう》することになった。

学校は、モスクワ川に流れ込む支流の、ヤウザ川のほとりに堂々《どうどう》と立っていた。帝政《ていせい》時代からロシアの技術系最高峰《さいこうほう》として名を馳《は》せていた名門で、コロリョフが学ぶ航空機械学科の講義《こうぎ》は、その後ソ連を代表する航空機設計者となる、アンドレイ・ツポレフが中心となって行われていた。コロリョフはその話を聞きつけて、通っていたキーウの工科大学から編入《へんにゅう》してきたのだ。

——ここで有名なツポレフに直接教えを受けることができるなんて、夢のようだ。研究所では彼といっしょに仕事ができるかもしれない。しかも学校はグライダーの学校も運営していて、講師は研究所の優秀な研究者たちだ。夢のような学校が2つもあって、掛《か》け持《も》ちで通えるなんて、ますます夢のようだ！

ここには、通称《つうしょう》ツァーギという航空に関する研究所があり、若い研究者たちが、日々新しい航空機の開発に情熱を燃やしていた。ツポレフをはじめとする講師陣《こうしじん》はそこの研究者で、学生たちも研究所の仕事を手伝った。さらに年度が上がると、航空機の工場で働くことも講義に組み込まれていた。

コロリョフは昼は学校での勉強と研究所の仕事、夜はグライダーの学校、休日はグライダーの飛行訓練という多忙《たぼう》な生活に喜んで飛び込み、飢《う》えていた航空の専門知識を次々と吸収《きゅうしゅう》していった。

グライダーとは、エンジンのない飛行機のことだ。高いところから出発し、できるだけ長い時間をかけて滑空《かっくう》する。上昇気流《じょうしょうきりゅう》を捉《とら》えれば、出発地点より高く浮《う》かび上《あ》がることもできる。コロリョフは、数年前からグライダーの設計と操縦《そうじゅう》に夢中になっていたが、以前の学校では満足いく活動ができずにいた。ずっと欲していた、航空機の専門的《せんもんてき》な教育と、グライダー活動。モスクワに来てその両方を手に入れて、コロリョフの熱意は高まった。

一方、母親のマリヤは、ここ数日、友人を連れて帰宅するなり、2人で深夜まで部屋に閉じこもってしまう息子が心配だった。先日はなにやら大きなものを引きずったりするような音が騒《さわ》がしかった。その少し前には、大きな作業台のようなものを運び込んでいる現場に夫が遭遇《そうぐう》したらしい。勉強ならいいが、もし、よからぬグループに危険思想《きけんしそう》を植え付けられて、爆弾《ばくだん》や武器を作らされたりしていたら……。

一人で不安を抱《かか》えるのに限界を迎《むか》えたマリヤは、お茶と軽食を差し入れするのを口実に、息子《むすこ》の部屋の様子をうかがいにきた。ノックをすると、どうぞ、と、いつもの調子の答えが返ってくる。マリヤはおそるおそるドアを開けた。

「セリョージャ……これはいったい何事なの？　部屋がめちゃくちゃじゃないの」

そこでマリヤが目にしたのは、壁際《かべぎわ》に押《お》しやられた家具、壁に立てかけられたベッド、床で寝ている痕跡《こんせき》。そして部屋の真ん中に置かれた大きな机《つくえ》に広げられた、これまた大きな紙、紙、紙。

室内には、空き場所というものがコップ一つぶんも見当たらなかった。当然持ってきた差し入れのトレイを置く場所もなく、マリヤは手に持ったまま棒立《ぼうだ》ちでいるしかなかった。

「ほら、俺さ、こないだグライダーの大会に出たじゃない」

定規《じょうぎ》と鉛筆《えんぴつ》を手にした息子は、マリヤの驚《おどろ》きなど意に介さず、机に広げた紙から目も上げずに淡々《たんたん》と話した。

「え、ええ。あなた、なかなか腕《うで》のいいパイロットなんですってね。……でも、それがこの部屋の状況となんの関係があるの？」

「そう……まあ、そこの成績はよかったけどさ、やっぱり自分の作ったグライダーで飛びたいと思って。それで彼といっしょに設計してるんだ」

線を引き終わったコロリョフはようやく顔を上げ、母の手からトレイを奪《うば》うと、計算に熱中していた友人にお茶を勧《すす》めた。そして自分も片手にトレイ、片手にティーカップを持ち、2人とも突《つ》っ立《た》ったまま紅茶をすすった。

「ああ、なるほど……なるほどね。グライダーを作るのね。それは学校の課題？　それとも研究所のほうの仕事になるのかしら」

「いや、そういうんじゃない。俺が好きで、勝手にはじめたことなんだ」

「授業でも仕事でもないってこと？　……それじゃ、どこからもお金が出ないじゃない。どうやって完成させるの」

「それがね、製作費《せいさくひ》を援助《えんじょ》してくれる協賛会《きょうさんかい》があるんだ。オソアヴィアヒムってとこなんだけど、民間の航空活動を色々支援《しえん》してくれてるんだ。通ってるグライダー学校も、そこの資金で成り立ってるんだよ。そこに設計図を持ち込んで、審査《しんさ》が通れば……」

「審査？　審査があるの？」

「そりゃそうさ。ポンコツにお金出すわけにいかないだろ」

「大変。こんな狭《せま》い部屋でやってる場合じゃないじゃない。ちょっとあなた、あなた――」

こうしてマリヤとその夫は寝室《しんしつ》を明け渡し、狭《せま》いコロリョフの部屋で寝ることになった。

前よりは広い設計室を手に入れたコロリョフは、無事設計を終え、オソアヴィアヒムの審査もパスし、ますますグライダー製作にのめり込んでいった。学校を卒業する頃には、グライダーの設計者として、そこそこ名の知られる存在になるほどだった。

「セルゲイ、簡単に言うけどね。すごいことだよそれ。仕事もしながら、1年の間にグライダーと、卒業設計の軽飛行機の両方を作ったんだろ。とんでもない仕事量だよ」

「気づいたらこうなってただけだよ。俺はやりたい仕事をするのは苦じゃないんだ。何もすることがないほうがつらいよ」

それはわかるよ、とミハイル・クラウエディヴィチ・ティホヌラヴォフは微笑《ほほえ》んだ。ティホヌラヴォフとコロリョフは、グライダーを通じて知り合った。ティホヌラヴォフのほうが7歳ほど年歳《とし》が上だったが、それで偉《えら》ぶるようなことはなく、教養豊かで、いつも優しい目をした穏《おだ》やかな人物だった。彼はいつもコロリョフに面白いアイデアを持ち込んでくる、いい仲間だった。今日の2人はオソアヴィアヒムの事務所の廊下《ろうか》でばったり出会い、用も忘れて話し込んでいた。

「そういえば、ザンデルと同じく研究所勤務《きんむ》になったんだって？　彼のロケット・エンジンの話、面白いだろ」

「ミハイル、それなんだけど、君の友人が作った〝空飛ぶ絨毯《じゅうたん》〟あるだろ」

「空飛ぶ絨毯……ああ、ボリスの無尾翼《むびよく》のグライダーのことか。たしかにあれは、飛行機というより海のエイか、空飛ぶ絨毯だ。それがザンデルと何か関係あるのか？」

「あれに、ザンデルのロケットエンジンを載《の》せたら面白いんじゃないかと思って。ロケット飛行機とでも言うかな」

「なんだって!?」

コロリョフの突飛《とっぴ》な発想を冗談《じょうだん》だと思ったティホヌラヴォフは、傑作《けっさく》だと手を叩《たた》いて笑ったが、ふと真顔になって考えはじめた。

「いや、待てよ……なるほど。ロケットエンジンはレシプロエンジン（ピストン運動の機構を利用するエンジン）みたいに前につけるわけにはいかないが、後方につけると、どうしても重心が後《うし》ろ寄《よ》りになって安定性が悪くなる。しかし無尾翼《むびよく》なら元々尻《しり》が軽いし、ボリスのグライダーは胴体《どうたい》の尻まで翼《つばさ》に収まってるからな。なるほど……なるほど。いや確かに面白いアイデアだな。これ、ザンデルには話したのか？」

「いや、まだなんだ。なんだか最近忙《いそが》しそうでね」

「そういえば、ザンデルは何かやりたいことがあるとか言ってたな……」

「話をすれば、あそこにいるのは、そのザンデルじゃないか？」

ちょうど廊下《ろうか》の向こうから、話題にしていたザンデルが現れた。

高校生の時、ロケットで宇宙に行けることを証明《しょうめい》したツィオルコフスキーの理論に感銘《かんめい》を受け、ロケット開発を志《こころざ》したザンデルは、液体燃料《えきたいねんりょう》ロケットの研究を独自に続けていて、自分で設計したエンジンも製作《せいさく》していた。

コロリョフは、彼と同じ職場で仕事をするうちに、彼の筋道《すじみち》立った理論と、机上《きじょう》の計算だけではなくそれを実践《じっせん》してみせる姿勢《しせい》に、共感と尊敬《そんけい》を覚えていた。彼がよく話す、ロケットで火星に行く、とか、ツィオルコフスキーの月ロケットなどの話は、ちょっと高すぎる理想にしか思えなかったが、彼の作るロケットエンジンには興味を持っていて、飛行機のエンジンとしての使い道を思いついたのだ。

ザンデルは手を振《ふ》る2人に気がつくと、笑顔で手を上げて近寄《ちかよ》ってきた。

「やあ、セルゲイにミハイルじゃないか。どうした、それは悪巧《わるだく》みをしてる顔だな」

「フリードリヒ、君こそ。セルゲイに聞いたが、俺たちに隠《かく》れてなにか企《たくら》んでるらしいじゃないか？」

「なんのことだ？　それよりセルゲイ、君、結婚したって話を聞いたぞ」

「なんだって!?　セルゲイ、ほんとうか!?」

ザンデルとティホヌラヴォフの矛先《ほこさき》は一気にコロリョフに向けられ、コロリョフは真っ赤になって弁明《べんめい》した。

「あ、いや、確かに結婚はしたし、隠《かく》すつもりはなかったんだけど……君たちの顔を見ると真っ先にグライダーやらエンジンやらの話が出てきて、そのうち自分の結婚のことなんか忘れちゃうんだよ……。それに妻とはまだいっしょに住んでないから、あんまり実感もなくて」

「下手な言《い》い逃《のが》れしやがって。それで、奥《おく》さんはどんな人なんだ。どこで知り合った」

「高校の同級生だ。今は外科医になるために研修先を探してて……」

話はコロリョフの新妻《にいづま》の話題で盛《も》り上《あ》がり、しばらく新郎をひやかす声が廊下に響《ひび》いていたが、ザンデルが会議の時間になり解散となった。

ザンデルは去《さ》り際《ぎわ》に2人に言った。

「ちょっと君たちに相談したいことがあるんだ。俺のその、なにか企《たくら》んでる件でね。明日の夜、時間を作ってもらえるかな。君たちの他にユーリィも呼《よ》ぶつもりだ」

2人はザンデルの頼みならと、快《こころよ》く引き受けた。

翌日《よくじつ》、マリヤが夕食の用意をしていると、コロリョフが3人の客を連れて帰ってきた。

「あら、言ってくれればお友だちの分も夕飯を用意しておいたのに」

「いや、食事はいらないよ。おかまいなく」

そう言って部屋に入ると、なにやら話し込んでいる様子だったが、何時間経《た》っても出てこない。

——何を話してるのか知らないけど、古今東西《ここんとうざい》、飲まず食わずの話し合いがうまくまとまったためしはないのよ。

そう考えたマリヤはお茶と軽食を用意して、コロリョフの部屋をノックした。何年か前の、家具が押しやられ、設計室と化してしまった部屋の光景が頭をよぎったが、今回は家具は無事で、お茶のトレイを置く場所もあった。

客人3人は口々に礼を言い、自己紹介をした。

フリードリヒ・アルトロヴィチ・ザンデル。オソアヴィアヒム中央評議会《ひょうぎかい》航空技術委員会反動推進《はんどうすいしん》研究部会所属。兼《けん》ツァーギ勤務《きんむ》。火星に行きたい44歳。

ミハイル・クラウエディヴィチ・ティホヌラヴォフ。空軍技術大出身。航空機会社勤務。切手集めが趣味《しゅみ》の31歳。

ユーリィ・アレクサンドル・ポベドノスフェツ。モスクワ航空大出身。ツァーギ勤務。コロリョフと同じ24歳。

「俺たち4人が中心になって、ロケットエンジンの研究グループを立ち上げようってことになってさ。組織図を作って、今後どうしていくかの具体的な計画を話し合ってるとこだ」

「セリョージャ……それは、またわたしたちが寝室を明け渡さないといけないって話？」

マリヤが渋《しぶ》い顔をしているのを見て、コロリョフは慌《あわ》ててそうはならない、と否定した。

「あの時は母さんたちに迷惑《めいわく》かけて、悪かったよ……。今回は実験や製作もするし、ちゃんとした建物を借りるつもりだから安心して」

「それならいいんだけど。みなさん、セルゲイをよろしくお願いしますね。まだ学校を出たばかりで世間知らずだから」

「いや、お母さん、とんでもない。それどころか、我々《われわれ》は彼に頼りっきりなんです」

自分より年上のザンデルが、真剣《しんけん》な顔で言ったので、マリヤは驚《おどろ》いた。

「わたしは研究ばかりしてきたせいか、どうも組織の運営というものに向いてなくて……年長なのにお恥《は》ずかしい限りですが、グループを立ち上げたはいいものの、組織づくりが何もできていなかったんです。それを知ったセルゲイが、今なにもかも整理してまとめてくれて」

ティホヌラヴォフもザンデルに同調した。

「そうですよ。息子さんは人をまとめるのがとてもうまいし、行動が的確で素早い。その上設計の才能もあるときてる。彼と共に新しいことをはじめられるのは、とても光栄なことです」

「まぁ、そんな。セリョージャ、あなた……」

——幼い頃、働くため、息子のためとはいっても、祖父母に預けっぱなしにしたせいで、引っ込み思案《じあん》な子だったのに。知らないうちに、こんな評価《ひょうか》を受ける人物に育っていたなんて。

マリヤは胸が詰《つ》まって何も言えなくなってしまった。

「おいおい。そんなお世辞《せじ》を言ったって、うちのキッチンにはもう何も残ってないぞ。ほら、母さん、そういうわけでまだ話は終わってないから。お茶、ありがとう」

照れたコロリョフに部屋を追い出されたマリヤは、廊下《ろうか》で涙《なみだ》を拭《ぬぐ》った。コロリョフのほうも、仲間に評価された嬉《うれ》しさを、内心でかみしめていた。

——一流の学校で教育を受けて、設計したグライダーも成功して、結婚もして。俺はモスクワに来てから、ようやく自分に自信が持てた。だから、こうして仲間のためになる働きができるんだ。よし、この研究グループを絶対に成功させよう。それが仲間や自分、それから家族の「最善《さいぜん》」になると信じて……。

　こうして、1931年9月、反動推進《はんどうすいしん》研究グループが本格的に活動を開始した。メンバーは40人ほど、グループは、頭文字をとった「ギルド」という愛称《あいしょう》で呼《よ》ばれた。

　結成からしばらくは、このメンバーでやるぞ、と決めただけで、建物も見つかっておらず、各々《おのおの》が自分の活動を続けているだけだった。そもそも、どこからも資金が出ていなかった。趣味《しゅみ》のサークルと言われても否定《ひてい》できない、まだ赤ん坊状態のギルドだったが、ある出来事をきっかけに、とんでもない展開を迎《むか》える。

「大変だ……」

　ある日、ザンデルたちがオソアヴィアヒムの会議室に集まり、エンジンの設計について議論していたところに、コロリョフが真っ青な顔で駆《か》け込《こ》んできた。普段取《と》り乱《みだ》すことのないコロリョフがうろたえている姿《すがた》を見て、ザンデルたちは何事かと身構《みがま》えた。

「どうしたセルゲイ」

「……トゥハチェフスキーから呼び出された……空軍総局《くうぐんそうきょく》に来いと」

　まず、軍籍《ぐんせき》にあったメンバーのポベドノスフェツが腰《こし》を抜《ぬ》かして、座《すわ》っていた椅子《いす》から転げ落ちそうになった。

「トゥ……トゥ、トゥハチェフスキー……!?　あの英雄《えいゆう》トゥハチェフスキー将軍のことを言ってるのか!?」

「そ、そうだ……。ギルドの活動について聴取《ちょうしゅ》したいと言ってる」

次にザンデルが、持っていた設計図の束を取り落とした。

「お、おしまいなのか、ギルドは……そんなところに目をつけられたんじゃあ、もう月にも火星にも行けない……」

「落ち着いてくれ、ザンデル。逆《ぎゃく》なんだ。ギルドの活動が彼のお眼鏡《めがね》にかなったらの話なんだけど、どうやら、うちと気体力学研究所とを合併《がっぺい》させて、軍の研究所にしたいらしいんだ」

「なんだって!?」

その場にいた全員が前のめりで叫《さけ》んだ。


ミハイル・ニコラエヴィチ・トゥハチェフスキーは、軍人として数々の功績《こうせき》を持ち、軍の至宝《しほう》とまで言われ、その存在を知らない国民はいない、国の英雄《えいゆう》だった。今の彼の地位は、副大臣に相当するもので、コロリョフたちにとっては雲の上の存在だった。

ソ連の諜報部《ちょうほうぶ》は、ドイツ軍がロケット開発に力を入れはじめたという情報をつかんでいた。トゥハチェフスキーは指令を受けて、まず自国の状況を把握《はあく》するため、気体力学研究所でロケットエンジンの燃焼試験《ねんしょうしけん》を見た。それは、ザンデルと同じようにツィオルコフスキーのロケットに憧《あこが》れて、液体ロケットエンジンの開発者となった、グルシュコのエンジンだった。

――この目で見て、ドイツが取り組んでいる理由がわかったぞ。ロケットの兵器としての可能性は、計り知れないものがありそうだ。少し前まで時代遅《おく》れの技術と言われていたのが嘘《うそ》のようだな。我《わ》が国《くに》では国立の気体力学研究所の他に、民間でもザンデルという者がロケットエンジンを開発していて、専門家の評価も高いとの情報がある。彼は最近独自の研究所を立ち上げたらしいが、この2つの研究所を合併《がっぺい》して、軍の傘下《さんか》にできないだろうか？

軍の近代化を進めていたトゥハチェフスキーは、この合併構想《がっぺいこうそう》に本気で取り組みはじめた。ソ連でも、ドイツ同様、軍がロケット開発を主導《しゅどう》する時代が来たのだ。


1933年10月、トゥハチェフスキーの骨折りが実り、気体力学研究所とギルドは合併《がっぺい》し、反動推《はんどうすい》進研究所《しんけんきゅうしょ》という大きな組織になった。しかし半年ほど前、合併に向けて根《こん》を詰《つ》め過《す》ぎたせいでザンデルが病《やまい》にかかり、帰らぬ人となってしまっていた。ギルドのメンバーは、大きな喪失感《そうしつかん》を抱《かか》えて新天地に赴《おもむ》かなければならなかった。

両研究所は、一箇所にまとまるべく引《ひ》っ越《こ》しをすることになった。モスクワの北のほうにある、農業用機械の製作所の建物を明け渡してもらったので、まずギルドの面々がそこに移ってきた。しかし到着《とうちゃく》してみると、研究どころではない現実が待ち受けていた。

「農業機械を作っていた工場だというから、それなりの設備はあるものと思っていたのに、空っぽじゃないか！」

「その上ゴミだらけ、泥《どろ》だらけだ……これ俺たちで掃除《そうじ》するの？」

「いたた……バスに乗りっぱなしで腰《こし》がやられた。本当に毎日この距離《きょり》をバスで通わないといけないのか？」

「ところで腹が減ったんだが、食堂はいつできるんだ？」

生活もままならないひどい環境に、ギルドの面々は頭を抱《かか》えた。これでは研究どころではない。

新組織では、気体力学研究所で所長だったイワン・テレンチエヴィチ・クレイミニョフが所長となり、コロリョフが副所長となった。

コロリョフは、新居のさまざまな問題を所長のクレイミニョフに相談したが、おまえがなんとかしろ、と丸投げされてしまった。

「なんとかしろと言ったって……。予算配分や決裁《けっさい》の権限《けんげん》はクレイミニョフにある。なんとかしたいすべての事柄《ことがら》について、いちいちクレイミニョフにお伺《うかが》いを立てないといけないのか？　面倒《めんどう》だな」

コロリョフは研究の前に、膨大《ぼうだい》な事務作業に追われることになってしまった。次いで気体力学研究所のメンバーも到着《とうちゃく》したが、それで事態はさらに複雑《ふくざつ》になった。

テーブルを運び込んだばかりの設計室で、気体力学研究所のグルシュコとギルドのメンバーが衝《しょう》突《とつ》した。

「それで？　結局、何を作るんだ。わが研究所ではロケット弾《だん》を製作していたんだが」

「ギルドでは、ロケットエンジンの飛行機を開発していた。成層圏《せいそうけん》飛行を成功させたいんだ」

「そんなものを作って何の役に立つんだ？　我々《われわれ》は軍の管轄《かんかつ》下にある。実用的なロケット弾の開発にリソースを集中させるべきだ。それに、これは所長の方針《ほうしん》だ」

「なんだって？　我々のしてきた研究を白紙にしろというのか？　そんなもったいないこと、できるわけないだろう」

「もったいない？　そっちがやっていた研究は、そこまでご大層《たいそう》なものなのか？　俺のORM型エンジンより優《すぐ》れているものを作っているなら見せてほしいものだな」

「なんだと!?」

徐々に険悪《けんあく》になってきた二人の会話に、コロリョフが割って入った。

「おいおい、何をもめてるんだ。方針は所長が決めたことだが、ロケット飛行機の研究をやめろとまでは言われてないだろう。無駄《むだ》に争うんじゃない」

「セルゲイ……しかしな、その所長のクレイミニョフは、ロケットのことなんてろくに知らないようだぞ。なあ、どうなんだ実際」

グルシュコはクレイミニョフの話を振《ふ》られたとたん、渋《しぶ》い顔になった。

「うーん、まあ、それは確かにそうなんだ……。クレイミニョフは、ロケットについては素人《しろうと》のくせに、俺たちのことを見下して、権力《けんりょく》を振りかざしてばかりだ。気体力学研究所の時からずっとそうだから、あんたらに対しても同じだろう。彼がロケット弾を開発の中心に据《す》えるのは、俺のように技術的な意見があるからじゃない。彼は自分の組織でやってたことを、軍の上層部に正しいと思わせたいだけだ」

「なんだ……そっちも苦労していたんだな」

グルシュコの話に、すでにクレイミニョフの傲慢《ごうまん》さに悩《なや》まされているコロリョフは同情した。

「副所長はもう薄々《うすうす》わかってるみたいだな。俺にケンカを売るのと同じノリで所長に楯突《たてつ》くと、ろくなことにならないぞ」

「うーん。軍の組織というのはそういう苦労があるのか。セルゲイ、我々《われわれ》も立ち回り方を考えないといけないようだな」

「ああ……しかしこの状況はなんとかしないといけないよ」

「セルゲイ・パーヴロヴィチ。あんたは我々と同じ技術者で、まだ話がわかりそうだ。なにかと頼りにさせてもらうよ。よろしく頼む」

——よろしくと言われてもなぁ……。やはり自分に権限《けんげん》がないと、やりにくくてしょうがない。事あるごとにいちいち連絡係をやってるだけじゃ、ただの下働きだ。俺は副所長なんだから、ちゃんと管理者としての仕事をしないと。いったん問題点を整理して、文書にまとめてクレイミニョフに持ち込んでみよう。

それはコロリョフらしい、問題解決のための誠実《せいじつ》な仕事だった。しかしクレイミニョフのような軍人には、それは逆効果だった。コロリョフのまとめた報告書を読み終えたとたん、彼は怒りを露《あら》わにしてまくし立てた。

「なんだこれは？　セルゲイ・パーヴロヴィチ、貴様はわたしが役目を果たしてないと言いたいのか？　ギルドはお情けでうちの組織に組み入れてやったのに、とんだ恩知《おんし》らずだ。いいだろう、貴様の問題はすべて解決してやる。副所長の任《にん》を解いてやろう。なぜなら、お前が並《なら》べ立《た》てた問題を作り出しているのは、お前だからだ。お前の管理能力がないから、問題が起きているのだ。だからお前はクビだ。喜ぶがいい。これでもうお前は今並べ立てた問題に対応する必要はないんだからな」

クレイミニョフはコロリョフを副所長から外し、ただの技師に降格《こうかく》させてしまった。

――そんな……。よかれと思って行動したのに、こんなことになるなんて……。

コロリョフはこの仕打ちにひどく落ち込んでしまった。コロリョフが解任されたので研究所の問題は何も解決しないままだったし、クレイミニョフはギルド出身者に対する風当たりを強め、気に入らない者は解雇《かいこ》するという暴挙《ぼうきょ》に出た。自分が懲戒《ちょうかい》を受けるだけならまだしも、無関係な仲間が次々クビにされるのは、コロリョフには耐《た》え難《がた》いことだった。

「やあ、セルゲイ。昨日ツィオルコフスキーから手紙の返事が来てさ。色々面白い話が書いてあったから、帰り、ちょっとうちに寄《よ》っていかないか」

研究所の廊下《ろうか》で声をかけてきたのは、ティホヌラヴォフだった。毎日沈《しず》んだ顔で出勤《しゅっきん》してくるコロリョフを、これ以上放っておけなかったのだ。気遣《きづか》いのできるティホヌラヴォフは、直接そうとは言わずに、適当《てきとう》な口実で自宅に誘《さそ》った。断る理由のないコロリョフは、わかった、とだけ答えた。夕方、研究所の門で落ち合った二人は、そのままティホヌラヴォフのアパートに向かった。

「君が酒場のほうに行きたかったのは知ってるよ。でも、その様子じゃきっと深酒《ふかざけ》するだろ。君の奥《おく》さんににらまれるのはごめんだからね」

ティホヌラヴォフはストーブの前のソファを精《せい》いっぱい整え、金属製の湯沸《ゆわ》かし器《き》でたくさんの紅茶を作った。彼の妻が松ぼっくり、イチゴ、グズベリーのジャムと、山盛《やまも》りの焼き菓子、ラム酒などを持ってきて、テーブルを埋《う》め尽《つ》くしてくれた。

クッションが重なったソファに身を沈《しず》めたコロリョフは、ずっとこんなふうに腰《こし》を落ち着けていなかったことに気づいた。白磁《はくじ》のティーカップに映える紅茶の夕焼け色、スプーンで口に運んだジャムの甘さが、張《は》り詰《つ》めていた神経《しんけい》を優しく撫《な》でる。しばらく無難《ぶなん》な話題をやり取りしてから、ティホヌラヴォフはクレイミニョフのことだが、と切り出した。

「セルゲイ。君は悪くないよ。我々《われわれ》のために動いてくれてたのは、みんなわかってるさ」

「ミハイル。しかしこれで、俺はみんなを助けることができなくなってしまったよ。君だっていつ解《かい》雇《こ》されるかわからないのに、俺にはもう何もできない」

ティホヌラヴォフの優しい目元は、彼の性格をよく表していた。コロリョフは、部屋を満たす彼の優しさに包《つつ》まれてつい弱音を吐《は》いたのが情けなかったが、彼はコロリョフにそうさせたかったのだ。

コロリョフはその優秀さゆえに、なんでも一人で抱《かか》えすぎるところがある。付き合いの長いティホヌラヴォフは、それをよく知っていた。皆のために奔走《ほんそう》したコロリョフのために自分ができることは、話を聞いてやることぐらいだが、と、この席を設けたのだ。

「君は確かに優秀なリーダーだが、設計者としても優秀な人間じゃないか。君がメンバーにいるだけでじゅうぶん助けになるんだ。しばらく開発に集中しよう。君のロケット飛行機の開発は、中止されたわけじゃないし」

「ありがとう……。しかし、問題は何も解決していない。特に俺たちのエンジンにもう少し予算を振《ふ》り分《わ》けてもらえないと、その開発もままならない」

「あぁ、それは確かにね……。向こうのグルシュコの、硝酸《しょうさん》とケロシンを使うエンジンは確かにいい出来だ。燃料の保管も楽だしね。だからといって、我々《われわれ》の酸素とアルコールを使うエンジンも、ここまで蔑《ないがし》ろにされていいものではない。どちらの可能性も追求するべきだよ。液体燃料エンジンの研究は、まだはじまったばかりなんだから」

「うん……君の言う通りだ、ミハイル。その通りだ」

コロリョフは、ティホヌラヴォフの意見を噛《か》み締《し》めるように何度もうなずいて、しばらく黙《だま》って紅茶をすすっていた。自分たちのエンジンの話が出て、コロリョフはザンデルの顔を思い出さずにはいられなかった。志《こころざし》半《なか》ばで、一人旅立ってしまったザンデルの遺《のこ》したものを、ここで自分たちが守れずにどうするのだ。

ティホヌラヴォフは、うっすら立ち上る紅茶の湯気の向こうで、コロリョフの瞳《ひとみ》が力強さを取《と》り戻《もど》していくのを見た。

「よし、決めた。このままで終わらせるわけにはいかない。なに、まだ手はある」

「セルゲイ、何をするんだ。危《あぶ》ない真似《まね》はやめてくれよ」

「大丈夫《だいじょうぶ》さ。トゥハチェフスキーに当たってみるよ。二つの組織をまとめたのは彼だからね」


コロリョフは、トゥハチェフスキーに現状を知らせる手紙を書いた。この働きかけは効果があった。状況を把握《はあく》したトゥハチェフスキーは副所長というポスト自体を廃止《はいし》し、かわりに技術者たちを取りまとめる技師長として、同じ技術者のランゲマークという者を採用した。クレイミニョフは所長のままだったが、ランゲマークが前に出るよう調整したことで、所内は落ち着き、クビにされた仲間も戻《もど》ってくることができた。

極力《きょくりょく》波風を立てずに事を収める将軍の手腕《しゅわん》に、コロリョフたちは感服《かんぷく》した。旧組織同士の対立はまだくすぶっていたが、新しいリーダーのランゲマークの努力もあって、研究所はなんとか動き始めた。

立場を回復したコロリョフは、新しく企画したロケット飛行機の開発に追われていた。「２１２」とコードネームをつけられた今度の飛行機は、それまでと決定的に違っているところがあった。

「セルゲイ。本当にORM-65で……グルシュコのエンジンでやるのか。旧《きゅう》ギルドの連中は裏切《うらぎ》りだと怒っているぞ」

次のロケット飛行機の仕様を聞きつけたティホヌラヴォフが、心配顔でコロリョフの席まで訪ねてきた。

「裏切りなものか、ミハイル。それなりの距離《きょり》を飛ぶ有人の飛行機を作るには、我々《われわれ》のエンジンではどうしても時間がかかる。いったんORM-65を載《の》せた212で成功例を作るんだ。そうしないと、また無駄飯《むだめし》食いとして槍玉《やりだま》に上げられるじゃないか。なに、成功したらまた我々のエンジンのほうに力を入れればいいんだ」

コロリョフは、それまで自分たちで開発していた液体酸素《えきたいさんそ》エンジンを横に置いて、グルシュコの硝酸《しょうさん》・ケロシンエンジンを採用したのだ。競争《きょうそう》していたグルシュコのエンジンを使わせてもらうなんて、負けを認めるようなものじゃないか——と、液体酸素エンジンの開発を続けていた仲間からは猛烈《もうれつ》な反発が出た。背中《せなか》に仲間の嫌味《いやみ》や愚痴《ぐち》を浴《あ》びながら、コロリョフは思った。

——そりゃ俺だって、本音で言えばあいつの作ったエンジンなんか借りたくないし、悔《くや》しい。だが、奴《やつ》の技術力は確かなものだ。今は、使えるものはなんでも使って、我々の評価を高めて所内で認めてもらうのが最優先だ。それが俺のチームの……そして研究所全体の「最善」につながっていくに違いないんだ。

コロリョフの考えは、決して悪いものではなかった。その時点では仲間の反発を招《まね》くものであっても、判断《はんだん》の根底にあるのは、常《つね》に全体を見通して最善《さいぜん》を追い求める姿勢だった。しかし、彼の思いを嘲笑《あざわら》う悪魔《あくま》がすぐそこまで迫《せま》っていた。歴史の先頭に立つ者にいつもつきまとい、進路を暗闇《くらやみ》に塗《ぬ》っていく、運命という悪魔が。

１９２４年、ロシア革命で帝政《ていせい》を打《う》ち倒《たお》し、ソビエト連邦《れんぽう》を建ててその初代指導者《しどうしゃ》となったレーニンが亡《な》くなった。最高指導者の席をめぐって、後継者《こうけいしゃ》争いを制《せい》したのはヨシフ・スターリンだった。レーニンは亡くなる直前に「スターリンに後を継《つ》がせてはならない。彼は危険《きけん》すぎる」と警告《けいこく》する手紙を書き残していたが、それは何者かに握《にぎ》りつぶされていた。１９３０年代になると、スターリンは自身の権力を強化するため、自分を蹴落《けお》とそうとする敵対者《てきたいしゃ》の排除《はいじょ》をはじめる。

スターリンの気に入らない者たちに対し、言いがかりのような罪状《ざいじょう》が作り上げられた。かたちばかりの裁判《さいばん》が行われ、有罪とされた者はその場で死刑にされるか、強制収容所《きょうせいしゅうようじょ》に送られた。レーニン時代からの党幹部《とうかんぶ》はほとんどが殺され、次に軍人や一般の党員、そして一般の国民までもがその対象となった。本当にスパイ行為や犯罪行為をしていた者もあったが、工場で不良品を出したとか、仕事の効率《こうりつ》が悪いとか、ぜいたくをしているとか、そんなことでも犯罪者として有罪にされた。「反革命分子を一掃《いっそう》するため」として、密告《みっこく》が推奨《すいしょう》された。

人々は、自分が罪人と思われたくないばかりに、同僚《どうりょう》や隣人《りんじん》が罪《つみ》を犯《おか》していると告《つ》げ口《ぐち》するようになった。捕《つか》まった者は拷問《ごうもん》を受け、あらかじめ作られていた供述調書《きょうじゅつちょうしょ》に無理やりサインさせられる。そしているはずのない「犯罪仲間や協力者の名前」を吐《は》かされる。こうしてまた次の、無実の隣人が、人民の敵《てき》とされて逮捕《たいほ》されていく。あらゆる組織から、家庭から、交友から、信頼関係が失われた。家族、親戚《しんせき》、友人の誰一人として収容所に連れていかれなかった、などという幸運な者はいなかった。皆誰かを失い、そして「次は自分なのでは」と恐《おそ》れる日々が続いていた。

反動推進《はんどうすいしん》研究所のメンバーたちも例外ではなかった。

まず、国の英雄でもあり、ギルドと気体力学研究所を合併《がっぺい》させたトゥハチェフスキーが、ドイツ参《さん》謀《ぼう》本部とゲシュタポのスパイとされ、有罪判決が出たその日に銃殺《じゅうさつ》された。コロリョフが彼に手紙を書いた3年後の、1937年6月のことだった。

翌日の新聞に、スパイと国家を裏切《うらぎ》った罪で、トゥハチェフスキーが処刑された、という記事が載《の》った。研究所のメンバーはショックを受け押《お》し黙《だま》っていた。一人を除いて。

ギルドと気体力学研究所が合併する少し前にギルドに加入した、アンドレイ・グリゴリエヴィチ・コスチコフという男がいた。彼は研究所のメンバーとなる前から、熱心な共産党員でもあった。彼はスターリンの忠実《ちゅうじつ》な僕《しもべ》であろうとした。合併後はグルシュコのいる部署《ぶしょ》の長として仕事に当たっていたが、トゥハチェフスキー処刑をきっかけに暗躍《あんやく》をはじめる。

コスチコフは考えた。

——この反動推進研究所設立の立役者、トゥハチェフスキーはスパイだった！　であれば、この組織内に彼の手先がいるに違いない。ここに、敵の利益《りえき》になるような行動をとっている者はいないか？

予算を浪費《ろうひ》するばかりで、これといった成果も出さないような者。……まさにその通りの者がいる。俺の部下、ヴァレンティン・ペトローヴィチ・グルシュコだ。あいつは自分の選んだ燃料にこだわり続け、液体酸素派《えきたいさんそは》のギルド側と協力をしようとしない。

一度疑《うたが》い始めると、どんどんグルシュコが怪《あや》しく思えてきた。

――周りの者は、グルシュコは一度決めたことは絶対に曲げない頑固《がんこ》なやつ、だからずっと硝酸《しょうさん》・ケロシンにこだわり続けているのだ、などと本人の性格のせいにしているが、その頑《かたく》なさは、本当は反革命的思想からきているものではないのか？　上司である俺の言うことをろくに聞かず、部下に対しても強権的に振《ふ》る舞《ま》う態度は、それを裏付《うらづ》けていないか？

コスチコフのグルシュコへの疑いは、揺《ゆ》るぎないものとなった。コスチコフの頭に、もう一人の人物が浮《う》かんだ。

――セルゲイ・パーヴロヴィチ・コロリョフ。ロケットエンジンの飛行機をずっと手がけているが、失敗ばかりで何の成果も出ていない。事故も多く、幾度《いくど》も怪我人《けがにん》を出すなど悪質だ。だいたいあいつは前から気に入らなかった。ささいなミスにもいちいち文句をつけてきたし、以前会議の席で、ロケット飛行機を持ち上げる俺の意見に、計算も実験も足りてないとケチをつけて恥《はじ》をかかせたこともあった。俺は同じギルド出身のあいつを助けるつもりで発言したのに。一番許《ゆる》せないのは、ロケット飛行機２１２にグルシュコのエンジンを採用したことだ。だからあいつは、グルシュコの反革命の協力者に違いない。

コスチコフはまず、彼らの監督者《かんとくしゃ》であるクレイミニョフとランゲマークをターゲットにした。彼らはトゥハチェフスキーの指示で、所内で反革命活動を展開してきた――と告発した。クレイミニョフは慌《あわ》てて辞職《じしょく》したが、手遅《ておく》れだった。

1937年11月、早朝。
まだ寝静《ねしず》まっている街の一角、ある家のドアを乱暴《らんぼう》に叩《たた》く音が響《ひび》いた。クレイミニョフの自宅だった。見たこともない男が数人乗り込んできて、機械のように書類を読み上げる。内務人民委員部、つまり秘密警察《ひみつけいさつ》の者だった。突然《とつぜん》叩き起こされ、何事かわからずうろたえていたクレイミニョフの妻《つま》は、夫が逮捕《たいほ》されるのだとわかると着替《きが》えを入れたカバンを差し出した。クレイミニョフは「何かの間違いだろう。すぐ戻《もど》れるよ」と言い残して連行されていったが、そのまま二度と帰ってこなかった。翌日《よくじつ》、クレイミニョフと共謀《きょうぼう》したとしてランゲマークも逮捕された。

二人は作られた供述書《きょうじゅつしょ》にサインさせられ、有罪判決を受けると、年明けに射殺《しゃさつ》された。供述書には、「共謀者《きょうぼうしゃ》」として、グルシュコとコロリョフの名前が書かれていた。

クレイミニョフ、ランゲマークというトップ二人が処刑され空席となった所長の座には、スロニメールという技術者が送り込まれてきた。彼は技術者ではあったが、ロケットに関しては何の知識もなかった。そういう事情で、ロケットの知識はあるコスチコフが所長代理という座におさまった。研究所の所員たちは、みな怪訝《けげん》な顔をした。「なぜ彼が？」とそれとなく周囲に聞いても、答えられる者は誰もいなかった。そのくらい不可解な人事だった。

コロリョフの周辺では、研究所の者だけではなく、モスクワ高等技術学校時代の恩師《おんし》ツポレフ、オソアヴィアヒムでよく面倒《めんどう》を見てもらっていた知人も逮捕《たいほ》された。コロリョフは危険視《きけんし》されるようになり、所内で孤立《こりつ》していった。

「間違いなく狙《ねら》われている。次に捕《つか》まるのは俺かもしれない」

人気《ひとけ》のない道を散歩しながら、コロリョフは妻のクセーニヤにそう漏《も》らした。住んでいるアパートは盗聴《とうちょう》のおそれがあるから、なかなか話せずにいたのだ。クセーニヤはベビーカーを押していた。ベビーカーの中で眠《ねむ》っているのは、遊《あそ》び疲《つか》れた小さな女の子。名前をナターリヤと言った。コロリョフがつけた名だった。

「そんな。共産党の委員に手紙を書いてみたら？　捕まった人たちとは確かに関係があった、でもあなたは疑《うたが》われるようなことは何もしていないのだし」

「何度も書いてるよ。しかし、なしのつぶてなんだ。ロケット飛行機が飛ばないなら、必ず原因があるから解決できる。設計上のミスか、計算上のミスか、組み立て時のミスか？　それらを探して毎日必死に働けば、必ず解決できる……。しかし、今の状況は、俺に原因があるとは思えない。そもそも俺以前に、トゥハチェフスキーやツポレフが人民の敵《てき》だなんて……二人ともそんな人物ではないんだよ。クレイミニョフだって、確かに所長として問題はあったが、逮捕されるほどのことをしたとは思えない。根本的なところで、何かを間違えてるとしか思えないよ」

まるで目隠《めかく》しをして綱渡《つなわた》りをさせられているような気分だった。渓谷《けいこく》は果てしなく深く、両岸は霧《きり》に包《つつ》まれて見えない。コロリョフはできる限りのことをしたが、それらもみな谷底へ吸《す》い込《こ》まれていくばかりで、何の音も返ってこない。

コロリョフは、グルシュコの「我々《われわれ》は軍の管轄《かんかつ》下にある、だから軍の役に立つものを作るべきだ」という言葉を思い出して、噛《か》み締《し》めた。ロケット飛行機の軍事的有用性について考えをまとめ、空軍技術アカデミーに協力を請《こ》う手紙を書いた。アカデミーからはすぐに前向きな返事が来た。

——軍にロケット飛行機が役立つと言ってもらえたぞ！　こうやって研究所の外側にもアピールしていけば、疑いも晴れるかもしれない。そのためには絶対に２１２を成功させなければ。

そう考えたコロリョフは、グルシュコと共にエンジンの燃焼《ねんしょう》時間を延《の》ばす改良に全力で打ち込んだ。

実験室で、二人は毎日のようにエンジンのテストに明け暮れた。コスチコフからの執拗《しつよう》な攻撃《こうげき》で管理職からも解かれていたので、かえって２１２の開発に専念《せんねん》できたのだ。

「セルゲイ、これで燃焼温度、時間共に目標をクリアしたぞ」

「やったな。すぐに機体に組み込もう。それからまた燃焼試験だ」

「ああ。機体の燃料タンクからの燃料供給で、今日のようにうまくいくかどうかだ」

やっとエンジンを飛行機のボディに積んで実験するところまできた。研究所の統合《とうごう》、引《ひ》っ越《こ》し、クレイミニョフとのトラブルと、研究に関係ない問題続きだったコロリョフは、久々に熱中していた。

――これでエンジンがうまく動いてくれれば、次は有人の飛行試験だ。その時は俺が乗る。疑いをかけられている俺たちに協力してくれるパイロットはなかなか見つからないだろう。そんなことで時間を無駄《むだ》にしていられない。だから俺が飛ぶんだ。だってこいつは、２１２は、俺の飛行機だ。

……コォン！　エンジンの中で何かを強く叩《たた》くような音が響《ひび》いて、それきりだった。

「だめだ。始動しないぞ」

エンジンを機体に積み込み、点火したはいいが動かない。すぐにグルシュコとコロリョフは原因の究明とその解決に取りかかった。二人とも急いでいた。お互《たが》いにその理由を察していたが、口にすることはなく、ただ懸命《けんめい》に働いた。

「原因がわかれば必ず解決できる。いつだって俺たちはそうしてきた」

コロリョフの言葉に隠《かく》された、追《お》い詰《つ》められた気持ちを励《はげ》ますように、グルシュコは返した。

「ああ。ここはやり直そう……もう一度だ。明日また、やり直そう」

翌日、コロリョフは出勤《しゅっきん》したが、グルシュコは来なかった。

グルシュコは１９３８年３月、逮捕《たいほ》された。どこに連れていかれたのか、命は無事なのか、誰にもわからなかった。

それから2ヵ月かけて、コロリョフはグルシュコと出していた解決策を淡々《たんたん》と実行した。余計な口はきかなかったが、いつもの冷静さを失っているのを、周囲の技師たちは感じ取っていた。もしコロリョフが獣《けもの》だったら、全身の毛が逆立《さかだ》っていただろう。一人の技師が、予定していた試験ができない、もう一度全体をチェックしないと爆発《ばくはつ》の危険《きけん》がある、と告《つ》げた。

「いいや、やるんだ」

コロリョフはその忠告《ちゅうこく》を跳《は》ね除《の》けて試験を始めた。エンジンは問題なく点火し、あとは目標通りの火力が出せるかどうかだ。燃焼室の圧力は順調に上昇《じょうしょう》していく。次の瞬間《しゅんかん》、何かが噴《ふ》き出《で》るような音、次いで機体とは別の場所で、金属がぶつかるような音がした。圧力計を見るとゼロになっている。やはり不具合があって、どこかから圧が漏《も》れたのだ。技師が慌《あわ》ててエンジンを止めた。配管の一部が吹《ふ》き飛《と》んでいた。

「セルゲイ！」

誰かが叫《さけ》んだ。コロリョフはうずくまり、耳の少し上を手で押さえていた。彼は少し体を起こし、手を見る。その手は血で真っ赤に染《そ》まっていた。顔面にとめどなく血が流れた。

「セルゲイ‼　誰か、救急車だ‼　止血、止血を‼」

「……大丈夫《だいじょうぶ》だ……妻の……わたしの妻がいる病院に運んでくれ」

コロリョフは気丈《きじょう》に振《ふ》る舞《ま》ったが、顔色は真っ青になり、人の肩《かた》を借りて歩くのがやっとだった。

救急車はコロリョフの要求通り、妻のクセーニヤが勤務《きんむ》する病院へとコロリョフを運んだ。

処置を受けるコロリョフのもとに駆《か》け込《こ》んできたクセーニャは、「撃《う》たれたの!?」と言いそうになったのをなんとか飲み込んだ。本人や救急医の説明を聞き、命を狙《ねら》われたのではなく、怪我《けが》も生命の危険《きけん》はないものだと理解するとやっと落ち着いて、当面入院することになるだろうから着替えを取ってくる、と言ってその場を離れた。

コロリョフは、配管から吹き飛んだ部品が頭部をかすめ、ひどい打撲《だぼく》と裂傷《れっしょう》を負っていた。骨折や脳《のう》への影響《えいきょう》はなかったが、傷が深く、3週間の入院を余儀《よぎ》なくされた。

包帯《ほうたい》を巻《ま》かれた頭が痛かった。事故で負った傷ではない。いや、もちろん傷は痛いが、それとは別の問題、事故に遭《あ》うしばらく前に逮捕《たいほ》されたグルシュコのことだ。トゥハチェフスキーが処刑され、クレイミニョフ、ランゲマーク、ツポレフ、そしてグルシュコが消えた。自分は大丈夫《だいじょうぶ》なんだろうか？　コロリョフは幾度《いくど》も自問した。秘密警察《ひみつけいさつ》の連中は容赦《ようしゃ》ない。その気になれば、たとえ入院していたって捕《つか》まえにくるだろう。病室で不安な日々を過ごした。

事故を起こした時、コロリョフに爆発《ばくはつ》の危険を忠告《ちゅうこく》した技師が見舞《みま》いに来てくれた。コロリョフは素直に謝った。

「俺が悪かったよ。君は安全のために正しい忠告をしたのに」

「気にするな。君はもうじゅうぶん酷《ひど》い目にあったんだから。傷はふさがったか？」

「数針縫《ぬ》ったが、もうじき抜糸《ばっし》だ。ちょっといいか」

コロリョフは、声のトーンを落とした。今度はコロリョフが彼に忠告する番だった。

「そのつもりの者はもうほとんどいないだろうが、他に見舞いに来る気のある者がいたらやめさせろ。君も二度と来るな」

コロリョフは、クレイミニョフが自分を目の敵《かたき》にするあまり、ギルド出身の者を解雇《かいこ》した時のことを思い出していた。最悪の場合、あの時とは比べものにならないことが起きるだろう。それだけは阻止《そし》したかった。一方、外科医のクセーニヤは、診察《しんさつ》のふりをして毎日のように病室にやってきた。コロリョフは、彼女にあることを頼んでいた。

「ナターリヤの件はどうなった」

「大丈夫。乳母《うば》といっしょにダーチャに行かせたわ。何かあったらわたしの母のところに移す手はずになってる」

ダーチャというのは、ロシアの人々が週末に訪れる菜園つきの別宅のことだ。自宅から離れているなら娘はひとまず安心だろう。傷は徐々によくなり、娘の安全も確保できたので、コロリョフは腹を据《す》えた。俺は逃《に》げない。最後まで、抱《かか》えた仕事から、俺の飛行機から離れるものか。子どもの頃、ニジィンのあの何もない原っぱで生まれた、俺のたったひとつの譲《ゆず》れないもの。退院して数日後には、頭に包帯を巻いたまま研究所へと向かった。その途中、母のマリヤのところに寄《よ》ってこう告げた。

「もし俺に何かあったら、妻とナターリヤのことを頼む」

「セルゲイ……そんなに危険が迫《せま》っているなら、研究所を辞《や》めたらどうなの」

「母さん。俺は絶対に逃げない」

それから間もなくのことだった。

ドンドンドン!!

心臓《しんぞう》を土足で蹴飛《けと》ばすような音。

「誰だ」

「内務人民委員部だ」

時刻《じこく》は深夜12時になろうとしていた。コロリョフは覚悟《かくご》を決めてドアを開けた。入ってきた男２人に捜査令状《そうされいじょう》を突《つ》き出《だ》され、家中をひっくり返された。家中の引き出しと扉《とびら》の中がすべて掻《か》き出《だ》され、パスポートや身分証や現金が没収《ぼっしゅう》され、そしてコロリョフは逮捕《たいほ》された。１９３８年６月、仕事に復帰して１週間後のことだった。

コロリョフが連れ去られた後の家は、竜巻《たつまき》に襲《おそ》われたかのようだった。家族の暮らしが土足で踏《ふ》み荒《あ》らされ、夫が奪《うば》い去《さ》られた。一人取り残されたクセーニヤは、しばらく怒りと悲しみに体を震《ふる》わせ、声にならない声を上げていた。

何分経っただろうか。彼女はひとつ大きなため息をつくと、電話の受話器を取ってマリヤの電話番号を回した。

ついに、恐《おそ》れていたことが現実になってしまった。グルシュコと同様、罪《つみ》をでっち上げられたコロリョフは、供述《きょうじゅつ》を取るため刑務所《けいむしょ》に送られた。

「あなたはなぜ逮捕されたかわかっていますか？」

判事《はんじ》の言葉にコロリョフは答える。

「わかりません」

「しらを切るつもりか!?　そうやって無駄《むだ》なあがきをすればするほど、罪は重くなるぞ。いいか、お前はスパイである所長のクレイミニョフの指示を実行した。スパイの指示で動いていたんだ。そうだろう」

「所員が所長の指示に従うのは当然でしょう」

「そうだろう。つまりお前はスパイの指示で、軍備のために用意された設備と資金を、関係ない研究で浪費《ろうひ》した。妨害活動《ぼうがいかつどう》をしたのだ。人民の敵《てき》として」

「違う！　そういう意味ではない、そもそもクレイミニョフは……」

「誰が口をきいていいと言った！」

鈍《にぶ》い音が響《ひび》き、鉄の杭《くい》をねじこまれるような感覚が、コロリョフの頬《ほお》を襲《おそ》う。

コロリョフを殴打《おうだ》した判事は、倒れたコロリョフの襟首《えりくび》をつかんで乱暴《らんぼう》に椅子《いす》に座《すわ》らせると、今度は気味の悪い猫《ねこ》なで声で、そんなに意地を張るな、素直になれ、反抗《はんこう》しても何も得るものはないぞ——とはじめる。通じない話、暴力。堂々《どうどう》めぐりのやりとり、また暴力。この繰《く》り返《かえ》しだった。

やがて暴力が度合いを増し、倒《たお》れ込《こ》んだコロリョフの顎《あご》を判事の靴底《くつぞこ》が砕《くだ》いた。

コロリョフは違う刑務所に移された。トゥハチェフスキーが銃殺《じゅうさつ》された場所だった。砕かれた顎はろくな処置もされず、コロリョフは痛みと顔の腫《は》れに朦朧《もうろう》としていたが、それでも頑《かたく》なにサインはしなかった。毎日のように罪《つみ》のない者にサインさせている判事は、お前のような手合いには慣れている、とばかりに次の手を使ってきた。

「そうかそうか。わかった。よろしい。罪を認めないというなら、それで構《かま》わない。それならば、こちらは、お前の妻を逮捕し取り調べるまでだ。彼女にお前の罪を証明してもらおう。それでいいだろう？」

コロリョフはついに折れた。してもいない罪の告白が書かれた供述調書に、渋々《しぶしぶ》サインをした。なに、まだ裁判がある、そこで無理やりサインさせられたと訴《うった》え、挽回《ばんかい》したらいい——と考えていたが、それは甘い考えだった。

裁判でコロリョフは罪状は身に覚えのないものだ、供述調書のサインは拷問《ごうもん》によって無理やりさせられたもので無効だ——と訴えたが、裁判長は「すでに有罪の判決が出た、ランゲマークやグルシュコの供述がある」というのを根拠《こんきょ》にして、取り合わなかった。嘘《うそ》を真実に塗《ぬ》り替《か》える、裁判官のハンコが積み重なり、今、コロリョフの身にもその烙印《らくいん》が押されてしまったのだった。逮捕されてから3ヵ月が経過していた。

「祖国《そこく》を裏切《うらぎ》った罪——か。いつ俺がそんなことをした。俺はただ仕事をしていただけだ」

判決を受けて刑務所に戻されたコロリョフは、腫《は》れ上《あ》がり傷だらけになった唇《くちびる》の隙間《すきま》からそう漏《も》らした。

祖国への裏切りは、最も重い犯罪だった。刑罰《けいばつ》は、銃殺か10年の強制労働《きょうせいろうどう》。なんとか死刑は免《まぬが》れたが、10年の強制労働所送りは、コロリョフには死刑宣告《しけいせんこく》同然だった。彼はこれであきらめるつもりはなかったが、裁判の時に裁判官が言った言葉がずっと引っかかっていた。

「被告は、クレイミニョフが作った敵対行為組織に所属していた。先に有罪となったランゲマークとグルシュコがこれを供述《きょうじゅつ》した」。

——ランゲマークとグルシュコは、俺をハメたのか？　いや、彼らもやってもいないことを供述とてでっち上げられて、無理やりサインさせられたのだろう……。しかし、もし彼らの供述調書に、最初は俺の名前がなかったとしたら……俺の名前を出したのが、判事じゃなく、二人のどちらか、または両方だったとしたら……。

本人と連絡の取れない状況では考えてもしょうがないことだったが、この件はコロリョフの頭の隅《すみ》に嫌な感触《かんしょく》を残して居座《いすわ》った。

一方、コロリョフが逮捕された翌日、母親のマリヤは、孫娘ナターリヤのいるダーチャに姿《すがた》を見せていた。ナターリヤには、パパは大事なお仕事で長い出張に出たの、ママはお仕事が忙《いそが》しいから、しばらくおばあちゃんたちと暮らしましょう、と話していた。何も知らず庭で遊ぶナターリヤを見ていると、マリヤの瞳《ひとみ》からとめどなく涙《なみだ》が流れた。

「おばあちゃん、どうして泣いてるの？」

マリヤは、孫娘の純真《じゅんしん》な問いに答えられなかった。

――なぜ泣いているかって？　自分の息子が無実の罪で逮捕《たいほ》され、明日の命も危《あや》ういから。クセーニヤは今のところ無事でいるけど、彼女もいつ逮捕されるかわからない。トゥハチェフスキーは国の英雄《えいゆう》だったのに、妻や弟までもが処刑されたと聞いた。もし息子たちもそうなったら、まだ3歳のあなたはかわいそうに、両親なしで生きていかなければならないのよ……。

マリヤは一晩泣き明かしたが、翌朝、孫娘に馬乗りで容赦《ようしゃ》なく叩《たた》き起《お》こされた。その仕打ちに活《かつ》を入れられて、マリヤは悲しい夢から目が覚めた。

「ああ、わたしとしたことが。泣いてるヒマがあったら、息子が助かるように、わたしたちが戦わないといけないのに」

マリヤは、引きずらない性格だった。いっとき落ち込んでも、すぐに前向きな方向に意識を切《き》り替《か》えられる。その性格は、息子のセルゲイにも受《う》け継《つ》がれていた。

「そうよ。あんたのパパはわたしの息子だもの。あの子も、絶対にまだあきらめてない！」

大好きなおばあちゃんの頭上に高々と掲《かか》げられて、ナターリヤは大喜びだった。小鳥のおしゃべりのような笑い声が、朝日に輝く庭先に響《ひび》き渡《わた》った。

コロリョフは１９３８年の冬を刑務所で越した。コロリョフも、マリヤも、再審《さいしん》を要請《ようせい》する手紙を幾度《いくど》も出していたが、なかなか聞き入れられなかった。翌年の１９３９年６月、コロリョフは流刑地《るけいち》に向けての移送を開始されてしまう。

まず、囚人《しゅうじん》を輸送する貨物列車に詰《つ》め込まれた。列車はのろのろと進み、どこかに停《と》まったかと思うとなかなか出発せずで、結局１ヵ月もの間乗っていた。囚人たちは、自分たちがどこに送られるのか知らない。不安からか、やたらおしゃべりになる者、到着前に死んでしまうのではないかと思うほど神経《しんけい》が参っている者、到着してからの縄張《なわば》り争《あらそ》いに備《そな》えてなのか、すでに子分を従えている者……その中で、コロリョフは目立つことなく静かにしていた。

——出発前に再審要求は通らなかった。ならまた送ればいい、何度も、何度も。大切に抱《かか》えたわずかな荷物の中には、便箋《びんせん》と筆記用具があった。クセーニヤが差し入れしてくれた金で、刑務所で購《こう》入《にゅう》したものだ。俺には力になってくれる存在がいる。絶望など、まだ出る幕《まく》ではない。

マリヤの言う通りだった。コロリョフは、まだあきらめていなかった。

待ち時間も挟《はさ》みながら、さらに船で１週間、トラックの荷台で10日近く揺《ゆ》られて、コロリョフたちはシベリアのコルィマ山地にある、マリジャク強制労働収容所に到着した。

ツンドラのコルィマは、冬になるとマイナス40度という想像を絶する寒さになる。そのため中世から流刑地として使われ、囚人たちに恐《おそ》れられる土地だったが、20世紀になると大規模《だいきぼ》な金鉱脈《きんこうみゃく》が見つかった。莫大《ばくだい》な金が眠《ねむ》っているのを放っておける権力者などいない。しかし、あまりに気候《きこう》が厳しくて、一般の鉱夫《こうふ》は寄《よ》りつかない。そこでスターリンは、大量の囚人を送り込み、働かせることにしたのである。

コロリョフたちが着いたのは8月だったが、気温はやっと10度を超えるくらいだった。ここに来て鉱山での作業が始まると、コロリョフは、ここまでの1年はまだ地獄《じごく》ではなかった、と思い知らされた。

食事は決まった量の黒パンと、破片《はへん》のような野菜がわずかに浮《う》いたスープか、薄《うす》い麦粥《むぎがゆ》。それで朝から晩《ばん》まで12時間、地下の坑道《こうどう》で重労働をしなければならない。ほとんど野菜を摂《と》れないせいか、コロリョフは歯茎《はぐき》から出血するようになった。足の指は凍傷《とうしょう》になり、ブーツのつま先は膿《うみ》であふれた。つるはしを持つ手は固まり、指をまっすぐ伸《の》ばすことができなくなった。獄舎《ごくしゃ》では刑事犯《けいじはん》のボスが、作業場では監視《かんし》の兵士や作業班の班長が、事あるごとに暴力をふるってきた。

コロリョフは毎日、毎時、死を覚悟《かくご》した。暴力によって、事故によって、寒さによって、飢《う》えによって、次の瞬間《しゅんかん》命を落とすだろうという恐怖《きょうふ》に絶《た》えず苛《さいな》まれ続けた。周りでも毎日のように誰かが死んでいた。人から生命が抜けていく様子は恐《おそ》ろしかった。その一瞬《いっしゅん》が過ぎた後では、見開いたままの目はもう目ではなく、何かを掴《つか》もうと伸《の》ばした手はもう手ではなくなるのだ。何より恐《おそ》ろしいのは、こうした人の死をなんとも感じなくなるのに、そう長い時間はかからないだろうと、はっきり感じられることだった。

——自分の少し前に逮捕《たいほ》されたグルシュコ、ランゲマーク、クレイミニョフはまだ生きているのだろうか。今目の前で命が尽《つ》きた者と同じ運命をたどっているのではないか。そして、次は自分も。

希望と絶望がお互《たが》いの尻尾《しっぽ》をくわえてぐるぐると回っていた。コロリョフは手がけていたロケット飛行機のことばかり考えた。自分の命をかけて取り組んだ仕事。他の何をあきらめても、残してきた仕事だけは絶対に捨てることはできなかった。

——ここから生きて帰りたい。それが叶《かな》わないなら、誰でもいい、同僚《どうりょう》でも工場の作業員でもかまわない、とにかく研究所が残ってくれればいいんだ、自分のロケット飛行機を受《う》け継《つ》いでくれる場が、人が、守られると分かれば。

それは恐ろしい皮肉だった。コロリョフの身体を、命を蔑《ないがし》ろにしている張本人の、国家に祈《いの》っているということなのだから。研究所を作り、維持《いじ》しているのは国家だ。自分が研究を役立ててくれと手紙を書いたのは軍だ。彼が今いる収容所も、それは同じだ。すべて同じ腹から生まれたきょうだいなのだ。

コロリョフの生命は残酷《ざんこく》な天秤《てんびん》となり、国家への憤《いきどお》りと、国家への願いを両手にぶら下げ、軋《きし》み続けた。ある夜、凍《い》てつく寒さと飢えに眠《ねむ》れず、両腕《りょううで》の重さに我《われ》を失いそうになった時、コロリョフは縋《すが》るような気持ちで窓枠《まどわく》の中の夜空を見た。そこには満月があった。

静かな白い光。収容所で見る満月の光は、コロリョフのすべての思考を鎮《しず》めた。希望ではなかった。月は、人のために何かすることはなかった。ただそこに美しくあるだけだった。

――だが、人は違う。月を見ている側の人間は、意志が持てる。

限界まで擦《す》り切《き》れていたコロリョフの神経では、そこまでしか考えられなかった。しかしとても大事なことのような気がして、コロリョフは思ったことを手放さないよう、月の光の端《はし》をしっかりと握《にぎ》った。


「おい、おいあんた。生きてるか？　名前を教えてくれ」

獄舎《ごくしゃ》の隅《すみ》で、起き上がるのもやっとのコロリョフに声をかける男がいた。１週間ほど前に到着《とうちゃく》した新顔だ。彼は見るからに腕《うで》っぷしの強そうな体格で、あっという間に監獄《かんごく》のボスを蹴落《けお》とし、その座を奪《うば》っていた。コロリョフは身構《みがま》えたが、よくよく見ると、どこかで会ったような気がする。

「俺は、セルゲイ……セルゲイ・パーヴロヴィチ・コロリョフだが」

「ああ！　やっぱりそうか。ツァーギのコロリョフ。俺を覚えてるか？　ポリカルポフ設計局で工場長をやってたウサチョフだ」

「……あ……ああ！　……そうだ、思い出したぞ。モスクワの……あなたにはたくさん世話になった」

コルィマに送られて２ヵ月もしないうちに、コロリョフはあと一歩で本当に死んでしまうところまで来ていた。決められた仕事量をこなせず、食事を減らされる仕打ちを受け、栄養不足で深刻《しんこく》な壊血《かいけつ》病《びょう》にかかってしまったのだ。歯は10本以上抜け落ち、足もひどくむくんで、ほとんど歩けなくなっていた。その姿《すがた》を見たウサチョフは、うっすら涙《なみだ》を浮《う》かべてこう言った。

「あんたほどの優秀な人が、どうしてこんなことに……。きっと真面目《まじめ》だから、ツァーギにいた頃と同じ調子でサボらず働いて、上に取り入って楽な職場に変えてもらうようなズルも考えやしなかったんだろう。だけどあんたは、こんなとこでくたばっていい人物じゃねぇよ。衛生部《えいせいぶ》に口をきいてやるから、ちょっと待っててくれ」

ウサチョフはコロリョフを医務室に送り込んでくれた。収容所では、医師の診断《しんだん》だけが救いだった。医師が診断し、「労働を禁止する」とカルテに書きさえすれば、あの恐《おそ》ろしい坑道《こうどう》での仕事から逃《のが》れられるのだ。そのために、手や足を爆薬《ばくやく》で切断する者すらいた。しかし、ノルマを達成できず立場の弱いコロリョフは、医務室に行く糸口すらつかめていなかった。コロリョフはウサチョフに何度も感謝の言葉を繰《く》り返《かえ》しながら、担架《たんか》で運ばれていった。

医務室にはタチヤーナという中年の女医が待ち受けていて、コロリョフの全身をくまなく診察した。彼女は、配管の爆発事故《ばくはつじこ》で負った傷に気づいて尋《たず》ねた。

「この頭部の傷はなんですか？　綺麗《きれい》に治療《ちりょう》してあるので、ここでできた傷ではないですね」

コロリョフは弱々しい声で短く答えた。

「それは……仕事中の事故で負ったものです」

「仕事中に？　建設業か、それとも工場勤務《きんむ》ですか」

「いえ、わたしは設計者で……ロケットエンジンを開発していたのです。液体の燃料を使うのですが、その配管の継《つ》ぎ手《て》が圧力に負けて、頭に……3週間ほど入院しました」

「液体の燃料の、ロケットエンジンを。そうですか」

そっけなく答えたタチヤーナは、診察《しんさつ》を切り上げて背を向け、しばらくカルテを書いていた。

「壊血病《かいけつびょう》と栄養失調ですね。あなたには治療と安静が必要とみなします。治療といっても、ここにはろくな薬もないので、ビタミンを補充《ほじゅう》するにはこんなものしかないんだけど」

そう言って彼女は、ジャガイモをすりおろした汁や、敷地《しきち》に生えている松の枝葉《えだは》を煎《せん》じたものなどを用意し、コロリョフに手渡した。

「不味《まず》いだろうけど、我慢《がまん》して飲んでちょうだい。松にはビタミンと、炎症《えんしょう》を抑《おさ》える成分が含《ふく》まれてるから。こんなもので治るかどうか、不安でしょうけど……あなたの治りたいという意志も加われば、なかなかの薬になると思うわ」

タチヤーナは、歯が抜けてしまったコロリョフのために、粥《かゆ》をたくさん食べられるように手配してくれた。その甲斐《かい》あって、コロリョフは徐々に回復し、なんとか歩けるまでになった。

タチヤーナの、今手に入るもので解決を図る姿勢《しせい》と、実際それで自分が回復したという現実に、コロリョフは肉体だけではなく、心も治してもらったような気がした。

——そうだ。自分は、同じ理屈《りくつ》で212を作っていたじゃないか。今手に入る最善《さいぜん》のエンジン、グルシュコのエンジンを使って飛行機を作って、自分たちの不遇《ふぐう》を解決しようとしていたじゃないか。俺は、俺は……。

起き上がれるようになると、コロリョフはすぐ陳情《ちんじょう》の手紙を書いた。

「わたしの犯罪《はんざい》は判事に捏造《ねつぞう》されたもので、サインも違法なやり方で強制されたものです。わたしは国家のため、ロケット飛行機の開発に身を投じてきました。ロケット飛行機はすぐれた攻撃兵器《こうげきへいき》、また防衛《ぼうえい》兵器でもあります。この事は空軍技術アカデミーにも認められています。この有用なロケット飛行機の開発を自分に続行させていただきたく、改めて再審《さいしん》のお願いをするものであります」

コロリョフは、再審請求が通ったら、国のために一生をロケットに捧《ささ》げる覚悟をした。

1939年11月。ついにコロリョフや母マリヤの願いが通じ、コロリョフはモスクワに戻《もど》ることになった。タチヤーナの看病《かんびょう》のおかげで回復傾向《かいふくけいこう》にはあったが、コロリョフの体調はまだ油断できない状態だった。その年の冬を極寒《ごっかん》のコルィマで過ごしていたら、間違いなく命はなかっただろう。ギリギリのところで彼は助かった。

コルィマを離れる日、トラックの荷台に乗せられたコロリョフは、命の恩人《おんじん》、ウサチョフとタチヤーナに感謝の思いを捧《ささ》げながら、3ヵ月過ごした地獄《じごく》の風景をじっと見つめていた。

翌年の2月末、長旅の末、コロリョフはやっとモスクワに戻ることができた。マリヤとクセーニヤはすぐに面会に行ったが、二人の知るコロリョフの面影《おもかげ》はそこにはなかった。まるでコルィマの景色に染《そ》められてしまったような灰色の顔色、33歳とは思えないほどやつれて削《そ》げ落《お》ちた目元と頬《ほお》。マリヤとクセーニヤは、二人に再会しても深く沈《しず》み込《こ》み、多くは語らずにいるコロリョフを見て、彼が生きて帰ってきたことはほとんど奇跡《きせき》だったと、愛する息子は、夫は、この世の地獄《じごく》を見てきたのだと、思い知らされた。

コロリョフは再審《さいしん》で無罪《むざい》を勝ち取ることはできなかったが、刑期は短縮され、技術者の囚人《しゅうじん》たちが働く航空機の特別設計局に送られることとなった。釈放《しゃくほう》を夢見ていたコロリョフは落胆《らくたん》したが、コルィマに比べたらはるかにマシだと思うしかなかった。

送られた設計局では量産型の爆撃機《ばくげきき》の製造《せいぞう》の仕事を任され、あまり気乗りがしないながらも、拒否《きょひ》権《けん》もないので淡々《たんたん》と働く日々を過ごしていた。だが、ある日食堂で、他の局から移されてきた囚人がこんなことを話しているのを耳にした。

「ここに来る前か。俺はカザンのPe－2の設計局にいたんだ。そうそう、双発《そうはつ》の爆撃機だ。あれに色んな改良をしてたよ。エンジン取《と》っ替《か》えたり、ぶら下げる爆弾《ばくだん》を増やしたり。尻《しり》にロケットエンジンを載《の》せようとしてる班もあったな」

――ロケットエンジン？

その言葉を聞いたコロリョフは思わず話に割って入った。

「お、おい。今なんて言った？　ロケットエンジンと言ったな。もしかして、そこにいたのは……」

「ああ。ロケットエンジンをブースターに使うんだと。グルシュコってロケットエンジンの専門家がはじめたんだ」

「やっぱり!!　グルシュコは無事だった!!　きみ、ありがとう！」

コロリョフはポカンとした相手を尻目《しりめ》に食堂から飛び出し、すぐさまカザンのグルシュコのいる部《ぶ》署《しょ》への異動願いを出した。グルシュコのところに行けば、またロケットと飛行機の、本来の仕事ができるのだ。行動しない理由はなかった。

真面目《まじめ》に勤務《きんむ》していたコロリョフの請願《せいがん》は問題なく受け入れられ、数ヵ月後、コロリョフはグルシュコと再会することができた。裁判の時、グルシュコに対する不信の種を植え付けられたコロリョフだったが、再会したグルシュコは相変わらずプライドが高く、頑固《がんこ》で、そしてやはり、ロケットエンジンの開発者としてこの上なく有能だった。コロリョフは、自分と同様に、彼が拷問《ごうもん》の痕跡《こんせき》を身体中に残しているのを見逃《みのが》さなかった。

――彼も俺と同様、まったくの無実の罪《つみ》で捕《つか》まり、あらかじめ俺の名前が書かれた調書にサインさせられたようだ。直接聞いたって、彼がクロだったら正直に言うとは思えないし、このことは俺の胸にしまっておこう。

グルシュコはというと、素直にコロリョフの参加を歓迎《かんげい》していた。

「俺はエンジンの専門家《せんもんか》だからな。ロケットエンジンに関しては誰の手助けもいらない。だがこの仕事は、俺のロケットエンジンに合わせて、飛行機を改良する仕事だ。機体に関しては、一応あんたのほうが詳《くわ》しいだろ。だからそっちを担当してくれ」

コロリョフは、久々の再会とは思えない事務的な口ぶりに苦笑いしながらも、この割《わ》り振《ふ》りに異論《いろん》はなかったので、久しぶりにやりたかった仕事ができる喜びにひたっていた。そう、苦笑いとはいえ、本当に久しぶりに、やりたい仕事で、仲間と笑うことができたのだ。

1944年7月。ようやくコロリョフは釈放《しゃくほう》の日を迎《むか》えた。逮捕《たいほ》から6年、コロリョフは37歳になっていた。

このころ、ちょうど世界は第二次世界大戦の終盤《しゅうばん》に差《さ》し掛《か》かっていた。モスクワのクレムリンでは、スターリンが一通の手紙を机《つくえ》に広げ、行動を起こそうとしていた。

——すでにドイツは東から我《わ》が軍、西から米軍に挟《はさ》まれ、降伏《こうふく》は目前だ。我々《われわれ》とアメリカ、両者とも意識は占領後《せんりょうご》の展開に向いているが、お互《たが》い目をつけているのが、ドイツのV2ロケットだ。V2はミサイル弾《だん》として連日発射され、迎撃《げいげき》不可能で直撃《ちょくげき》すれば甚大《じんだい》な被害《ひがい》を受ける。命中率は低いものの、相当効果を上げていたようだ。まだドイツ以外のどの国も実用化できていない武器であり、この技術を手に入れることができれば、終戦後の国際的な力関係で有利な立場に立てる……。

スターリンは、広げた手紙にもう一度目を落とした。

ソ連軍の占領《せんりょう》予定地にV2の実験場があるはずだから、うちにも調査させてくれ、という内容のその手紙の差出人は、イギリスの首相、チャーチルだった。

連合軍の各国がドイツの科学者や技術者、Ｖ２ロケットの実機、部品、生産ライン、設計図などを手に入れようと行動を開始している。当然、ドイツ国内に戦線を進めているソ連も同じだった。

——アメリカだけではなく、イギリスもＶ２の技術を狙《ねら》っているのだ。連中が来るより先に、我々が偵察隊《ていさつたい》を送り込む必要がある。

スターリンはすぐに反動推進《はんどうすいしん》研究所（この時には名称を第一研究所と改めていた）に現地調査を指示した。

まず第一陣として、ギルド立ち上げ時からのコロリョフの盟友《めいゆう》、ティホヌラヴォフとポベドノスツェフがポーランドに派遣《はけん》され、落下したＶ２の残骸《ざんがい》から部品を入手した。釈放されモスクワに戻《もど》ってきていたグルシュコとコロリョフは二人から話を聞いたが、その内容はにわかには信じられないものだった。

「最大射程《しゃてい》が３００キロ以上という情報があるが、本当にそんなものを何千発も量産し、打ち上げているのか……？」

「ミサイルなんだから、目標に当てないといけないだろう。誘導制御《ゆうどうせいぎょ》は一体どうやっているのか……悔《くや》しいが、まったく見当がつかん」

二人とも一刻も早く実物を確認したかった。１９４５年９月、二人もベルリンに派遣《はけん》されることになった。

——ロケットエンジンについては、自分たちが世界の最先端《さいせんたん》を走っていると思っていたのに、もしかしたら井の中の蛙《かわず》で、とんでもない周回遅《おく》れを喫《きっ》していたのではないか……。

コロリョフもグルシュコも、不安と焦《あせ》りがつきまとい、出発までぐっすり眠《ねむ》ることができなかった。


ベルリンには、ポベドノスツェフが先に到着していた。彼はコロリョフが到着するなり重要な知らせを持ってきた。

「セルゲイ、クレムリンから知らせて来たんだが、10月に、北のほうにあるクックスハーフェンという場所で、イギリスが戦勝記念行事として、V2の実機で発射デモンストレーションを行うらしい」

「なんだって？　イギリスは完成品を手に入れているのか」

「あぁ、どうやらアメリカが戦地で奪《うば》ったものを譲《ゆず》ってもらったみたいだ。それでだ、我々《われわれ》にもそのイベントの招待状《しょうたいじょう》が来ているんだ。３人入れるそうなんだが、すでに人選は終わってて、ソコロフ将軍と、グルシュコ、それから俺が指名された」

自分の名前がないことに、コロリョフは落胆《らくたん》した——が、それは一瞬《いっしゅん》だった。

「なんとしてでも俺も行く。何か方法はないか」

「君ならそう言うと思ってたよ。だから考えてたんだけどね……」

ポベドノスツェフはニヤリとしながら、両手で車のハンドルを切る仕草をしてみせた。コロリョフはすぐに察した。

「……なるほど、運転手だ。将軍の」

「そういうこと！　急いで申請《しんせい》しろ。将軍への根回しも忘れるな」

こうして、コロリョフは発射イベントに潜《もぐ》り込《こ》む手はずを整えた。V2の何がどこまで手に入るのか、現時点ではまだわからない。完成品の発射を見られる機会は絶対逃《のが》したくなかった。

出発が目前に近づいていたある日、ポベドノスツェフが興奮《こうふん》した様子でコロリョフのところにやってきた。

「おい、聞いたか？　グルシュコの事件」

「なんの話だ？」

コロリョフは、また頑固者《がんこもの》のグルシュコが誰かとトラブルを起こしたのかと思って、眉《まゆ》をひそめた。

「あいつ、街を歩いてたら偶然《ぐうぜん》コスチコフに会ったらしいんだ。コスチコフも別チームで調査に来てるからな。それでグルシュコのやつ、コスチコフの顔を見るなり、俺たちやランゲマークをやったのはお前だな!!　って叫《さけ》んで、コスチコフをボコボコにしたらしい」

コロリョフの顔色が変わった。

——俺たち、と言ったのか。グルシュコのやつは、「俺たち」と……。

「コスチコフは血まみれになって歯が折れた、って泣きべそかいてたらしいが、当然の報《むく》いだろうよ」

コロリョフの胸にずっとつかえていた不信の種は、芽吹《めぶ》くことなく、コスチコフの歯と共にどこかに吹き飛んだ。

10月15日。コロリョフたちはドイツ北部、クックスハーフェンの海岸近い会場に到着《とうちゃく》した。林の中に整地された場所があって、おそらく以前から発射実験に使われていたらしかった。運転手のコロリョフは発射場の囲いの中には入れなかったが、囲いといっても地面に杭《くい》を打ち込んで横木を渡しただけの即席《そくせき》のもので、他にさえぎるものは何もなかった。招待状《しょうたいじょう》があってもなくても変わらないことに、コロリョフは安堵《あんど》した。

V2は大きかった。全長は14メートル、発射装置の上にセットされた状態だと、さらに1・5メートルほど加わっているだろうか。

コロリョフは、白と黒の2色に塗《ぬ》られた、紡錘形《ぼうすいけい》の機体を見上げた。ギルド時代に作った小型ロケットの6、7倍はある。この巨体《きょたい》を垂直《すいちょく》に打ち上げるエネルギーが、もうすぐ炸裂《さくれつ》するのだ。その姿《すがた》を見た瞬間《しゅんかん》から、モスクワにいた頃の不安は綺麗《きれい》さっぱり消えてしまっていた。全身が期待に熱くなるのを感じた。

——この感覚、俺はよく知っている。懐《なつ》かしいこの感覚……そう、幼い頃、ニジィンの原っぱで見た、あの複葉機《ふくようき》がエンジンをかけた瞬間の……。

絶え間なく動き回っていたドイツの技術者たちが皆持ち場につき、いよいよだ、という雰囲気《ふんいき》が漂った。間もなく発射のアナウンスがあり、その場にいた全員が塔《とう》のようなロケットに注目した。

ロケットの底がパッと輝いたかと思うと、次に、噴き出す《ふきだす》炎《ほのお》が空気を震《ふる》わせた。排気《はいき》に煽《あお》られた砂埃《すなぼこり》が地面を這《は》う。大地の下に住む巨人《きょじん》の腕《うで》が、ロケットを持ち上げようと、腕の筋肉を震《ふる》わせているようにも思えた。しかし現実には、そんな親切な巨人はいない。砲台《ほうだい》もなければカタパルト（航空機などを発進させる装置）もない。ロケットを持ち上げるのは、他に頼るものはない、ロケット自身のみなのだ。ロケットは大量のエネルギーを地面にぶつけ、ぶつけ続け、そして轟音《ごうおん》と共に、ゆっくりと昇《のぼ》りはじめた。

コロリョフは、瞬《まばた》きするのも忘れて軌道《きどう》を描くロケットを見つめ続けた。自分ではない、グルシュコでもない、知らない誰かが作った、偉大《いだい》なロケットを。

ホテルの部屋に戻ったコロリョフは、ベッドに座《すわ》って呆然《ぼうぜん》とした。他に何をすればいいかわからなかった。呆然とするしかなかった。

——俺は頭を吹き飛ばされた。あのロケットに、なにもかも吹き飛ばされた!! 自分たちが、モスクワで心血注いでコツコツ作っていたものはなんだったのか。V2に比べたら、あんなのはおもちゃじゃないか。

戦争に勝っても技術力ではドイツに負けたとか、肝心《かんじん》の図面と設計者はアメリカに持っていかれたとか、そんな勝ち負けの問題など、コロリョフにはもうどうでもよかった。無意識のうちに立ち上がり、部屋の中を右往左往《うおうさおう》しながら、怒涛《どとう》のように渦巻《うずま》く自分の思考に、ただただ流されていくしかなかった。

V2のエンジンから放たれたエネルギーが、過去の何もかもを吹き飛ばしていく。戦争、勝ち負け、ロケット飛行機、そしてあの原っぱ、ニジィンの原っぱ……あの日の飛行機と、その白い翼《つばさ》が駆《か》け上《のぼ》った透明《とうめい》な坂道。原っぱは吹き飛ばされ、風はさらに強くなる、もっともっと強くなって、やがて竜巻《たつまき》になったその中に、透明な坂道はくるくると巻《ま》き込《こ》まれた。

坂道は強い回転に引っ張られて、細く長く引《ひ》き伸《の》ばされ、竜巻と共に天に伸《の》びてゆき、いつしか細い一本の透明な糸となる。飛行機が透明な坂道を駆け上ったように、この透明な糸に釣《つ》り上《あ》げられるべきものはなんだ？　当然ロケットだ。そのロケットはどこへゆく。天から垂《た》らされた糸がたどり着く、その先は……？

コロリョフの脳裏《のうり》に、コルィマで見た満月が輝いた。真っ白な光。あの時つかんで離さなかった光の端《はし》が、今コロリョフの人生を一直線に貫《つらぬ》いた。

ザンデルの、ツィオルコフスキーの掲《かか》げていた理想が今、コロリョフの目の前に、遠い夢ではなく、自分の手で実現可能な現実として輝きはじめた。

ソ連軍に捕《つか》まったドイツ人専門家たちは、我々《われわれ》に協力するなら家族の安全や衣食住は保証《ほしょう》する、と言われ、協力するしかなかった。彼らはある日、一人のソ連軍中佐の前に集められた。彼らは、コロリョフ氏、と紹介されたその人物の覇気《はき》に満ちた顔を見て、ただの軍人や官僚《かんりょう》ではないと直感した。

コロリョフは最初にこう問いかけた。

「専門家、技術者である諸君《しょくん》に聞きたい。V2はどこまで射程《しゃてい》を伸《の》ばすことができると思うか？　思うことを遠慮《えんりょ》なく話してくれ」

専門家たちは、コロリョフの問いにそれぞれ思う意見を交わした。聡《さと》い者は、ソ連とアメリカが冷戦状態にあるという世界情勢をふまえ、二国間の距離《きょり》を考慮《こうりょ》して喋《しゃべ》った。コロリョフはそれを黙《だま》って聞いていた。あらかた意見が出揃《でそろ》ったところを見て、彼はこう言った。

「もし、我々がさらに射程を伸ばしていければ、地球のまわりを周回する、人工衛星を作り出すことができる」

当たり前の、しかし、ここで出すにはちょっとどうだろう、という話題であると、皆感じた。人工衛星。あの空に輝く月と同じように、地球の引力によって回り続ける物体を、人工的に作る。それは技術があれば、いつかはできるだろう。しかし、それが実現するのは、まだずっと先のことだと思っていた。V2がこれまでに出した最高高度は、高度200キロメートルほど。低軌道《ていきどう》には達しているが、ロケットのスピードはまったく足りない。遠心力が重力に負けて、軌道には乗れずに落ちてきてしまう。だいたい、Ｖ２は兵器として使われていたのに、この男はなぜ宇宙の話なんか始めたんだろうか……？

専門家たちは、口には出さずとも皆同じようなことを考え、渋《しぶ》い顔をしていた。それでコロリョフもその話を引っ込めてくれるかと思ったが、彼は表情をまったく変えずにこう続けた。

「我々が、さらに、さらにスピードを高めれば、月にも行ける。その実現のために、努力しようじゃないか」

コロリョフたち調査団は、ドイツ人技術者たちと共に、手に入れた部品や資料、設備を使って、まずＶ２の復元を試みた。それは、コロリョフの経験と才能が発揮《はっき》されるのにふさわしい仕事だった。これまでコロリョフは、研究所の管理職、ロケット飛行機開発、爆撃機《ばくげきき》の製造、改良など、多様な仕事の経験を重ねてきた。ロケットの製造から打ち上げまでの、大きなシステム全体を扱《あつか》うのに、それらの経験のすべてが役に立った。

コロリョフの類稀《たぐいまれ》なリーダーシップを、仕事を通じて皆が実感することとなった。ソ連から来た軍人や研究者たち、ドイツ人技術者たち、どちらも区別なく「我々」と言うコロリョフを、皆いつの間にかリーダーとして見ていた。誰もが、今後コロリョフを中心になにもかもが動いていくのだろうと考えていたし、そうなってほしかった。

一方、モスクワのほうでも、Ｖ２の調査から得られるものが期待以上になりそうだとの判断をしていた。まずV2を国産材料で再現することを目標とし、いずれ長距離《ちょうきょり》の誘導《ゆうどう》ミサイルとして実用化できるよう、開発を進める方針《ほうしん》を固めた。

「コロリョフを、その開発総責任者に任命する」

1947年、帰国に向けて準備している最中、ついにその辞令《じれい》が下った。

――10年後、1957年。

コロリョフは50歳になっていた。ドイツから戻《もど》ったコロリョフの活躍《かつやく》は凄《すさ》まじかった。V2の複製であるR-1ロケットを完成させると、そこで吸収《きゅうしゅう》した技術をもとに、次々とオリジナルのロケットを開発した。そしてこの年の8月、世界初となる大陸間弾道《だんどう》ミサイル、R-7の打ち上げに成功した。

成功の裏《うら》で、コロリョフは密《ひそ》かに企《たくら》んでいることがあった。

「R-7は2段式だ。グルシュコのエンジンが、打ち上げに使うブースターに4基、本体に1基。ミサイルとして開発されたR-7だが、このパワーがあれば、人工衛星の打ち上げが可能になる!」

密《ひそ》かに温めていた野望を実現する時がついにやってきた。コロリョフは、ティホヌラヴォフの協力のもと、すでに人工衛星のチームを立ち上げていた。ティホヌラヴォフもV2に感化され、人工衛星打ち上げの実現について長年検討《けんとう》を重ねていたのだ。古くからの友人が、自分と同じ志《こころざし》で隣《となり》にいてくれることは、コロリョフの大きな力になっていた。

しかし、軍事用に作ったミサイルで、関係ない人工衛星を打ち上げるには、理由となる大義名分《たいぎめいぶん》が必要だ。

コロリョフは、研究所が合併《がっぺい》した時クレイミニョフと正面衝突《しょうめんしょうとつ》して更迭《こうてつ》されたり、コルィマ収容所でウサチョフに助けられた時の経験から、多くを学んでいた。目的達成のためには、まず仲間を増やし、根回しを徹底《てってい》してから、決裁《けっさい》を担《にな》う本丸に乗り込む。ロケット打ち上げのような大きなプロジェクトで自分の要求を通すためには、こういった政治的な立ち回りがどうしても必要になるのだ。

それをわかっていたコロリョフは、まず科学アカデミーの学者たちを抱《だ》き込《こ》み、宇宙空間でさまざまな観測を行う実験をやろうと持ちかけた。科学アカデミーの反応はよく、コロリョフは首尾よく協力と支援《しえん》を取り付けた。

軍部のほうは、ミサイルとして開発させたものを、どうして無駄《むだ》に宇宙に打ち上げるようなことをしないといけないのだ――と、最初はかなり否定的だった。そこに、アメリカではすでに軍最高幹部《かんぶ》が人工衛星打ち上げの承認《しょうにん》を出していて、世界初の人工衛星打ち上げを目論《もくろ》んで準備しているという発表が飛び込んできた。あらゆる分野でアメリカと競《きそ》い合《あ》っていた上層部は、人工衛星についても負けるわけにはいかないと、慌《あわ》てて方針転換《ほうしんてんかん》した。

プロジェクトはゴーサインが出た。これであとは肝心《かんじん》の人工衛星を完成させるだけ、と思いきや、コロリョフは仲間として引き込んだはずの科学者たちのせいで、壁《かべ》にぶち当たってしまった。

「だめだ……科学者たちときたら、あのデータもこのデータもと欲張《よくば》って、どんどん観測機器をでかくしてくる。俺にもその気持ちはわかるが、彼らはロケットに積む物の重量制限《じゅうりょうせいげん》がすごくシビアなことを理解してくれない。時間がないのに納入期限を守ろうともしないし……このままではアメリカに先を越《こ》されてしまう」

机《つくえ》に突っ伏《ぷ》して頭を抱《かか》えているコロリョフを見て、ティホヌラヴォフはしばらく考えていたが、何かを閃《ひらめ》いてコロリョフを起こした。

「セルゲイ、セルゲイ。思ったんだが、彼らご希望の観測機器は、ひとまず横に置いておこうよ。まずは電波送受信のテストとかなんとか言って、小さくて軽いのをひとつ作って、先にそれを打ち上げたらどう？」

アイデアマン、ティホヌラヴォフの鶴《つる》の一声だった。コロリョフは飛び起きた。

「……それだ!!　それならアメリカより先に打ち上げ可能だ。今あるもので、できることを。松の枝と同じだ。恩《おん》に着るよ、ミハイル!!」

ティホヌラヴォフはコロリョフが何を言っているのかよくわからなかったが、彼がやる気になったなら、取《と》り掛《か》かるのは今この瞬間《しゅんかん》からということはよく知っていた。二人は部屋を飛び出して設計室に向かった。

こうして、研究所の片隅《かたすみ》に、小さな銀色の球体が生まれた。名称はスプートニク1号。スプートニクというのは、ロシア語で単に「衛星」という意味だ。人工の、衛星第1号。世界初の者にしか許《ゆる》されない名前。

直径58センチのアルミ製の本体に、アンテナが4本。中には電波の送信機と、冷却《れいきゃく》ファンと電源。それだけ。多段式で複数《ふくすう》のエンジンが束ねられ、巨大化かつ複雑化《ふくざつか》してきていたロケットに比べると、この上なくシンプルで小さかった。

スプートニク打ち上げは、あくまで次のR-7打ち上げ試験のついでとして行われるものだった。R-7はこれまで5機が発射テストを行っていたが、成功したのは2回、飛ばずに中止が1回、失敗が2回で、打ち上げが安定しているとは言えなかった。そのため研究所の者は皆そちらの準備に神経《しんけい》を尖《とが》らせていて、「おまけ」の小さいスプートニクのことなど、誰も気にしなかった。政治家も軍人もそれは同じで、皆、コロリョフのわがままに渋々《しぶしぶ》付き合ってやっている、という顔をしていた。

コロリョフ、ティホヌラヴォフ、あと数人のチームの仲間だけが、この小さな球体の価値を信じていた。発射場に運ばれる前日、コロリョフは一人スプートニクの前に立ち、思いをめぐらせていた。

――この小さい星が何の役に立つのか。そういう利用価値云々《うんぬん》は、すべて後になってついてくるものだ。人工衛星であれなんであれ、最初の一歩を成功させる意義とは、人類はこれを成《な》し遂《と》げられるんだ、これをやり遂げる意志があるんだ、ということを、証明《しょうめい》するところにある。意味も価値も、そこにすべてがある。だから俺は、誰より先に打ち上げたいんだ。それに、ロケットに核弾頭《かくだんとう》なんか載《の》せるよりは、小さい月を載せるほうが、人類にとって「善《よ》きこと」であると、俺は信じる。スプートニクは、この直径58センチの月は、収容所にいた時の……あの夜に握《にぎ》った、月光の端《はし》だ。これが俺の、皆の、人類の意志だ。

１９５７年10月４日、カザフスタン、チュラタムの荒野《こうや》。ソ連の研究実験発射場（現在のバイコヌール宇宙基地）に、研究所の面々が集まっていた。

今回の打ち上げは真夜中に行われた。轟音《ごうおん》と共に発射台の４本の支柱がゆっくりと開く。暗闇《くらやみ》を切《き》り裂《さ》くような光に包《つつ》まれて、通算６機目のＲ－７は、先端《せんたん》にちょこんとスプートニクを載せて旅立っていった。打ち上げは問題なく行われ、あとはスプートニクの無線機器がちゃんと働くか、そして無事衛星軌道《えいせいきどう》に乗るかどうかだった。

受信装置を積み、無線を担当する技師たちを乗せたトラックが、発射台近くに居座《いすわ》っていた。打ち上げと同時に、彼らはスプートニクの電波を捉《とら》える任務を開始した。コロリョフは組み立て整備棟《せいびとう》の中でＲ－７の飛行を注意深く観察していたが、発射からしばらくして内線が鳴った。

「セルゲイ！　来たぞ！　信号が来ている！」

トラックの中からだった。電波の送受信は無事できている！　それから15分くらいして、Ｒ－７の速度データが届《とど》けられた。スプートニクが衛星となれる速度は出ている。大事なのはここからだった。熱や空気抵抗《くうきていこう》に負けず、高度を維持《いじ》して軌道を周回しないといけない。地上からの最終観測地点であるカムチャッカ上空を無事通過したのを確認すると、あとは地球の裏側《うらがわ》を回って、また自分たちの上に姿《すがた》を現してくれるまで待つしかなくなった。コロリョフは上着を羽織《はお》って受信装置のあるトラックに向かった。

コロリョフがトラックの荷台に乗り込むと、皆静まり返って、宇宙に向かって耳を澄《す》ませていた。コロリョフも、必要な確認以外は口を利かなかった。

そこから1時間と少し。受信機の、サー、というノイズだけが響《ひび》く。長いー時間だった。もしかしたら、もう落下して燃《も》え尽《つ》きているかも……という考えが、誰の頭にも幾度《いくど》かよぎったが、誰も口にはしなかった。現地時間は深夜3時を回って、ひどく冷え込んでいた。トラックの中のコロリョフたちは、祈《いの》るような気持ちで、小さな星の声を待ち続けていた。誰かが短くため息をついたその時——。

……………ピ……。

ノイズをかき分けて、遠くの空から小さな声がした。皆、針《はり》でつつかれたように顔を上げ、耳に全《ぜん》神経《しんけい》を集中させた。

——ピ、ピ……ピー……ピィー、ピィー、ピィー。

音がはっきりと大きくなり、近づいてくるのがわかると、トラックの中にいた全員がポップコーンのように弾《はじ》け飛《と》び、歓声《かんせい》を上げ、両手を振《ふ》り上《あ》げ、そこにいる者全員と抱《だ》き合《あ》い、相手をめちゃくちゃに振《ふ》り回《まわ》した。帰ってきたのだ、あんな小さな衛星が、地球を一周して、きちんと電波を発しながら！　何も知らない者なら、スプートニクの電波の音を、単調な、冷たい機械の音と言うだろう。しかしここに集《つど》った者たちにとっては違った。自分たちの持てる技術を注ぎ込んで、必死にこの世に産み出した、我が子の産声《うぶごえ》のようなものなのだ。それにR－7も、今日は兵器ではなく、純粋《じゅんすい》に人類のための仕事をしたのだ。二重の嬉《うれ》しさに、皆喜びを爆発《ばくはつ》させていた。

「やった！　やったぞ‼　ザンデル、天国でもこの音が聞こえるか？　ついにやったぞ……‼」

もみくちゃにされながらコロリョフも叫《さけ》んだ。冷え込む星空の下で、お祭り騒《さわ》ぎを乗せたトラックのサスペンションは軋《きし》み続《つづ》けた。

その場でデータを解析《かいせき》して、スプートニクの軌道《きどう》は、高度は遠いほうが地上約950キロメートル、近い方が地上約223キロメートルの、楕円《だえん》軌道になっていることが確認できた。コロリョフは、今日ばかりはあふれる喜びを隠《かく》そうともせず、仕事が一段落して集まってきたR－7担当職員たちの前で、感謝の演説をした。

「同志諸君《どうししょくん》！　今日、人類の知性がひとつの夢を現実のものとした！　あのツィオルコフスキーの、人類はいつまでも地上にとどまってはいないだろう、という宣言《せんげん》が、ここに証明された！　今日、世界初の人工衛星《じんこうえいせい》が地球周回軌道《ちきゅうしゅうかいきどう》に投入されたのだ。この歴史的な日を、皆と迎《むか》えられたことを祝おう。すべての職員たちよ、皆、ほんとうによく働いてくれた。わたしは心から感謝する！」

真夜中に、殺風景な発射場の隅《すみ》で起こった拍手《はくしゅ》は、観客がいるわけでもなし、仲間同士だけの、ささやかなものだった。スプートニクは、その間も彼らの頭の上をゆっくりと回っていた。本当のお祭り騒《さわ》ぎは、彼らが一眠《ひとねむ》りした後に起きる。

ソ連が世界初の人工衛星の打ち上げに成功したというニュースは、世界中を駆《か》けめぐり、大騒ぎとなった。人類にとって重要な仕事だと自覚していたコロリョフ自身ですら、とまどうほどの大反響《だいはんきょう》だった。テレビも新聞もトップニュースとして扱《あつか》い、スプートニクブームが巻《ま》き起《お》こった。しかし、コロリョフの日常にさほど変化はなかった。

なぜかというと、コロリョフたち重要な技術者の存在や名前は、機密として公表してはいけないことになっていたからだ。関係者は皆、誓約書《せいやくしょ》を書かされ、家族にも沈黙《ちんもく》を貫《つらぬ》いた。コロリョフは、対外的には「チーフデザイナー」という肩書《かたが》きのみで紹介《しょうかい》され、国内でもコロリョフが何者か知っているのは、一部の限られた関係者だけだったのだ。

人々は、この偉業《いぎょう》を成《な》し遂《と》げた者の名前を知らないまま、毎晩夜空を見上げて、小さく光るスプートニクの姿《すがた》を探した。

スプートニクは地球の周りを１４４０周回り、打ち上げから３ヵ月後の１月４日、大気圏《たいきけん》に落下し、燃《も》え尽《つ》きた。

「すべてはこの時のためにあった……というには、あまりに理《り》不尽《ふじん》なことがあった」

だから決してそうは言えない、と、コロリョフは、コルィマで瀕死《ひんし》の目にあって以来、時々調子が悪くなる心臓《しんぞう》のあたりをおさえ、唇《くちびる》を噛《か》み締《し》めた。

スプートニク打ち上げから3年半。コロリョフは相変わらず、モスクワの研究所と、チュラタムの発射場を忙《いそが》しく行ったり来たりしていた。

「運命論はよそう。俺たちは技術者だ。全部は一つひとつの積み重ねだよ。ただそれだけだ」

チュラタムの荒野《こうや》を眺《なが》めながら、ティホヌラヴォフは答えた。

「その通りだ、ミハイル。一つ終わったら、また次の仕事さ。それの繰《く》り返《かえ》しだ、俺たちは」

「それで、次は何を載《の》せるか決まったか？」

「ああ、昨日決まった」

「ついに決まったのか。誰になったんだ」

「ユーリィ・アレクセーエヴィチ・ガガーリンだ」

笑みを浮《う》かべて、コロリョフは整備棟《せいびとう》に待つ次のロケット、ボストークのもとへと向かっていった。

科学の
先駆者たち

ちいさな宇宙飛行士たち

宇宙に行った動物たち

モスクワ北側の郊外《こうがい》にあるポドリプキという街は、以前は裕福《ゆうふく》な市民の別荘地として栄《さか》えた、美しい場所だった。作家のチェーホフや、ソビエト連邦《れんぽう》初代指導者《しどうしゃ》レーニンもこの街に別荘を構《かま》え、優雅《ゆうが》な休日を送った。しかし、帝政時代の終わりごろになると、大砲《たいほう》の工場が移転してきて、次第に兵器の生産地となってゆく。そして第二次世界大戦後にできたのが、砲兵局《ほうへいきょく》の第88研究所――のちにセルゲイ・パーヴロヴィチ・コロリョフがトップに立ち辣腕《らつわん》を振《ふ》るう、第1専門設計局を抱《かか》えることになる組織だ。

1948年のある日、第88研究所近くにある公園のベンチに、角ばった肩《かた》、黒い帽子《ぼうし》を目深《まぶか》に被《かぶ》った男が一人、座《すわ》っていた。眼光《がんこう》は鋭《するど》く、口は油断なく結ばれ、一見して近づきがたい印象の男だったが、散歩中の子犬が足元を駆《か》け抜《ぬ》けていった時は、微《かす》かに唇《くちびる》の端《はし》が綻《ほころ》んだように見えた。

子犬とすれ違いで、ベンチの男とは正反対の印象の、優しい目元をした男が歩いてきた。ベンチの男が立ち上がり、二人は並んでゆっくりと歩き始めた。ベンチの男はコロリョフで、やってきたのはミハイル・クラウエディヴィチ・ティホヌラヴォフ。若い頃から共にロケット開発に身を捧《ささ》げてきた、盟友同士《めいゆうどうし》だった。

「やぁ、久しぶりだな、セルゲイ。V2コピーのR-1はうまくいきそうかい?」

「材料の調達に苦労したが、もう少しで発射試験に持っていけそうだ。それよりもミハイル、先日きみの人工衛星についての研究発表を聞きに行ったよ。実に興味深い内容だった」

ドイツからV2ロケットの技術を持ち帰ったコロリョフたちは、国産ロケットの開発に着手していた。一方、ティホヌラヴォフは、いったんＶ２がらみの仕事から離れ、人工衛星と有人飛行について独自に研究を始めていた。コロリョフは、先日開催《かいさい》された科学アカデミー主催《しゅさい》の会議で、その研究内容の発表を聞き、ティホヌラヴォフを呼《よ》び出《だ》したのだ。

「それで、人工衛星に加えて、きみは有人飛行の研究もやってるらしいじゃないか」

「そりゃそうさ。なんせ俺は、ギルド出身だからな。毎朝、ザンデルの『いざ火星に向けて出発!!』っていう挨拶《あいさつ》を聞かされてたんだ。Ｖ２の能力を見せられたら、有人飛行を考えずにいられないよ」

「あぁ、『いざ火星に向けて出発!!』か。俺も忘れてないよ。ザンデルのスローガン、懐《なつ》かしいな……」

ロケットエンジン設計の俊才《しゅんさい》、フリードリッヒ・アルトロヴィチ・ザンデルが志《こころざし》半ばで病《やまい》に倒《たお》れ亡《な》くなってから、もう15年が経っていた。彼やティホヌラヴォフに出会っていなければ、コロリョフの今はなかった。

――俺はドイツでＶ２の性能を目の当たりにした時から、ザンデルの火星に行くという夢を頻繁《ひんぱん》に思い起こすようになった……。あの頃は現実味のない話だと聞き流していたが、Ｖ２に頰《ほお》を引っぱたかれて以来、ザンデルと、彼が敬愛《けいあい》していたツィオルコフスキーの先見の明を痛感《つうかん》している……。

それはティホヌラヴォフのほうでも同じだったが、時が経ち、二人とも夢だけ追いかけていられる若者ではなくなっていた。

「ただ、我々の研究所を束ねてるのは兵器省だからな。あまり軍事からかけ離れた研究をおおっぴらにはやれない。今回の人工衛星《じんこうえいせい》の発表も、何度も横槍《よこやり》が入ったよ。発表が終わったあとの、会場のあの白けた空気、見たろ？　有人飛行のほうは、今の環境ではかなり厳《きび》しいよ」

「まぁ、そうだろうな……」

コロリョフのロケットも、弾道《だんどう》ミサイルとして開発している。そうでなければ、莫大《ばくだい》な開発費を出してくれる者などいない。しかし二人とも、お互《たが》いがあきらめるつもりはないことをわかっていた。

「人工衛星が成功したら、有人飛行にも道が開けるはずだ。ミハイル、俺はしばらく国産ロケットの性能を上げることに全力を尽《つ》くすから、きみは人工衛星の研究を続けてくれ」

「わかった。必要な性能は、先日の発表の通りだ。準備ができたらいつでもそっちに呼《よ》んでくれ」

ティホヌラヴォフは、コロリョフの肩《かた》を叩《たた》いて去っていった。コロリョフは、公園の中をもう一周しながら考えた。

——と言っても、何かしら準備はしておきたい。ミハイルが人工衛星の準備をしてくれるなら、こっちは有人飛行のほうに先手を打っておこう。……人間を宇宙に飛ばすのであれば、宇宙の環境が人体に及《およ》ぼす影響《えいきょう》がどんなものかを研究しておかないとだめだろうな。そこがわからないと船体の設計もできない。よし、まずはその問題を解決しよう。

コロリョフはすぐに動き始めた。研究所にちょうどいい人材がいなかったので、顔が広い恩師《おんし》のツポレフに相談し、空軍の医学研究所から、ウラジーミル・イワノヴィチ・ヤズドフスキーという30代の若手研究者を強引《ごういん》に引き抜いた。第88研究所の一室に彼と数人のスタッフを詰《つ》め込《こ》んで、宇宙環境が生物、特に人体に及ぼす影響について、研究する部署とした。

「——と言ったってなぁ……。ドイツやアメリカに先行研究がないかと思って文献《ぶんけん》を探してみたが、やはりこれといったものはなかったな……」

その能力を評価されてコロリョフの研究所に来たヤズドフスキーであったが、仕事に取りかかって早々、頭を抱《かか》えてしまった。

ヤズドフスキーは空軍の医学研究所で働いていた医学博士なので、戦闘機《せんとうき》パイロットが置かれる環境についての知識はじゅうぶんあった。しかし、戦闘機が飛ぶ高度よりさらに上、大気圏外《たいきけんがい》での無重力状態や、宇宙放射線の存在、真空という環境ではどうなるのかについては、見当もつかなかった。それはヤズドフスキーだけではなく、世界中の誰も試したことがなかったので、当然、誰もその答えを知らなかった。ヤズドフスキーは、まったく未知の領域《りょういき》の研究を押し付けられたのだ。

——そもそもここは航空機《こうくうき》じゃなくてミサイルの研究所だよな？　ミサイルを大気圏外まで飛ばすのはわかる。射程《しゃてい》を伸《の》ばしたり、迎撃《げいげき》を防《ふせ》ぐためには、高く打ち上げることも必要なんだろう。しかしそれに人間を乗せたいというのは意味がわからん。人間なんか乗せるより、誘導装置《ゆうどうそうち》の開発に力を入れればいいと思うんだが……予算が余ってるんだろうか？　……いや、雇《やと》われの身で余計な詮索《せんさく》はやめておこう。十分な報酬《ほうしゅう》と研究費をもらってるしな。この研究に興味がないわけではないし、まずはできるところからやってみよう。

ヤズドフスキーは何から手をつけていいかわからず、余計な疑問《ぎもん》を抱《いだ》きそうになったが、気を取り直して一から始めることにした。つまり、とにかくひたすら実験してみてデータを集めるのだ。

――まずは医学と同じように、動物実験で確かめていくしかない。

ヤズドフスキーは実験で調査する項目をまとめ、コロリョフら上層部が集《つど》う会議で提案《ていあん》することにした。

「とりあえず、今あるロケットで、可能な限りの高度まで実験動物を送ってデータを取りたいのですが……」

「そうだな、やってみるか。R－1をもう少し改良すれば、大気圏外《たいきけんがい》まで行って数分の無重量状態が得られるはずだ。どの動物を送るのがいいだろうか……」

「人間に近いので、猿《さる》はどうでしょう？」

「うーん。重量はクリアできそうだが、猿は荒《あら》っぽくて落ち着きがないからなぁ」

「猿は手が器用だからな。ケーブルを引きちぎったりしそうで怖《こわ》い」

「それでは、豚《ぶた》は？」

「豚は重すぎる」

「定番のモルモットやウサギでは？」

「なんか物足りないというか……ちょっと小さすぎるんじゃないか」

「小さい動物は、スペースが余ったら乗せればいいと思う」

「では、犬はどうでしょう？」

「……犬……犬か。なるほど」

「いいんじゃないですか？　躾《しつけ》ができるし、忍耐《にんたい》強い。閉鎖空間《へいさくうかん》も苦手ではないよな」

「犬はマスコミに出す時も写真映《しゃしんば》えする。テレビカメラの前でお行儀《ぎょうぎ》よくできるのもありがたい」

「確かに、犬がいいな、犬にしよう！」

こうして、犬をR－1ロケットに乗せ、弾道飛行で大気圏外まで飛ばす生物実験プロジェクトが動き出した。１９５０年の暮れだった。


数週間後——研究室の裏庭《うらにわ》が、賑《にぎ》やかな鳴き声で包《つつ》まれた。突貫《とっかん》で作られた囲《かこ》いには、モスクワの路上から集められた小型の野良犬《のらいぬ》が30頭ほど、元気に走り回っている。ヤズドフスキーが、その犬たちを指しながらコロリョフに報告した。

「指示の通り、明るい毛色で、2歳から6歳、体重6～7キログラム、体長35センチメートル以下のメス、という条件を満たす犬を集めてきました」

メスに限ったのは、オスだと船内での排泄《はいせつ》の処理に難《なん》があるからだ。生物学者が2匹乗せて比較《ひかく》したいというし、船室の広さや積載量《せきさいりょう》にも制限があるので、体長や体重も細かい条件が決められた。

みな野良犬なのは、調達にお金がかからないし、路上で生活できているなら体力があり頑丈《がんじょう》だろうという理由からだった。

「ご苦労。この子たちをさらに適性《てきせい》テストにかけて、10頭程度に絞《しぼ》り込《こ》んでくれ」

「了解しました」

ヤズドフスキーの報告が終わって用が済《す》んだのに、コロリョフはしばらく囲《かこ》いの中ではしゃぎ回る犬たちを見つめていた。しばらくして彼が去ってから、毎日野良犬集めに奔走《ほんそう》した事務員《じむいん》とヤズドフスキーは顔を見合わせて言った。

「……ボスは犬が好きなんだろうか？」

「そうかもしれないですね。かすかにですが、笑ってましたし」

「やっぱりか？　見間違えたかと思ったが……」


草原の気候《きこう》を表す「ステップ」という言葉は、元はロシア語で、ウクライナからカザフスタンにかけて存在している「平らな、乾燥《かんそう》した土地」を指して呼《よ》んだ言葉だ。まさにその語源《ごげん》通りの平地の草原が、モスクワの南東、カスピ海に近いアストラハン地方にある。カプースチン・ヤールと呼ばれるその土地に、ソ連の弾道《だんどう》ミサイル試験発射を行う国家中央発射場が造られたのは、１９４６年のことだった。

この発射場で目を引くのは、70両はあろうかという、長大な特別列車だ。この列車は、ドイツ軍が使っていたものを参考にして造られたもので、ロケットの発射台、通信設備、試験室、燃料タンクなどのロケット打ち上げに必要な設備を車両化して編成《へんせい》している。加えて発射場に長く滞在《たいざい》することが多い技術者たちのために、寝室《しんしつ》や浴室《よくしつ》、食堂と調理室、果ては小さな映画館までも車両として組み込まれており、移動式ロケット発射場とでも言うべき大列車だった。

ドイツから帰国した後、第88研究所として再始動したコロリョフたちは、この国家中央発射場でまずV2のコピーを、その後、独自に開発したロケットミサイルR－1やR－2を、次々打ち上げてきた。

1951年、ヤズドフスキーのチーム一行と数頭の犬がそこに姿《すがた》を見せた。この場所で、ついに2頭が打ち上げられる。最終テストを行い、選び抜かれた犬の中から、ヤズドフスキーは「デジク」と「ツィガン」の2頭を選んだ。

デジクは白にクリーム色が混じった毛色、ツィガンは白いお腹に黒の仮面とマントを被《かぶ》ったような毛色で、勇敢《ゆうかん》な心と丈夫《じょうぶ》な体を持っていた。人間でも不向きな者は音《ね》を上げるような、耐《たい》Gや閉鎖《へいさ》空間《くうかん》、振動《しんどう》などの厳しいテストをすべてクリアし、選ばれたのだ。

「明日はちょっと窮屈《きゅうくつ》な思いをするからな……今のうちにたくさん運動しておけよ」

翌朝、彼女たちはデータを取るためのセンサーを取りつけられ、宇宙スーツを身につけ、特製のケージに入って打ち上げられる。ケージは小さなカプセルのようなもので、中の2頭は船内で歩き回ることはできない。

ヤズドフスキーは特別列車の脇でボールを投げ、2頭を思う存分走らせてやった。犬が乗り込む船内には、できる限り安全に配慮《はいりょ》した装置《そうち》を用意したつもりだ。しかしロケット自体が爆発《ばくはつ》したり、着陸用のパラシュートがうまく開かなかった時に、彼女らを守り通せるものではない。

――こんなことをしても、この子たちを勝手な理由で危険《きけん》にさらす責任《せきにん》が軽くなるわけではないが……今のうちに少しでも楽しい思いをさせてやりたい……。

ヤズドフスキーはできる限りのことをしてあげようと思って犬たちを遊ばせていたが、そこにコロリョフが通りかかった。彼は別のロケットの発射試験のため、ヤズドフスキーより先にここに来ていた。彼は、ボール目掛《めが》けて一目散《いちもくさん》に駆《か》ける2頭に気付くと、立ち止まってヤズドフスキーをじろりとにらんだ。

――しまった、遊ばせて万が一怪我《けが》でもさせたり、逃《に》げ出《だ》したりしたら、打ち上げ準備に影響《えいきょう》が出るな。うかつなことをしたかもしれない。怒られるだろうか……?

ヤズドフスキーは焦《あせ》ったが、コロリョフはニヤリと口の端《はし》を上げただけで、すぐ列車の通信室に乗り込んでいった。

翌朝、空がまだ暗い午前4時から、ヤズドフスキーはすでに慌《あわ》ただしく準備に駆け回っていた。そこにコロリョフがやってきて、出番を待っていたデジクとツィガンのリードをつかんで、2頭の頭を交互《こうご》になで回しながらこう言った。

「デジクにツィガン、おはよう、わたしの宇宙飛行士たち！　よしよし、待ってるだけじゃ退屈《たいくつ》だろう。時間が来るまでお散歩に行こうな」

そうして2頭を連れて外へ出て行ってしまった。デジクとツィガンの、嬉《うれ》しそうにキャンキャンと吠《ほ》える声と、コロリョフの、まず自分たちには向けられることはないであろう優しい声色が混ざり合って、ヤズドフスキーの耳に残った。

——コロリョフも自分と同じく、犬たちにできるだけの心づかいをしている……。

ヤズドフスキーは、最初は強引にスカウトされた上、未知の分野に放り込まれて途方《とほう》に暮れたこともあったが、彼の元に来てよかったかもしれない、と思った。

日が昇《のぼ》り、打ち上げの時間になった。打ち上げに関わる職員全員が、いつもの打ち上げとは違う緊《きん》張感《ちょうかん》と、言葉にならない気持ちを抱《かか》えてその瞬間《しゅんかん》を見守った。

大きな音が大気を震《ふる》わせ、エンジンが噴射《ふんしゃ》する炎《ほのお》が地面をなめる。そのすぐ上で、小さな犬2頭が理不尽《りふじん》な状況にじっと耐《た》えている——ヤズドフスキーは、ロケットが飛び立つまでのわずかな時間、生きた心地がしなかった。

皆の祈《いの》りに守られ、R‐1は天空目掛《めが》けて駆《か》け上《あ》がり、やがて見えなくなった。予定通りに行けば打ち上げから3分後には高度100キロメートルに達し、犬たちは数分間の無重量状態を経験する。そして、およそ20分後には地上に戻《もど》ってくるはずだ。

彼女たちはほんとうに大気の天井を越え、宇宙を触《さわ》って戻《もど》ってこられるだろうか——ヤズドフスキーたちは双眼鏡《そうがんきょう》で観測する職員の周りを囲《かこ》んで、人生で最も長い20分を耐《た》えた。いつの間にかコロリョフも後ろにやってきて、落ち着きなく歩き回っている。

——データなんて取れていなくてもいい、2頭が生きて帰ってきてくれたらそれだけで……。

ヤズドフスキーは、心配のあまり浮《う》かんだその思いをうっかり声に出しそうになったが、真後ろにコロリョフがいるのに気づいてなんとかこらえた。

「あっ……パラシュート……パラシュートです、見えました、間違いない」

観測員のその声を聞くや否《いな》や、全員が坂道のビー玉のように車両から転がり出て、大急ぎで車に乗り込んで20キロ離れた着地点までアクセル全開で向かった。

着地したロケットの先端《せんたん》は大きな損傷《そんしょう》や火災《かさい》もなく、綺麗《きれい》に着地していた。ヤズドフスキーがコンテナの扉《とびら》を開け、ケージを引きずり出して蓋《ふた》を開けると、朝と変わらない元気なデジクが飛び出してきた！

「デジク‼　おかえり！　ああよかった無事だった、どうだったかな宇宙は！　ツィガンも無事だね、ほら出ておいで！」

次いでツィガンも飛び出してきたが、着地の時ぶつけたのか、お腹の部分に血がにじんでいた。

「大変だ‼」

ヤズドフスキーが口を開くより先に、コロリョフが負傷《ふしょう》したツィガンを抱《だ》きかかえ、「すぐに診察《しんさつ》の用意だ！」と怒鳴りながら運び去っていった。

デジクとツィガンは、史上はじめて、大気圏外《たいきけんがい》に出て生還《せいかん》した犬となった。この成功を受けて、1週間後に2度目の実験が行われることになった。怪我《けが》をしたツィガンはそのまま引退となり、無傷で生還したデジクと、リサという犬が搭乗《とうじょう》することになったが……。

大成功を収めた1回目とは真逆の、悲しい結果がチームを待ち受けていた。

打ち上げは問題なく成功し、1回目と同様、大気圏外まで達した。しかし何らかの理由でパラシュートが開かず、ロケットの頭部はデジクとリサの乗ったケージごと、猛《もう》スピードで地面に激突《げきとつ》した。コロリョフとヤズドフスキーたちは1回目と同じ勢いで落下地点に駆《か》け出《だ》したが、その表情は苦痛に満ちていた。コロリョフは、これまで何度もロケットが落下した姿《すがた》を見ている。頭ではわかっている、走っても車を飛ばしても、もうなにもかもが遅《おそ》いことを……。しかし、そうせずにはいられなかった。

落下地点には原形を留《とど》めない姿のロケットが地面にめり込み、薄《うす》い煙《けむり》を立てていた。コロリョフは誰よりも早く落下地点に駆けつけ、両手で顔を覆《おお》ってしゃがみ込んだ。後を追ってきたヤズドフスキーは、コロリョフの背中が崩《くず》れ落《お》ちたのを見ると、言葉を発することも、身動きすることもできなくなった。1週間前の朝、デジクを散歩に連れ出した時の彼の背中と、目の前で打ちのめされている背中とが重なり、目に涙《なみだ》がにじんだ。他の皆も実験のことなど忘れ、2頭の犬を犠牲《ぎせい》にしてしまった自分たちを責《せ》めて唇《くちびる》を噛《か》んだ。

落下の原因は数日のうちに判明《はんめい》した。エンジンの勢いでロケットが強く振動《しんどう》したせいで、パラシュートの装置が働かなくなってしまったためだった。コロリョフはすぐさま改善《かいぜん》を命じ、ロケットの安全性を高めてから次の試験に取《と》り掛《か》かると宣言《せんげん》した。

——安全性!! コロリョフは、弾道《だんどう》ミサイルを「安全な」乗り物にしようとしている……!

ここでようやく、ヤズドフスキーは自分の仕事が持つ本当の意味に気づいた。

「……わたしはやっと理解しましたよ。あなたはロケットをただの兵器としてだけではなく……平和的な、例えば民間人が宇宙を見学したりとか、科学者が宇宙から地球を観測したりとか、そういうことも実現するために開発しているんですね?」

「おい、なんてことを言うんだ。わたしの研究所を干上《ひあ》がらせたいのか? そんなありもしないことを大声で言いふらされたら予算が出なくなるじゃないか。二度とそんな口をきくなよ」

口ではそう怒りながら、コロリョフはウインクをして口の片端《かたはし》を持ち上げた。

その後、引き続き犬を打ち上げる実験が続けられた。ロケットの性能が上がるにつれて、高度や大《たい》気圏外《きけんがい》の滞在時間《たいざいじかん》も伸《の》び、ヤズドフスキーの研究チームは着実にデータを蓄積《ちくせき》していった。この頃には、より長距離《ちょうきょり》のロケットを打ち上げるための、チュラタムの発射場も完成していた。コロリョフも機が熟《じゅく》したと見て、ティホヌラヴォフのグループを引き抜き、本格的に人工衛星の検討《けんとう》を始めた。デジクとツィガンが飛んでから6年後の1957年10月、人類初の人工衛星、スプートニクが打ち上げられた。ヤズドフスキーは、スプートニクから送られてくる信号の音に、言葉では言い表せない不思議な感動を覚えた。

――やはりコロリョフはただの兵器開発者じゃない。人類の先頭に立って、宇宙科学を切り開いていく存在なんだ。そしてわたしは彼のもとで、このスプートニクに連なる仕事をしている。彼を信じてついてきてよかった。そう遠くないうちに、犬ではなく人間が宇宙へ飛び立つ日が来るだろう。

ヤズドフスキーが研究所で感銘《かんめい》を受けていたその頃、コロリョフは赤の広場に面した閣僚会議館《かくりょうかいぎかん》で、最高指導者フルシチョフと面談していた。スターリンが死んで4年が経っていた。

「スプートニクの打ち上げ成功は、我《わ》がソビエト連邦の科学力を世界に知らしめることとなった。非常に喜ばしいことだ。それでだ、セルゲイ・パーヴロヴィチ」

ソ連の最高指導者は代々この建物を執務《しつむ》の場とした。コロリョフは、そこに足を踏《ふ》み入《い》れることにいつまで経っても慣れなかった。国のロケット開発に身を捧《ささ》げると決めたことに後悔《こうかい》はない。しかしその意志にかかわらず、この国の権力に面と向かって接すると、かつてコルィマで受けた心の傷《きず》が開き、あのツンドラの冷気が舌を出して、心臓を舐《な》め回《まわ》すのだ。

主であるフルシチョフは、スプートニクに海外から向けられる称賛《しょうさん》と嫉妬《しっと》にご満悦《まんえつ》で、この上なくご機嫌《きげん》だった。コロリョフが押《お》し隠《かく》している心労を察するはずもなく、事もなげにこう言った。

「11月7日は知っての通り革命記念日だが、今年は政府設立40周年という節目にあたる。それを祝って、革命記念日までに何か目新しいものを打ち上げることはできないかね？　宇宙から我々への贈《おく》り物《もの》として」

「……革命記念日、ですか」

さすがのコロリョフも、この無茶な要求にはたじろいだ。なぜなら、11月7日まではもう1ヵ月もないのだ。相手が最高指導者でなければ、無理だと言えただろう。しかし、フルシチョフは最高指導者なのだ。コロリョフの功績を認めているフルシチョフは、敬意《けいい》を払《はら》って疑問符《ぎもんふ》をつけてくれはしたが、言われる側にとってはそんなアクセサリーがあろうがなかろうが、決してノーと言ってはいけない命令に等しい。

ノーとは言えない、やらなければいけない、しかし、なんであれ一から新しく設計している時間はない。コロリョフはロケット並みのスピードで、頭の中で要件を整理した。

――フルシチョフの要求でセレモニー的に行う打ち上げであれば、大きな失敗は許《ゆる》されない。それでいて真新しい、内外に技術力をアピールできる、一般市民にもわかりやすいもの……今あるものでできること……。

膨大《ぼうだい》な設計図と経験を蓄積《ちくせき》していたコロリョフの頭脳《ずのう》は、考えるより早く、一つの衛星《えいせい》を組み立てた。

「スプートニクに生き物を……例えば犬を乗せて打ち上げる……などは、いやしかし……」

「なに、犬を？　面白い！　ぜひそれをやってくれ。確かこれまでにも犬を打ち上げていたと思うが、今度はこないだのスプートニクに乗せるというんだな？」

「え、ええ……これまでは上に打ち上げるだけの弾道飛行でしたが、スプートニクで軌道周回《きどうしゅうかい》させれば、これは世界初の試みになります」

「素晴らしいアイデアだ!!　早速取りかかってくれ。予算が足りなければ望むだけ出そう。そうだ、進捗《しんちょく》を毎日首相に報告してくれ。非常に重要な任務だからな。心してかかってくれよ。楽しみにしてるぞ」

タクシーの後部座席で行き先を告《つ》げて、それきりコロリョフは押《お》し黙《だま》った。上機嫌《じょうきげん》で興奮《こうふん》気味《ぎみ》に喋《しゃべ》り続けたフルシチョフと対極《たいきょく》にあるようだった。

コロリョフは、研究所に戻《もど》ったらすぐに部下たちにこの仕事の説明をしなければならない。犬一匹を乗せられる人工衛星を、20日と少しで完成させろと言わなければならない。

ロケットの2段目と衛星の切り離しはせず、いっしょに周回させるようにすれば、切り離し装置がいらないので設計がシンプルになり、軽量化も叶《かな》う。犬の生命維持装置《せいめいいじそうち》は、ヤズドフスキーのチームがかなり練り上げているのでそのまま流用する。これが、先ほどコロリョフの脳内《のうない》で一瞬《いっしゅん》で組み立てられた、スプートニク2号の骨子《こっし》だ。時間的にギリギリだったが、コロリョフ自ら組み立ての現場で指揮《しき》をとれば、間に合わせることは可能と思われた。

――……つらいのはスケジュールではないんだ。つらいのは……この設計では、犬の回収は不可能だということだ。犬を犠牲《ぎせい》にする機体を造れと、部下に命じないといけないのだ。あぁ、なぜこんなことを口走ってしまったのか……。しかし、他にいいアイデアが浮《う》かばなかった。……有人飛行につなげるにはこれしかない、という心理もあったかもしれない。どうであれ、決定した以上は俺の責任だ。やるしかない……！

その瞬間《しゅんかん》、またコロリョフの心臓が、凍《こお》りついたように軋《きし》んだ。

人が住めないような厳《きび》しい環境に、人間が、使い捨ての労働力として送り込まれていたコルィマの強制労働収容所《きょうせいろうどうしゅうようじょ》。コロリョフの目の前で、何人もの人が死んでいった。彼自身も半死の目にあい、今も心身に深い傷《きず》を残している。

――お偉方《えらがた》は、同胞《どうほう》の人々にすら、あんなことができたのだ……。犬一匹なんて、彼らにとっては……。

スプートニク2号の計画について、コロリョフの説明を受けたヤズドフスキーは、ひどくとまどった。

「え、それでは……それでは、中の犬は回収されないということですか？」

まさか、と思いながら質問をぶつけたが、コロリョフはそうだ、と答えた。

「……わたしも、できることなら再突入《さいとつにゅう》のシステムと着陸装置をしっかり開発してから実行したかったが……。なにしろ11月7日までに打ち上げないといけないのだ。時間がなさすぎる。1号同様、打ち上げ後数ヵ月は軌道上《きどうじょう》にいることになると思うが、バッテリーの寿命《じゅみょう》がきたら犬の寿命《じゅみょう》もそこまでになる……。しかし、このスプートニク2号の打ち上げは、フルシチョフのたっての希望だ。皆思うところはあるだろうが、これを成功させれば、有人飛行への大きな布石になるだろう。よろしく頼む」

コロリョフは淡々《たんたん》と説明していたが、言葉の端々《はしばし》に苦しさがにじみ出ていた。これまでコロリョフと共に仕事をしたヤズドフスキーたちは、彼が好きで犬を犠牲《ぎせい》にするわけではない、ということはわかっていた。コロリョフは犬のところに来る時には必ず、お土産《みやげ》におやつを持ってきて、かわいがっていた。そして、デジクとリサが犠牲になった時のあの悲しみぶり。皆、それを見てきたのだ。

ヤズドフスキーたちは、全員この打ち上げを受け入れた。せめて彼ひとりだけで背負《せお》うことのないようにと、チームが一致団結《いっちだんけつ》してこの難題《なんだい》に取り組むことを選んだ。

打ち上げは11月3日の午前に決定した。作業できる日数は22日しかない。皆休日返上で働いた。ヤズドフスキーも犬の準備に追われていたが、その心中はいまだ複雑だった。

——R-1の時の実験は、皆うまくいけば帰ってこられるという前提《ぜんてい》で打ち上げていた。我々《われわれ》が未《み》熟《じゅく》だったせいで、何頭かの犬は犠牲《ぎせい》になってしまったが、死ぬしかない条件で打ち上げるようなことは、決してなかった。しかし今回は、打ち上げたら最後、犬は助からないことが確定している。我々は、何の罪《つみ》もない犬を、生きたまま棺桶《かんおけ》に入れ、それを打ち上げるのだ。

やると決めて行動していても、簡単に割り切れるようなことではなかった。技術者の中に、犬を使い捨ての実験動物だと考えている者など、一人もいない。宇宙船に犬を乗せるのは、殺したくて乗せるのではない。生き物の、生命の可能性を信じて乗せているのだ。犬も、その次の順番を待っている人間の宇宙飛行士も、「そこで生き延《の》び、帰ってこられる」ことを絶対的条件にして、彼らは宇宙船と装置を開発してきた。生命維持装置《せいめいいじそうち》の開発にどれだけの苦労を重ねてきたか。装置が守らなければいけないものは、犬も人も関係ない、同じ生命なのだ。だから、その命を地球に帰すための再突入《さいとつにゅう》・着陸システムは、セットでなければならなかった。

――しかし、今回はそれが間に合わなかった……。ライカ、こんなことになるなんて……。

実は、犬を軌道周回《きどうしゅうかい》させる計画がいつ立ち上がってもいいようにと、前々からそのための犬の準備はしてあった。厳しい選別と訓練をくぐり抜け、ライカという犬がすでに選ばれていた。

「ウワン！　ワン！」

ライカは白い体で、顔と耳だけ茶色の雑種《ざっしゅ》だ。いつも世話を焼いてくれるヤズドフスキーが目を合わせてくれないので、ちょっと怒った様子で吠《ほ》えた。

「よしよし。相変わらず元気に吠えるな。今日から忙《いそが》しくなるが、おまえなら大丈夫《だいじょうぶ》さ」

――いかんいかん。俺がふさぎ込んでいては、ライカも不安になってしまうな。彼女の前ではしっかりしないと。

ヤズドフスキーは気を取り直して彼女の宇宙服の最終チェックをした。

――我々の準備はすべて終わった。ライカは打ち上げの3日前にはスプートニクのカプセルに乗り込んで、打ち上げまでひとりでその中で過ごさなければならない。チュラタムへ出発するまで、まだ少しだけ時間がある……。だったら、この時間は彼女のために使おう。

ヤズドフスキーは、ライカを自分の家に連れて帰った。

「パパ、おかえり！」

「わぁ！　かわいいワンちゃんね」

玄関《げんかん》で父を迎《むか》えた子どもたちは、父の腕《うで》に抱《だ》かれた犬に目を輝《かがや》かせた。女の子2人と男の子1人、ヤズドフスキーの子どもたちである。ライカは初めて来た家にも、騒々《そうぞう》しい子どもたちにも動じず、落ち着いていた。子どもたちはすぐにこの小さな犬の素晴らしさを見抜《みぬ》いた。男の子の手がそっと頭をひとなですると、ライカも興味津々《きょうみしんしん》といった様子で鼻を向けた。

「いい子だね！　パパがいつもいっしょにお仕事してる犬ってこの子だね？」

「ねぇ、わたしにもなでさせて！」

「ねぇパパ、この子と遊んでいいの？」

「ああ。怪我《けが》をさせないよう気をつけて」

「やった！」

ライカは、子どもたちととても幸せな一日を過ごした。夜は、モスクワの冷たい路上ではなく、訓練で閉じ込められた狭《せま》いカプセルの中でもない、柔《やわ》らかいベッドの上で、子どもたちの温かい体温に囲《かこ》まれ、何にも脅《おびや》かされることなく、たっぷり眠《ねむ》った。


11月3日、ついにその日が来た。あと数時間でライカは地球を離れ、二度とこの大地を駆《か》けることはない。コロリョフは心を鬼《おに》にして、R-7打ち上げの手順を進めた。ヤズドフスキーも、彼女が最後に残してくれるもの——生物は宇宙空間に長時間滞在したらどうなるのか、そのデータを受け取ることに集中した。

10時22分、ライカを乗せたR-7は正常に飛び立った。いつもはロケットの心配でいっぱいになるコロリョフたちの心中も、今日はライカのことでいっぱいだった。軌道《きどう》に乗るまでの高負荷《こうふか》は、これまでの実験でたくさんの犬たちが乗《の》り越《こ》えて生還《せいかん》してくれたことで、大丈夫《だいじょうぶ》だとわかっている。だが、その先は未知の領域《りょういき》だった。

「一段目切り離し成功」

「スプートニク2号、地球周回軌道に投入成功しました」

「ライカの心拍《しんぱく》、現在、毎分120。動作センサーは静かです。落ち着いているようです。酸素濃度《さんそのうど》正常《せいじょう》」

——ライカは無事軌道に乗り、生きている！

ヤズドフスキーは待《ま》ち構《かま》えているフルシチョフのために電報を打った。フルシチョフはこの快挙《かいきょ》を聞いたら、上機嫌で海外へのアピールに使うだろう。さっそくテレビから速報のニュースが流れた。

打ち上げから1時間40分ほどで、スプートニク2号は軌道を一周して戻《もど》ってきた。

「ライカの心拍毎分100、生きています！　少し動いていますが、無重力にとまどっているようですね……しかし、落ち着いています。酸素濃度も正常、カプセル内の酸素は漏《も》れていません。成功ですね……！」

ヤズドフスキーの報告を受けたコロリョフは、黙《だま》ってうなずいた。ライカは世界ではじめて、生きて地球の軌道を周回した生物になったのだ。この成果は大きかった。コロリョフは、これで有人飛行にゴーサインが出るという確信を得た。

このままバッテリーが切れるまで数日間、観察を続けることになる——皆がそう思ったが、3周目でデータの受信が再開した時、船内では予期せぬ事態が起こっていた。

「船内の温度が上がっています！　現在40度。冷却《れいきゃく》ファンが作動していますが、温度が下がる様子はありません」

「なんだと？　ライカの状態は」

コロリョフは慌《あわ》ててヤズドフスキーに確認した。

「心拍数が跳《は》ね上《あ》がっています……動作センサーも激しい動きを検出《けんしゅつ》しています、暑さでパニックになっているのかも……」

ヤズドフスキーの報告に続けて、船体の状態をモニタリングしていた職員が異常を報告した。

「船体外側の一部が高温になっています。これは……フェアリング分離の際、断熱《だんねつ》カバーを損傷《そんしょう》した可能性があります」

「……」

地上にいる技術者たちは、ひとたびロケットが飛び立ってしまったら、自分たちには何もできなくなる、その現実を痛感《つうかん》した。送られてくるデータで何が起きているのかはっきりわかるのに、地上にいる自分たちには見ていることしかできない。

長い1時間半だった。やっと通信が再開した時、ヤズドフスキーは机《つくえ》に両手をついてうなだれた。デジクとリサを失った時のコロリョフと、同じ背中だった。

心電図も動作センサーも、打ち上げから7時間も経《た》たないうちにライカの命が絶えたことを、残酷《ざんこく》に表示していた。誰もが覚悟《かくご》をしていたことではあったが、こんなに早くその時が訪れてしまったことにショックを受けて、室内は静まり返っていた。スプートニク2号は黙《だま》って周回を続けていた。

「これを解決するのが技術だ」

沈黙《ちんもく》を破ってコロリョフが放った一言に、つつかれたように全員が顔を上げた。

「技術者であるきみたちの仕事だ」

次の一言で目が覚めた。その場で全員が、各々《おのおの》が次の打ち上げまでに解決するべき問題を、しっかり自覚した。ライカがその命で教えてくれた、かけがえのない教訓《きょうくん》と共に。

打ち上げ後、一段落して、コロリョフたちはポドリプキに戻った。10年前、ティホヌラヴォフと歩いた公園に、今度はヤズドフスキーと並んで歩くコロリョフの姿《すがた》があった。

「ライカの犠牲《ぎせい》を無駄《むだ》にはしない……。彼女の残したデータから、我々《われわれ》が次へとつなげなければ、申《もう》し訳《わけ》が立たない。わたしは有人の宇宙船を打ち上げ、回収可能な3段式ロケットの開発に移る。きみにも宇宙飛行に関する医学研究チームを率《ひき》いてもらうことになるが、それまではこれまで通り、R－2で弾道《だんどう》飛行実験を継続《けいぞく》してくれ」

「わかりました。ライカのおかげでたくさんの課題が見えましたから、それをふまえて研究デザインを改善《かいぜん》していきます」

「頼んだぞ。ロケットと宇宙船が完成したら、そちらでも犬たちにテストを頼むことになるだろう。その時まで、できるだけデータを集めておいてくれ」

コロリョフは宣言通《せんげんどお》り、R－7ロケットの改良に取りかかった。そのために、ひとりの専門家を呼《よ》び寄せた。面長《おもなが》でひょろりとした、一見頼《たよ》りない風貌《ふうぼう》のその男は、名前をアルヴィド・ウラジミローヴィチ・パロといった。

コロリョフが逮捕《たいほ》される少し前に、ロケット飛行機の試験中、同僚《どうりょう》の忠告《ちゅうこく》を無視し、事故を起こして大怪我《おおけが》を負ったことがあった。その時の同僚がパロだった。彼はロケットエンジンの専門家で、コロリョフが逮捕された後も、ロケット飛行機の開発に携《たずさ》わっていた。

久々に元同僚と再会したコロリョフだったが、パロの顔に、大きな火傷《やけど》の痕《あと》のようなアザがあるのに気づいた。

「そのアザはどうしたんだ。なにか事故でもやらかしたのか」

「ああ、これか。ロケット飛行機の試験中に、エンジンの爆発事故《ばくはつじこ》を起こしてしまってね。コクピットからパイロットを引きずり出す時、私も火傷を負ってしまったんだよ」

「そうか……相変わらずだな」

コロリョフは、事故で入院した時、パロが見舞《みま》いに来てくれたことを忘れずにいた。パロは、自分の忠告を無視して事故を起こした相手なのに、純粋《じゅんすい》に身を案じて来てくれたのだった。そのころ反革命分子の疑《うたが》いをかけられていたコロリョフと親しくしたら、パロも同様に扱《あつか》われるおそれがあったのにもかかわらず……。それでコロリョフはパロのことを、頼りなさげな見た目をいい意味で裏切《うらぎ》る、人情と勇気にあふれた、愛すべきロシア男だと思っていた。今の話を聞いて、その思いはさらに強くなった。

「そいつは勲章《くんしょう》だな。きみが来てくれて嬉《うれ》しい。よし、仕事に取りかかろうか」

コロリョフは頼もしい助っ人を得て、1960年、地球に帰還《きかん》が可能な宇宙船、ボストークプロトタイプ・1Kの打ち上げ試験を開始した。

最初に打ち上げられたボストークには2頭の犬が乗せられたが、残念なことにエンジンの不具合で爆発、墜落《ついらく》してしまった。コロリョフもヤズドフスキーも再び打ちのめされたが、この苦い経験は、打ち上げ途中の緊急脱出《きんきゅうだっしゅつ》システムの開発につながった。

そしてその年の夏、ボストークはベルカとストレルカという2頭の犬を乗せて、17周の軌道飛行を行い、25時間後に大気圏再突入《たいきけんさいとつにゅう》、そして着地を成功させた。この成功は生き物についても、宇宙船の再突入についても、数多くの新しい知見と課題をもたらした。

ヤズドフスキーは8月のチュラタムの夜空を仰《あお》いで、犠牲《ぎせい》になった犬たちのことを思った。

「やっとここまで来た……。きみたちのおかげだなんて、おこがましいことは言わないよ。ただ、きみたちの仲間を……同じ宇宙飛行士の犬たちのことを、これからも見守っていてくれ」

その年の冬には、犬を使っての実験も最終段階に入った。人間の宇宙飛行士の選抜《せんばつ》も6人まで絞《しぼ》られ、ヤズドフスキーは忙《いそが》しい毎日を送っていた。12月22日。ボストークで、コメタとシュトカという、2頭の犬の打ち上げ実験が行われた。打ち上げ後、2段目のロケット切り離しまでは成功したが、3段目のロケットが点火直後に故障《こしょう》して停止《ていし》してしまった。

「1K、エンジン緊急停止《きんきゅうていし》。軌道投入《きどうとうにゅう》できません。このまま準軌道飛行になります」

「いかん。すぐに落下地点を割り出せ」

コロリョフは焦《あせ》った。落下地点が国境の外だったり、人が住んでいる場所であれば、落ちてくる前に自爆装置《じばくそうち》を起動させて、不慮《ふりょ》の事態を防《ふせ》がなければならないと決まっていた。そうなったら中の犬は犠牲《ぎせい》になってしまう。

「落下地点、北シベリア、クラスノヤルスク方面、ニージナヤ・ツングースカ川沿《ぞ》いの森林です。最も近い街からは60キロメートルほどの地点です」

シベリアと聞いて、コロリョフの顔色が変わった。その理由を知る者は、その場には誰もいなかった。

「……電源、降下《こうか》モジュールの切り離しは生きてるな？　着陸可能であれば爆破《ばくは》はしない」

真冬のシベリアは、一面雪に埋《う》もれて、陽《ひ》は4時間ほどしか顔を出さず、気温はマイナス40度を下回る。船体が無事に着陸できても、コメタとシュトカが入ったカプセルはカタパルトで極寒の船外に放り出されてしまう。だからといって、コロリョフは犬たちをあきらめたりはしなかった。

——コメタ、シュトカ、生きていてくれ！　わたしがシベリアで助けられたように、おまえたちを助けてくれるものがあると信じる……！

「パロ！　皆を連れてすぐ回収に向かってくれ」

「わかった。現地で協力してもらえそうな者に連絡をつけておいてくれ！」

コロリョフは迷《まよ》わずパロを救助隊のリーダーに指名した。パロも、当然自分が行くといった顔で、部屋を飛び出ていった。

パロたちはまずチュラタムからサマラというロシア西側の都市に飛んで、そこから、シベリアの中心都市ノヴォシビルスクを経由してクラスノヤルスクの空港に向かった。直線距離《ちょくせんきょり》でも３０００キロメートルある距離を移動するのは、各地で特別チャーターした飛行機を乗《の》り継《つ》いでも丸１日以上かかった。クラスノヤルスクに到着《とうちゃく》した時、すでに日付は24日になっていた。

不時着した宇宙船の機体回収ということで、パロたちは現地で空軍とＫＧＢ（国家保安委員会。ソ連の秘密警察）の全面的な協力を得られた。コロリョフの素早い手回しにより、すでに空軍とＫＧＢが航空機で探索《たんさく》を開始していた。パロたちもすぐにヘリに乗り込み捜索《そうさく》に加わった。

「こういう時のために、パラシュートは目立つオレンジ色にしてある……ちゃんと開いて着陸できていたら、太陽が出ているうちなら、人の目で見つけられるはずだ」

早速、ＫＧＢのパイロットが第一報を入れてきた。続いて空軍のパイロットも発見の報告を知らせてきた。彼らから送られて来た画像がすぐさまパロのもとに届《とど》けられた。解像度が荒《あら》い写真だったが、そこにはパロがよく知る降下《こうか》モジュールの丸いシルエットが確認できた。パラシュートもちゃんと開いて、木にひっかかっている様子だった。

「よし！　日が暮れる前にコメタとシュトカを見つけなければ！　急いでくれ」

パロはヘリを飛ばして落下地点に急いだ。

「うわっ……これはスキーが必要だったな」

ヘリから降りたパロの体は、腰《こし》まで積もった雪にのみ込まれてしまった。雪に慣れているロシア人でも難儀《なんぎ》する深さだ。それでもひるむことなく、落下地点の森のほうへと、泳ぐように進んでいった。

やっと折れた木に引っかかった降下モジュールの姿《すがた》を確認できる距離《きょり》まで近づいた時、パロは一瞬立ち止まった。

「ん？　脱出《だっしゅつ》ハッチは開いているが……なにかおかしいぞ」

パロは歩みを速めた。その勢いを削《そ》ごうとする雪が煩《わずら》わしかった。全身を使って、やっと木の下まで来る。

「やっぱり！　カプセルが入ったままだ！」

追いついた救出隊の面々もそれを確認し、ざわついた。

「どういうことだ。カタパルトが作動しなかったのか？」

「……降下モジュールの断熱《だんねつ》カバーが少しでもこの冷気を防《ふせ》いでいてくれたら、コメタとシュトカは中で生きてるかもしれないぞ」

パロは雪から飛び出して、木によじ登った。救出隊の他のメンバーはそれを見て慌《あわ》てた。

「待てアルヴィド！　カプセルが入ったままということは、カタパルトを起動する爆薬《ばくやく》がまだ残ってるんだぞ！　自爆装置に誘爆《ゆうばく》でもしたら……」

「それがどうした！　おい、コメタ！　シュトカ！　生きてるか！　返事をしてくれ！」

パロの叫《さけ》びは積もった雪に吸《す》い込《こ》まれただけで、カプセルからの反応はなかった。降下モジュールは、折れた木が数本組み合わさり受け止める形で支えていたので、転がり落ちるようなことはなさそうだった。パロは内部の様子を軽く確認して、降りてきた。

「犬が生きてるかどうかはわからない……。窓《まど》が凍《こお》っていて中を確認できないんだ。電源は生きてるようだ。配線が何本か焼けてるが、射出装置《しゃしゅつそうち》のものかどうかはわからない。安全な状態にするには、中に入って配線をショートさせる必要がある」

救出隊にいた、自爆装置の設計を担当した設計士は、それを聞いて眉間《みけん》に皺《しわ》を寄《よ》せた。

「うーん。カタパルトだけじゃなく、自爆装置も何かの拍子《ひょうし》でドカンといく可能性があるな。犬が無事かどうかはともかく、中にある爆薬をなんとかしないと、この降下モジュールを回収できない。どうしたものか……」

「だから、電源を落としてこよう」

「……いや待て。いつ起爆するかわからないと言ってるんだぞ」

「聞いてたさ。だからすぐにやったほうがいいだろ、犬がまだ生きてるかもしれないんだから」

言い終わるなり、パロはまた木登りを始めようとしたので、設計士は慌《あわ》ててそれを引きずり下ろした。

「わかった、わかったよ！　俺が先だ。危険度《きけんど》は自爆装置《じばくそうち》のほうが高いからな。俺は専門家だから失敗はしないが、さっき言ったように何かの拍子《ひょうし》で起爆する可能性はあるから、離れててくれ」

そう言ってパロを押しやって登っていった。降下《こうか》モジュールの中に入り込む時、ちらりと登ってきた木の根本を見ると、そこにはパロが逃《に》げずに立っていた。顔の火傷《やけど》を負った時のように、彼に何かあった時は助けるつもりでいるのだ。

——はるばるシベリアまできて、犬2頭にあんなに必死になる奴だから、わからんでもないが……そうまでされちゃ、こっちも腹をくくらなきゃな。

自爆装置は球体の降下モジュールと、円筒型《えんとうがた》の脱出《だっしゅつ》カプセルの隙間《すきま》にあった。大きな振動《しんどう》を与《あた》えないよう、細心の注意を払《はら》って自爆装置に繋《つな》がる電源の配線を切断する。

——……動いたり鳴いたりする気配が感じられないが、犬どもは無事なのか……？　ここまでしてるんだから、生きてててくれよ！

パロは真下で作業を見守っていたが、設計士は数分もしないうちにハッチから這《は》い出《で》てきて「切ったぞ！」と叫《さけ》んだ。次はパロの番だ。カタパルトは脱出《だっしゅつ》カプセルの底にあるので、深く潜《もぐ》り込《こ》まないといけない。パロは氷点下の中、かさばる上着を脱《ぬ》いで、降下モジュールに滑《すべ》り込《こ》んだ。

「コメタ……シュトカ、元気でやってるか？　生きていてくれよ……俺たちはあきらめてないんだからな。おまえたちをちゃんと帰してやらないと、ボスが悲しむからな……」

冷え切った金属の隙間《すきま》で、頭を下にしての危険《きけん》な作業だったが、パロはすぐそばに2頭が生きていると信じて、彼女らに声をかけながら手早くやり遂《と》げた。パロが生還《せいかん》した時、すでに陽《ひ》はほとんど暮れていた。

犬の安否を確認できるまでこの場所から離れがたかったが、さすがに野宿ができる気温ではなかったので、一行はいったん最寄《もよ》りの村に移動して休息を取ることにした。

空軍の無線を借りてコロリョフに連絡を取ると、すでに状況は知らされていたようで、降下モジュールを木から下ろすための作業班をすでに出発させているとのことだった。

翌朝、作業班と共に、ヤズドフスキーが姿《すがた》を見せた。パロはその顔を見て笑顔になった。

「ウラジーミル・イワノヴィチか！　君が送り込まれたということは、セルゲイは犬の生存を信じてるんだな」

「もちろんです。アルヴィド・ウラジミローヴィチ・パロ。昨日の作業のことを聞きました。本当にありがとうございます……」

「そんな顔をするな。なんたって、彼女らは大切な宇宙飛行士だからな。いつだってパイロットが一番命がけなんだ。彼女たちのくぐり抜けてきたことに比べたら、俺のしたことなんて大したことないさ」

パロの言う通りだった。自分たちは犬に危険《きけん》を肩代《かたが》わりさせているのだ。宇宙に向ける人類の夢は大きいものだが、それは犬たちの夢ではない。だから彼女たちが生きている可能性がわずかでもあるなら、人間たちはその責任において、絶対にあきらめてはいけないのだ。

長い夜が明けて明るくなると、皆すぐに作業に取りかかった。まず、周囲の木を切り倒さないといけない。集められたきこりたちが次々木を切り倒すのを見ながら、ヤズドフスキーは犬が生きていた時のため、かき集めて来た羊の毛皮を抱《かか》えて待《ま》ち構《かま》えていた。

深い雪の中、ヘリに吊《つ》るされてやっと降下モジュールが地上に降ろされた。パロたちが脱出《だっしゅつ》カプセルをカタパルトから外し、取り出そうとしたその瞬間《しゅんかん》だった。

「……ワン！」

聞こえてきた声に、全員がはっと目を見開いた。

「ワン!!　ウワン、ワン、ワゥン!!」

「生きてる!!　生きてるぞ!!」

カプセルの中で確かに鳴き声がした！　パロが叫《さけ》ぶと、ヤズドフスキーが毛皮を抱えて飛んできた。同時に、作業にあたっていた者全員が、技術者も軍人も警官《けいかん》も、皆両手を上げて叫んだ。この12月のシベリアの森で、小さな犬2頭が、2日以上も生《い》き延《の》びていたのだ。この地で生きる厳しさを知るロシア人たちは、感激に包《つつ》まれた。ヤズドフスキーがカプセルの蓋《ふた》をこじ開けて、コメタとシュトカ、2頭を助け出した。

「あぁ！　よかった……よく頑張《がんば》ってくれた!!　コメタ、シュトカ、待たせてすまなかった……!!」

2頭は凍《こご》えてはいたが意識ははっきりしており、黒い瞳《ひとみ》の輝きは失われておらず、体も動かせるようだった。カタパルトが作動しなかったことで、パロの期待通り、降下モジュールの断熱材《だんねつざい》が彼女たちを寒さから守ったのだ。ヤズドフスキーが2頭を毛皮に包み抱《だ》き上《あ》げると、全員大歓声《だいかんせい》で2頭の英雄《えいゆう》の生還《せいかん》を讃《たた》え、隣《となり》の者とハグをし、握手《あくしゅ》をし、背中を叩《たた》き合《あ》い、この喜びを分かち合った。ヤズドフスキーもしばらく喜びにひたっていたが、抱えた2頭の温かさが伝わってくるのを感じると、胸がいっぱいになり、そのうちその場所に泣《な》き崩《くず》れてしまった。

——デジク、リサ……ライカ。すべての犠牲《ぎせい》になった犬たち。みんなこうやって救い出したかった。死なせたくなかった……。

氷点下の空気の中に、ヤズドフスキーの涙《なみだ》があふれ出たが、コメタの温かい舌がすべて受け止め、凍《こお》ることはなかった。凍らずに、いつまでもあふれ続けた。

科学の先駆者たち

V2ロケット
――38万キロメートルの夢――

ヴェルナー・フォン・ブラウン

20歳のロケット研究者、ヴェルナー・フォン・ブラウンは決断した。

「……わたしは、陸軍のベッカー大佐、ドルンベルガー大尉《たいい》両氏の提案《ていあん》をのむべきだと思う。この不景気の中、食うにも困《こま》るような我々《われわれ》ドイツ宇宙旅行協会だけで、ロケットの開発を続けるのは無理だ。続けたとしても、これ以上の性能のものは望めない。彼の言う通り、民間での活動はおしまいにして、陸軍の施設に移ろう。そうすれば、より大型のロケット開発ができる」

彼の仲間たちは渋《しぶ》った。

「そうは言ったって……軍に入ったら、今までのような自由なやり方はできなくなるだろう」

「その通りだ。俺は先の大戦でパイロットをやってたが、あんな窮屈《きゅうくつ》な組織の中でまともなロケットが造れるとは思わないよ」

しかし、その程度の反論では、フォン・ブラウンの決意は1ミリも揺《ゆ》るがなかった。

「だが、我々の目標は宇宙だろう。宇宙まで到達《とうたつ》するロケットを開発するのに、他の方法はあるのか？」

彼がそう問いかけると、全員押《お》し黙《だま》ってしまった。そう、彼らは宇宙——月や、火星まで旅することに憧《あこが》れて集《つど》った仲間たちだった。先行き不透明《ふとうめい》な世情の中で、仲間と前向きに過ごしてこられたのは、大きな夢があったからだ。

第一次世界大戦後、ヴェルサイユ条約で莫大《ばくだい》な賠償金《ばいしょうきん》を背負《せお》わされ、軍事力を骨抜《ほねぬ》きにされたドイツが、やっと持ち直してきたと思ったら、世界恐慌《せかいきょうこう》が起きた。ベルリンの街には失業者があふれ、治安は悪化し、道徳は乱《みだ》れ、人々の心は不安に押しつぶされてどす黒く鬱血《うっけつ》していた。政治の世界では国民社会主義ドイツ労働者党――略称《りゃくしょう》ナチスが台頭し、その澱《よど》んだ黒い血を吸《す》い上《あ》げようとしていた。

世の中が乱れていても、若く才能にあふれるフォン・ブラウンは、仲間の中の誰よりも、夢が叶《かな》うと信じていた。子どもの頃から宇宙に憧《あこが》れ、努力して工学の道へ進み、ヘルマン・オーベルトの助手を務め、液体燃料ロケットの成功を支えた彼の目の前には、夢の道を切り開くための荒《あ》れ地《ち》が果てしなく広がっていた。

同時に、貴族の家系に生まれ、政治家の父親を持つフォン・ブラウンは、誰よりも現実的だった。夢を叶《かな》えるため――道を切り開き、舗装《ほそう》し、ロケットを運んでゆくためには、多額の資金が必要だという現実を、誰よりもわかっていた。有能なロケット開発者を探していた陸軍とフォン・ブラウンの出会いは必然で、お互《たが》いが渡りに船の両思いだった。

「そりゃそうだけど……な。でも陸軍の金で造ったら、兵器として使われるのは避《さ》けられないからな……」

そう呟《つぶや》いた仲間の感覚は正しかった。純粋《じゅんすい》な科学的好奇心《こうきしん》でロケット開発をやってきた者なら、当然の嫌悪感《けんおかん》だ。しかし、フォン・ブラウンの視点は違った。仲間たちは「自分たちのロケットが軍に利用されてしまう」という見方をしていたが、フォン・ブラウンは「自分たちのロケットのために軍を利用すればいい」という見方をしていた。

――だからチャンスなんだ……。ヴェルサイユ条約で戦闘機《せんとうき》も大型砲《おおがたほう》も開発ができない今、軍の欲求の捌《は》け口《ぐち》になれるのはロケットだけなのだから。

このような大局観《たいきょくかん》を持つフォン・ブラウンが、この場所、ドイツ宇宙旅行協会という民間の愛好者団体などに収まり切らない人物であることは、共に切磋琢磨《せっさたくま》してきた仲間たちもわかっていた。

――自分たちはただのロケットマニアと呼《よ》ばれても差《さ》し支《つか》えないが、彼は違う。まだ学生だが、その仕事ぶりは、どこかの大企業とか、大きな研究所で行うようなものに見えた。彼のような有望な人物を、これ以上引き止めるのは、よくない。

そう考えた仲間たちはついに、フォン・ブラウンが陸軍へと去ることに同意した。

「俺たちは俺たちで活動を続けるよ。陸軍が必要としてるのは、我々《われわれ》ドイツ宇宙旅行協会ではなくて、きみという人材だろうからね」

「ありがとう……。こっちが成功したら、協会への援助《えんじょ》もできるかもしれない。お互《たが》いがんばろう」

「あぁ、期待してるよ。きみを追って陸軍に行く者も出るだろうから、時々連絡をくれ。活躍《かつやく》を祈《いの》ってる」

こうして、1932年10月、フォン・ブラウンはドイツ陸軍に入った。形としては就職《しゅうしょく》だが、彼はまだ学生だったので、しばらくは学業を続けた。ベッカーが行っていた、有能な部下を大学に入れ、ロケットの勉強をさせる計画の、逆の順序《じゅんじょ》ということだ。

陸軍でそれなりの予算と機材を揃《そろ》えた実験室を与《あた》えられたフォン・ブラウンは、ロケット開発に没頭《ぼっとう》した。最初は失敗続きだったが、彼は持ち前の分析力《ぶんせきりょく》で、失敗をただの失敗ではなく、「成功するためには何をすればいいか」のリストと捉《とら》え、ひたすら改善《かいぜん》を続けた。

１９３４年12月。ドイツ北部の北海に浮《う》かぶボルクムという島で、Ａ２というコードネームで開発されたロケット２機が、同時に発射された。２機は仲よく空を駆《か》け上《のぼ》ってゆき、高度２５００メートルまで到達《とうたつ》した。この年、ソ連では立ち上がったばかりの反動推進研究所《はんどうすいしんけんきゅうじょ》で、ティホヌラヴォフが開発したハイブリッドエンジンを使ったロケットが成功を収めていたが、そちらが達成した高度は１５００メートルだった。フォン・ブラウンの非凡《ひぼん》な才能と実行力は、あっという間に形になって、空を飛び始めた。

その翌年の３月、ナチス政府はヴェルサイユ条約を破棄《はき》し、再軍備に乗り出した。これが破滅《はめつ》への第一歩だったのかもしれないが、檻《おり》から解《と》き放《はな》たれた鷲《わし》は、羽ばたくことしか考えていなかった。

その鷲のうちの１羽——空軍の航空機《こうくうき》開発担当者が、ロケット飛行機の共同開発をしないかと、フォン・ブラウンたちの元にやってきた。

「所内を見学させてもらったが、この規模《きぼ》の研究所だと、人も場所も足りない。空軍機の開発はユンカース社（かつてドイツにあった航空機メーカー）に任せているので、そこと共同開発するという条件だが、こちらで５００万マルクほど提供《ていきょう》するので、もっと大きな研究所を造ってはどうかな？」

この提案《ていあん》に、フォン・ブラウン側は困惑《こんわく》した。

「うーん。確かにもっと大規模な研究所と、安全な発射場が必要ではあるんだが……。ロケットは機密保持に特に気を使わないといけない技術だから、民間の企業とはあまり組みたくないな……」

フォン・ブラウンは情報が漏《も》れる恐《おそ》れがあることを気にしていたが、彼の上司の陸軍大佐はまた別の懸念《けねん》を抱《いだ》いた。

古今東西どの国でも、陸海空、それぞれの軍はあまり仲がよいものではない。皆、手柄《てがら》を自分のものにしたいのだ。空軍が大金をちらつかせて、フォン・ブラウンとそのロケットを空軍に横取りしようとしているのは明らかだった。大佐は、フォン・ブラウンを連れて陸軍兵器局の局長になっていたベッカーのもとに相談に行った。

話を聞いたベッカーは、大佐の懸念《けねん》通りに激怒した。誰もロケットの有用性など考えていなかった時から、上層部に幾度《いくど》も頼み込んで開発の許可《きょか》をもらい、足を棒《ぼう》にして人材を集め育て、やっとA2という成功例を出すところまで来たところなのだ。空軍は最悪のタイミングで最悪の提案《ていあん》をした。

ベッカーは、唖然《あぜん》とするフォン・ブラウンを尻目《しりめ》に、「うちのロケットとフォン・ブラウンは死んでも渡さんぞ！　あの泥棒猫《どろぼうねこ》、いやハゲタカども‼」と、こめかみに青筋《あおすじ》を立てて空軍の悪口を喚《わめ》き立《た》てている。

——と、いうことは……。

大佐はこの剣幕《けんまく》から導《みちび》き出《だ》される結論について、おそるおそる確認した。

「局長、それではその……陸軍のほうでは、空軍が出すと言っている５００万マルクより予算を積んでいただけるということでしょうか？　研究所の増強に対して」

「当然だ！　倍の１０００万……いや、もう１００万積んでやる！」

昨年度のフォン・ブラウンの研究室の予算は年８万マルクだった。その１３０倍以上の１１００万マルク。フォン・ブラウンの初任給が月に２００マルク――学生の身に与《あた》えられるものとしてはなかなか優遇《ゆうぐう》された金額――だったことを知れば、１１００万マルクという金額がいかに莫大《ばくだい》なものかわかるだろう。

横でこのやりとりを聞いていたフォン・ブラウンは、あれだけ憧《あこが》れた月が、すぐ近くまで迫《せま》っているのを感じた。望遠鏡で覗《のぞ》くのがせいぜいだった、38万キロメートルの天上にいる月に、少し手を伸《の》ばせば、その地面に転がる石を拾える距離《きょり》まで近づいた――そんな錯覚《さっかく》に襲《おそ》われてしまうほどの予算を手にしたのだ。

――ついにこの時が来た。大気圏外《たいきけんがい》へと脱出《だっしゅつ》する時が……ただし、悪魔《あくま》の手を借りて……。

大金を手にし、今まさに心中のエンジンが点火されて炎《ほのお》が噴《ふ》き出《で》る瞬間《しゅんかん》のフォン・ブラウンだったが、その目は、しっかりと月面をとらえていた。彼は月面に転がる岩石も、クレーターも、深い谷間も、しっかりその位置を把握《はあく》し、どこに着陸すればいいかを冷静に探っていた。

ベッカーが大噴火《だいふんか》を起こしたりもしたが、空軍との話し合いはそれなりにまとまり、共同の大規模《だいきぼ》ロケット研究所を新設することになった。フォン・ブラウンの希望通り、陸軍のほうでは民間企業を入れない方向でまとまった。さて、その大きな研究所をどこに造るか……？

ポーランド、チェコ、ドイツ、3つの国の境目にあるシュレージエン地方に、マグヌス・フォン・ブラウン男爵《だんしゃく》の荘園《しょうえん》がある。1935年12月、男爵の屋敷《やしき》には家族が集《つど》い、幸せなクリスマスを過ごしていた。息子たちも大きくなり、離れ離れで暮らしていたので、親子ともども、久々に会ったお互《たが》いの近況を知りたがっていた。幸せな家族によくあることだが、ディナーの時間だけでは話は終わらなかったので、談話室《だんわしつ》の暖炉《だんろ》前に移動して、次男であるフォン・ブラウンの話を聞くことになった。

「――それで、2機同時に飛ばすとなると、どちらもA2と呼《よ》ぶんじゃ区別がつかない。かと言って1号機2号機などと呼《よ》ぶのも味気ないので、その2機のロケットには、マクスとモリッツというあだ名をつけてたんですよ。そうそう、マグヌスは知ってると思ったよ。これは流行《はや》りの漫画《まんが》のキャラクターの名前を拝借《はいしゃく》したんです。父上と母上はご存じないでしょうが。そうやって愛着をもって可愛《かわい》がった甲斐《かい》あって、やっと成功にこぎつけたわけです」

「それじゃあ、兄さんが今年手紙を書く暇《ひま》もないほど忙《いそが》しかったのは、その成功のせい？」

マグヌスと呼ばれた、父の名をもらった末っ子が、手紙を寄越《よこ》さなかった兄への不満を、口を尖《とが》らせて訴《うった》えた。

「ああ、返事がなかなか書けなかったのは悪かったよ。おまえも工科大に進みたいんだってな？　明日勉強をみてやるよ。それでええと、そうだ、忙しいのはその通りなんです。マクスとモリッツの活躍《かつやく》のおかげで、我《わ》が研究所の予算は大幅《おおはば》に増額されました。有能なエンジン設計者もチームに加わりました。それで、陸軍と空軍共同で、さらに大規模なロケット研究施設を新設することが決まったんです。わたしのロケットは、既存《きぞん》の施設で打ち上げるには危険《きけん》な規模になり始めているので。しかしなかなかいい場所が見つからなくて……。父上、海に面していて、しかし船はあまり通らず、できるだけなにもない土地……ご存じじゃありませんか？」

突然《とつぜん》畑違いの質問をされて、男爵の眉毛《まゆげ》はハの字になった。

「なに。ロケットの打ち上げだと？　海岸じゃないといけないのか？　ううむ、私は農地には詳《くわ》しいが、水産や海運には縁《えん》がないからな」

「……海岸？　ならペーネミュンデはどうかしら」

父の投げた匙《さじ》を、母が拾った。

「ポーランドとドイツの国境の端《はし》っこにある島の、さらに端っこなんだけど。だからバルト海のほうね。あなたのお祖父《じい》様が、あそこによく鴨撃《かもう》ちに行ってたの。わたしもよく連れていかれたわ。その頃はなにもないところだと思ってたけど……一度見に行ってごらんなさいな」

この朗《ほが》らかで美しい夫人の一声で、世界を変えるロケットが生まれる場所が決まった。

1942年。7年前にフォン・ブラウンの母が「なにもないところ」と語ったペーネミュンデは、地球上で最も宇宙に近い場所に生まれ変わっていた。ここでフォン・ブラウンが指揮《しき》を執《と》り、A4長距離誘導《ちょうきょりゆうどう》ロケットが誕生《たんじょう》した。機体の大きさはA2のおよそ10倍の14メートル、エンジンのパワーは85倍近くまで上がった。しかし、A4はただ大きくなっただけではなかった。

——A4は、これまでの素朴《そぼく》なミサイルとは一線を画《かく》している。エンジン、誘導装置、姿勢制御《しせいせいぎょ》、機体、そして、地上の設備。組み立てから打ち上げまで、流れるように行える、統合《とうごう》されたひとつのシステムとして設計した。さらに、燃料タンクや打ち上げ装置を列車の車両に仕立て、線路があるところならどこでも打ち上げができる、特別列車まで造った。それの意味するところ……つまり「大量に生産し、大量に使う」兵器としての運用を前提《ぜんてい》としたロケットだ、ということ……。

フォン・ブラウンはデスクの上に積まれた書類の端《はし》に、2つの小さな、とても小さな丸を、尖《とが》ったペン先で書いた。2つの丸は離れ離れだった。フォン・ブラウンはその間をつなぐように線を引き、その上に38万キロメートル、と書いた。地球と月を隔《へだ》てる距離《きょり》。10月3日、3度の失敗を経た4度目の打ち上げ試験の朝だった。

「フォン・ブラウン君！　そろそろ打ち上げ準備を開始するぞ」

青みがかったグレーの軍服に身を包《つつ》んだドルンベルガーが、フォン・ブラウンに声をかけた。ドイツ宇宙旅行協会時代に出会った時に大尉《たいい》だったドルンベルガーは、ベッカーの右腕《みぎうで》として少将にまで昇進《しょうしん》を重ね、今やペーネミュンデ実験場の司令官となっていた。将官を表す赤地に金モールの襟章《えりしょう》が、地味な色味に支配された研究施設の中では一際目立っている。彼は今日の成功を信じて、打ち上げを心待ちにしていた。

「今行きます、少将」

一方、軍の制服《せいふく》ではない、私服のスーツに身を包んだフォン・ブラウンも、ドルンベルガーと肩《かた》を並べて発射場へと向かった。

照明が落とされた部屋の壁《かべ》に、四角い光が浮《う》かび上《あ》がり、白黒の粗《あら》い映像が映し出された。音声はない。映っているのは、ロケットの燃焼試験《ねんしょうしけん》の様子だった。試験が終わると、ロケットは輸送車《ゆそうしゃ》に載《の》せられて移動を始めた。輸送車はたやすくロケットを運んでいく。

ロケットは発射場に到着《とうちゃく》し、簡素《かんそ》な発射台の上にセットされた。ロケットと地面の隙間《すきま》に閃光《せんこう》が広がり、土煙《つちけむり》が巻《ま》き上《あ》がる。閃光はすぐにロケットと同じ幅《はば》に収束し、今度は縦《たて》方向に、一気に筆を走らせたように伸《の》びる。

その光が地面を蹴《け》り、ロケットは地面を離れた。不思議な力で支えられているかのように、身じろぎもせずまっすぐ天空へ向かっていく。機体はみるみるうちに遠ざかり、ぼやけた白い点になる。頂点《ちょうてん》を越《こ》えると今度は上から下へ落ちていく点になったが、映像の中に森の木々が頭を出し、そのはるか向こうへ落ちたとわかるまで、かなりの時間があった。この時間が、ロケットの高度と飛行距離を雄弁《ゆうべん》に物語っていた。

映写機が止まり、部屋の照明が点灯された。にもかかわらず、白いだけのスクリーンを、アドルフ・ヒトラーの瞳《ひとみ》が凝視《ぎょうし》し続けている。見開かれた両目は、土気色をした顔の中で爛々《らんらん》と輝いていた。

スクリーンの横にあるテーブルにＡ４や運搬《うんぱん》車両の模型《もけい》が置かれ、隣にドルンベルガーとフォン・ブラウンが立っていた。ドルンベルガーは室内を軽く見渡してから口を開いた。

「昨年の10月3日に行われた、Ａ４打ち上げ試験の様子をご覧《らん》いただきました。Ａ４は高度84・5キロメートル、飛行距離１９０キロメートルを記録し、定められた目標地点に到達《とうたつ》しました」

ヒトラーの両脇には幕僚長《ばくりょうちょう》（参謀《さんぼう》事務の長）と武器弾薬省《ぶきだんやくしょう》担当大臣が座っていた。Ａ４はすでに地対地ミサイル（地上から地上の目標に対して発射されるミサイル）として採用され、量産化の承《しょう》認《にん》を得ていたが、空軍開発のＶ１ジェットエンジンミサイルとＡ４、どちらを主要兵器にするかで、指導部の意見が割れていた。そのため、ドルンベルガーとフォン・ブラウンは、責任者たちにＡ４の性能をプレゼンしに来たのだ。

ヒトラーは、ドルンベルガーが話している最中に突然《とつぜん》立ち上がり、テーブルの模型とドルンベルガーを交互《こうご》に見ながら熱心に説明を聞いていた。ドルンベルガーの話が終わると、その手を握《にぎ》ってこう言った。

「ありがとう……！　わたしはなぜ、このロケットの話を最初に聞いた時、その能力を信じようとしなかったのだろうか……？　１９３９年にこのロケットがあれば、この戦争は起こらなかった……」

青白い、生気のない顔に埋《う》まっているふたつの目玉が、ぎょろぎょろと何もない空間を追ってさまよった。

「これを防空壕《ぼうくうごう》から発射することはできないのか？　いや、そうすべきだ。このような有力な部隊はすぐ敵《てき》に発見され、爆撃機《ばくげきき》の攻撃《こうげき》にさらされることになる……」

ドルンベルガーは、移動車両部隊の機動性《きどうせい》から考えて、敵航空機《てきこうくうき》から発見される可能性は低いことを噛《か》み砕《くだ》いて説明したが、ヒトラーは聞いていないようだった。ずっと防空壕の話をしていた。自分がずっと防空壕に閉じこもって、まだ無事でいるからだろうか？

ドルンベルガーとフォン・ブラウンが沈黙《ちんもく》していると、ヒトラーは突然振《ふ》り向《む》いてこう言った。

「爆弾の重量を10トンに増やせないか？　それから、生産数を月２０００本に増やすことは？」

「総統閣下《そうとうかっか》、載せる爆弾を増やすためには、まったく新しい、巨大《きょだい》なロケットを開発し直さねばなりません」

ヒトラーは明らかに苛立《いらだ》った様子で、ドルンベルガーの言葉を遮《さえぎ》った。

「では、生産数は」

「それも不可能です。燃料のアルコールがまったく足りません。先ほど申し上げたのは、計画担当者や関係当局が許《ゆる》しうる最大の量なのです」

ヒトラーの目に、ぞっとするような光が宿った。

「だが、わたしが望んでいるのは、すべてを滅《ほろ》ぼす……そう、殲滅的《せんめつてき》な兵器なのだ!!」

ヒトラーの絶叫《ぜっきょう》に、部屋にいた全員が黙《だま》りこくった。
ドルンベルガーだけが臆《おく》せず反論を続けたが、「殲滅的《せんめつてき》」という絶叫を発してしまったヒトラーは、自分の発想にすっかり囚《とら》われてしまい、聞く耳を持たなかった。
フォン・ブラウンはヒトラーの様子に、得体の知れない恐怖《きょうふ》を感じた。まだ50代にもかかわらず、老人のように曲がった背《せ》、丸まった肩《かた》、垂《た》れ下《さ》がった皮膚《ひふ》に落《お》ち窪《くぼ》んだ瞳《ひとみ》。なにか目に見えないおそろしい力が彼を包《つつ》んで、土の中に引きずり込もうとしているようだった。フォン・ブラウンから見てヒトラーという存在は、自分が夢見る月の世界と、最も遠いところにいるように思えた。

第二次世界大戦が開戦してすぐの頃は快進撃《かいしんげき》を続けていたドイツ軍だったが、この年、1943年に入ってからは、ソ連のスターリングラード、北アフリカのチュニジアで連合軍に敗北を喫《きっ》していた。ヒトラーは戦局を挽回《ばんかい》する強力な兵器を欲していた。彼はA4という存在に、自分の願望を無理やり投影《とうえい》し、彼にしか見えない幻想《げんそう》を見始めていた。ドルンベルガーの目論見《もくろみ》通り、主要兵器の座はA4が勝ち取ったが、その親であるフォン・ブラウンの帰る足取りは、軽くはなかった。

——地球から月まで、約38万キロメートル。ロケットは、その距離《きょり》を超えるためにある。他の誰が何を思っていようが関係ない。造ったわたしが、そのために造っているのだ。しかし今、こいつは戦いを始めたツケを支払《しはら》うために、爆弾《ばくだん》を頭に載《の》せ、宇宙ではなく国境の向こうに飛ばなければいけない。これは覚悟《かくご》の上で飛び込んだ陸軍なのだから、のみ込むしかない。しかし、どれほどA４の性能を上げたとしても、「殲滅的《せんめつてき》」な兵器にはならないというのに……。

A４を造ったのは他でもないフォン・ブラウンなのだから、その能力の限界については誰よりも理解していた。彼はこれまで、戦争が始まってからのドイツを取《と》り巻《ま》く状況を、決して楽観視していたつもりはなかった。しかし、今日見たヒトラーの姿《すがた》は、今のドイツに対する疑念《ぎねん》を深め、危機感《ききかん》を抱《いだ》かせるのにじゅうぶんな怪異《かいい》であった。

ふとフォン・ブラウンは、自分の足元にある床板《ゆかいた》が、紙のように薄《うす》くなったように思えて、全身を緊張《きんちょう》させた。どうにも拭《ぬぐ》いきれない、薄暗《うすぐら》い不安がその心の奥《おく》に巣《す》くっていた。

……しばらくして、「V２」がロンドンの攻撃《こうげき》に成功した、というニュースが流れ始めた。ナチスはA４に「V２」――報復《ほうふく》兵器２号の略称《りゃくしょう》――という名をつけ、その完成と威力《いりょく》を大声で宣伝《せんでん》した。

A４はフォン・ブラウンの手を離れ、V２として飛び立ち始めたのだ。

この時ばかりは、フォン・ブラウンもいつものユーモアの腕前《うでまえ》を見せることができなかった。戦争なのだから、当然イギリスもドイツを攻撃《こうげき》しているし、ドイツの民間人に危害《きがい》を加えるとされる、公的な発言もあった。だとしても、フォン・ブラウンは、V２での市街地攻撃を喜べる人間では、決してなかった。その胸には、ヒトラーと会った時に抱《いだ》いた薄暗い不安が、じわりじわりと広がっていた。

ある週末の晩、フォン・ブラウンは、ペーネミュンデの近くにある村で研究所の仲間や関係者たちと集まり、夕食を共にした。会合は盛《も》り上《あ》がり、夜遅《おそ》くまで賑《にぎ》やかなパーティーが続いた。

そこには宇宙旅行協会の頃からの顔馴染《かおなじ》み――ヘルマン・オーベルトの助手を共に務めたクラウス・リーデルなど――もたくさんいたので、ビール片手に宇宙旅行の話で盛《も》り上《あ》がった。そこに、地域の診療所《しんりょうじょ》に勤《つと》める若い女性医師が顔を出した。皆、彼女には怪我《けが》や急病で世話になることがあったので、顔見知りだった。

「あらペーネミュンデのみなさん、こんばんは。楽しそうですね。宇宙旅行のお話ですか？」

「ええ、ドクトル。ご興味がおありで？　ロケットに詰《つ》め込《こ》まれて吹っ飛ばされることに？」

すっかり赤ら顔のリーデルが美人の登場に気をよくして、彼女を輪の中に招《まね》き入《い》れた。

「うち、兄が宇宙マニアで、昔はよく宇宙旅行協会の会合に行ってたんですよ。あら、みなさんもその出身だったんですね？　わたしは医学一辺倒《いっぺんとう》だったものですから、兄がしてくれる話はよくわからなかったんですけど……本当にロケットなんかで宇宙に行けるものなんですか？」

女医はリーデルとフォン・ブラウンを交互《こうご》に見つめながら尋《たず》ねた。すでに言葉があやしくなっているリーデルに代わって、フォン・ブラウンが答えた。

「もちろんですとも。ほんとうは、ロケットというのは、爆弾《ばくだん》を積んで、地表近くをウロウロするためのものではないんです。そんなことに使うにはもったいない。ロケットというのは、もっと高いところ……宇宙に行くものとして、生まれついているんですからね。まだ技術が追いついていないいから、今すぐには造ることができませんが、理論上はＶ２の何倍ものロケットが実現可能なんです。それが完成した暁《あかつき》には、月世界旅行にお連れしますよ。そう、ほんとうに生まれつきのことなんですよ……ロケットが人間を宇宙に連れていくのは……。あぁ、まったく、わたしはそのためにロケット屋をやっているのにね」

フォン・ブラウンのこの話は、賑《にぎ》やかな談笑《だんしょう》を白けさせることもなく、じゃあ宇宙に行ってそこから地球へ帰るにはどんな技術が必要か、とか、宇宙空間や月に行ったら何をやってみたいか、というような、宇宙好きの技術者たちが夜更《よふ》けに語らうのにふさわしい話題へと、広がっていった。誰もこの話が、フォン・ブラウンが投獄《とうごく》される原因になるなどとは思ってもいなかった。――そこに紛《まぎ》れ込《こ》んでいた、医者の仮面を被《かぶ》った女スパイ以外は。

ナチスは、フォン・ブラウンの抱《いだ》いたあの薄暗《うすぐら》い不安を証明《しょうめい》してみせた。フォン・ブラウンは突《とつ》然《ぜん》サボタージュ（破壊活動《はかいかつどう》）の罪《つみ》で逮捕《たいほ》され、ゲシュタポ――ヒトラーの忠犬《ちゅうけん》、ハインリヒ・ヒムラーに率《ひき》いられる、親衛隊《しんえいたい》の秘密警察《ひみつけいさつ》――の牢獄《ろうごく》に入れられたのだ。捕《つか》まった本人は何も知らされることなく、誕生日《たんじょうび》を独房《どくぼう》の中で迎《むか》えるはめになった。

２週間後、フォン・ブラウンは法廷に引きずり出された。そこで判明《はんめい》したのは、ロケットの軍事利用に反対している、機密書類を持ってイギリスへ逃亡《とうぼう》しようとしている……などの罪状《ざいじょう》で告発された、ということだった。もちろん虚偽《きょぎ》の罪状《ざいじょう》だったが、ソ連の秘密警察同様、真実よりも「仕組んだ者がどうしたいか」のほうが丁重《ていちょう》に扱《あつか》われた。

もし有罪《ゆうざい》になったとしたら、すぐさま射殺《しゃさつ》される可能性だってある。もはやここまでか、とさすがのフォン・ブラウンも覚悟《かくご》を決めようとしたその時、法廷《ほうてい》のドアを破らん勢いでドルンベルガーが入ってきた。ドルンベルガーはずかずかと裁判長《さいばんちょう》に歩《あゆ》み寄《よ》り、手にした書類の束を突《つ》きつけた。裁判長はそれに目を通すと、なんとその場でフォン・ブラウンの釈放《しゃくほう》を命じた。3ヵ月という期限つきではあったが。フォン・ブラウンは唖然《あぜん》としながら、ドルンベルガーに連れられ法廷を出て、自由の身になった。

「……いったい、何が起きたっていうんです、少将？　わたしは助かった、それでいいんですよね？」

「ああ、いったんはな。きみとリーデル君は、ヒムラーにハメられたんだ」

「リーデルも逮捕《たいほ》されていたんですか!?」

「ああ。親衛隊《しんえいたい》が、ペーネミュンデを欲しがってたらしい。Ａ４ごとね。わたしも親衛隊方面に訴《うった》えて回ったが、ヒトラーの側近が、フォン・ブラウンを失ったらとんでもない損失《そんしつ》だ、Ａ４の実戦投入が叶《かな》わなくなる、とヒトラーに直接訴《うった》えてくれたのが効いたようだ」

「なんて連中だ。ロケットは手に入れさえすれば誰でも扱《あつか》える、なんて代物《しろもの》じゃあないんだぞ！」

「シッ！」

ドルンベルガーは人差し指を突《つ》き立《た》てて、憤慨《ふんがい》するフォン・ブラウンの大声をたしなめた。大通りから狭《せま》い路地に入り、建物の陰《かげ》に身を隠《かく》すと、彼は小声でささやいた。

「確かに釈放にはなった、ただし、聞いていた通り期限つきだ――身をもって現状を知ったと思うが、しばらく下手な言動は慎《つつし》め。きみやリーデル君と同様、わたしも、かなりにらまれている。残念なことだが、今後ペーネミュンデにおけるわたしの権限は縮小されるだろう。次、同じことがあったら助けられるかどうかわからん。わかったな。……ここを生《い》き延《の》びないと月へは行けないぞ」

「……」

ドルンベルガーの言葉に、38万キロメートルの夢を呼び覚まされたブラウンは、いつもの落ち着きを取《と》り戻《もど》してうなずいた。

才能ある者を戦争のために利用しておきながら、政治的な理由で簡単に処刑しようとする――ドイツでも、ソ連と似《に》たようなことが起きていたのだった。フォン・ブラウンは、コロリョフほどの悲惨《ひさん》な目に遭《あ》うことは免《まぬが》れたが、やがてドイツ自体が、大きな破滅《はめつ》に見舞《みま》われることになる。

８ヵ月後、１９４５年が明けたばかりだったが、新年の雰囲気《ふんいき》はなかった。フォン・ブラウンたちはペーネミュンデで、遠くに砲撃《ほうげき》の音が響《ひび》くのを聞いていた。東側からソ連が、西側からはイギリスとアメリカが迫《せま》り、目にするもの、耳にするものすべてに、終末の色が濃《こ》くにじんでいた。

その日、フォン・ブラウンは、研究所の幹部《かんぶ》たちを研究所近くの農村にある廃屋《はいおく》に集めた。全員に尾行《びこう》に注意するよう言い、フォン・ブラウンも指定した廃屋の周囲《しゅうい》にスパイらしき人影《ひとかげ》がいないかどうか、盗聴器《とうちょうき》が仕掛けられていないかどうか、注意深く確認してから、口を開いた。

「――この戦争は、負ける」

驚《おどろ》く者はいなかった。皆、固い表情のままうなずく。

「これまで共にロケット開発に身を投じてきた君たちに、単刀直入に聞こう。我々《われわれ》の技術――ミサイル兵器ではない、宇宙へと旅するためのロケットのことだが、この技術、そして我々の身柄を託《たく》すべき国は、アメリカか、ソ連か、どちらだと思うか」

すでに緊張《きんちょう》していた空気が、さらに張《は》り詰《つ》めた。すぐに答えられる者はいなかった。祖国を捨てる。そういう意味だからだ。しかし、この場に残っていても、やってくるソ連兵に殺されるか、後ろから親衛隊に殺されるかのどちらかしかないのだ。

「アメリカだろう。スターリンは信用できない……」

一人の幹部《かんぶ》が口火を切ると、他も次々とこれに同調した。

「皆、同じ意見だな。それでは、我々はアメリカに投降《とうこう》することにする」

話がまとまると、フォン・ブラウンはしばらく集まった幹部たちの顔をじっと見つめていたが、

「ありがとう」と口を開いた。

「皆も知っての通り、我々の技術力は、大気圏《たいきけん》を脱出《だっしゅつ》し宇宙に飛び出していくロケットを完成させるまで、あと一歩のところまで飛躍《ひやく》した。これは現在が戦時であり、兵器として使用するため、巨額《きょがく》の資金を得たから可能になったことだ。結果、我々のロケットは多数の一般市民の命を奪《うば》った。これは事実だから言い訳してはいけない。しかし、もうひとつの結果として、人類はここまでの技術を手

にすることができた。これは……我々が宇宙旅行を夢見て、ロケット開発を志《こころざ》した者だからだ。兵器を開発してやろうと考える人間には、ここまでのものは決して造れないと、わたしは思う」

そこにいた全員がうなずいた。

「これを、我々ドイツ人だけで成《な》し遂《と》げたのだ。これは今、敗北しようとしているドイツに残された、数少ない誇《ほこ》りであり、宝だ。我々の手で必ず守り通して、未来へつながなければならない。……なに、ここからアメリカなんて、たいした距離《きょり》じゃないさ。38万キロメートルに比べたらね」

こうして、ペーネミュンデからすべての設計図、資料、機材が運び出された。2月のことだった。3月にソ連軍はペーネミュンデを占領《せんりょう》したが、すでにもぬけの殻《から》だった。

ヒトラーはフォン・ブラウンが予感した通り、土に引きずり込まれ、太陽も月も見えないベルリンの地下室で死を迎《むか》えた。

オーストリアの、ドイツ国境近くの街、ロイテ。美しい山々に湖、おとぎ話に出てくるような街並みのこの小さな街に、風景に似《に》つかわしくないアメリカ軍が駐留《ちゅうりゅう》し、物々しい雰囲気《ふんいき》を振《ふ》りまいていた。陥落《かんらく》したベルリンで繰《く》り広《ひろ》げられている地獄絵図《じごくえず》に比べたら、まったくの平和と呼《よ》べたかもしれないが。

その朝、アメリカ軍の上等兵が部下を連れて、ジープで偵察《ていさつ》に出かけた。

「おはよう、チロルの山々。こんな砂まみれのジープじゃなく、馬で走りたいような場所だよなぁ」

そんな軽口が出るくらい、あたりは平穏《へいおん》で、特に報告が必要なものはなさそうだった。国境が見えるところまで行ったら引き返そう、そう部下に告《つ》げた時だった。

「……誰だろう。地元の者じゃなさそうだ」

向こうから、自転車で一人の若者がやってきて、ジープを見ると自転車から降りた。彼はこちらを見て立《た》ち尽《つ》くしている。どうやら用があるらしい。

「武器は持っていないようだが。ちょっと話してみる」

上等兵はジープを止めて、若者に近づいた。上等兵が口を開くより先に、若者のほうが話しかけてきた。ドイツ語訛《なま》りだったが流暢《りゅうちょう》な英語だった。

「この先のホテルに、ドイツの長距離《ちょうきょり》ロケットを開発した、科学者たちが待機しています。自分は彼らの代表の、マグヌス・フォン・ブラウンと言います。我々《われわれ》はアメリカ軍へ投降《とうこう》したいと考えています。取り次いでいただけないでしょうか」

上等兵には長距離ロケットが何なのか、さっぱりわからなかった。いきなり自分だけでそのホテルに行くわけにもいかないので、いったん、このマグヌスという男をロイテの街まで連行することにした。

「科学者のリーダーの名前ですか？　ヴェルナー・フォン・ブラウンといいます」

「きみもフォン・ブラウンと言ったな。彼の息子かね？」

「いえ、ヴェルナーは兄で、わたしは弟です。兄が来るべきでしたが、移動中に夜道で交通事故を起こして腕《うで》を大怪我《おおけが》してしまって。安静にしていないといけないので、わたしが来ました」

駐留《ちゅうりゅう》していた部隊の情報部が、早速ヴェルナー・フォン・ブラウンの名前が手元のリストのいずれかにないか探そうとしたが、すぐにそんな手間はいらないとわかった。フォン・ブラウンの名は、V２の技術を手に入れるためアメリカが作った、科学者捜索計画《そうさくけいかく》のリストの筆頭にあったのだ。


こうして、フォン・ブラウンたち一行は、アメリカ軍の元にたどり着いた。フォン・ブラウンを手中にしたアメリカ軍の責任者は、設計図や工場に残されたV２の実機、部品なども大量に手に入れた。アメリカまでその積み荷を運ぶのに、大きな貨物船が16隻《せき》も必要になるほどだった。

フォン・ブラウンたちはドイツに戻《もど》され、そこにいた連合軍の専門家たちに質問攻《ぜ》めにあい、ドイツのロケット開発についてレポートを書くよう命じられた。

フォン・ブラウンは、陸軍でのロケット開発について記憶《きおく》の限り書き記し、こう締《し》めくくった。それは、これからドイツを訪れるコロリョフが、捕《と》らえられたドイツ人技術者たちに語った言葉と、驚《おどろ》くほど似ていた。

「――述べたように、V２が到達点《とうたつてん》だったわけではなく、我々《われわれ》は次の、そのさらに次のロケットも開発途中でした。ロケットはまだ発展途上の技術であるということです。我々のチームが認識している多数の問題、課題を解決していけば、ロケットで人工の衛星《えいせい》を地球周回軌道《きどう》に乗せることが可能になるでしょう。さらに、月や火星への有人飛行も可能になるでしょう」

１９４５年９月。アメリカ合衆国《がっしゅうこく》、デラウェア州のニューキャッスルの陸軍基地に、フォン・ブラウンは降り立った。初めて訪れるアメリカの大地で、33歳になった彼の第二の人生が始まろうとしていた。

故郷《こきょう》のドイツとは、空気も土地の色も違うように感じた。ただ、空だけは同じだった。宇宙へと開かれているたったひとつの扉《とびら》であり、同時に、引力と手を組んで人類を地表に閉じ込める、大気の層《そう》でもあった。

――V2は、言うなればエデンから追放されたアダムだ。罪《つみ》を背負《せお》い、生まれ故郷を追い出された。わたしがその罪を償《つぐな》う方法はただひとつ。彼の子孫……兵器としての役目を負うことのない、純粋《じゅんすい》に科学のためだけに飛ぶ、平和な宇宙ロケットを誕生《たんじょう》させることだ。

フォン・ブラウンは青空の下で決意した。

宇宙への梯子《はしご》

ガガーリン

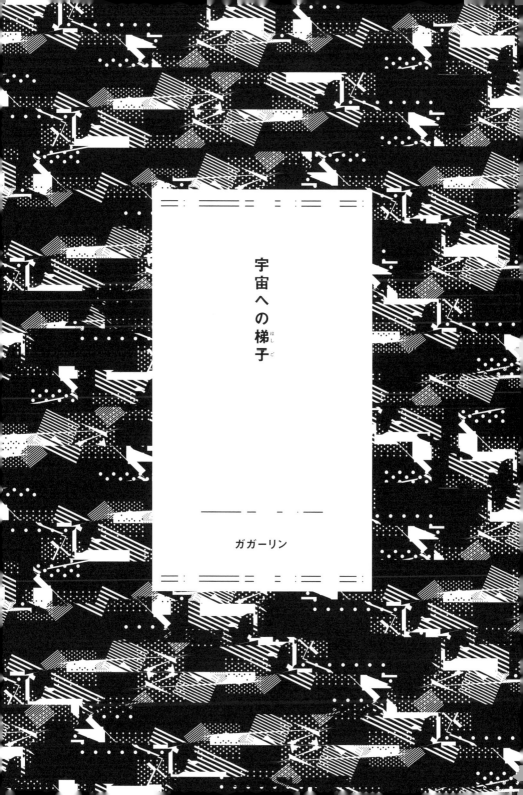

1961年4月12日、早朝。

ユーリィ・アレクセイエヴィチ・ガガーリン中尉《ちゅうい》は、ついにこの日を迎《むか》えた。宇宙船ボストーク1号に乗り込み、人類で初の宇宙飛行を行い、新しい歴史の1ページに名前が刻《きざ》まれる日を。

当人は果たしてその自覚があるのか？　と疑《うたが》ってしまうほど、彼は緊張《きんちょう》も気負《きお》いもせず、水浴《みずあ》びする子犬のような目で、普段《ふだん》どおりに顔を洗っていた。その雰囲気《ふんいき》は、休日のようとまでは言わないが、乗り慣れたミグ15戦闘機《せんとうき》に乗る日の朝と、まったく変わらない。

彼はでしゃばらず、かといって物怖《ものお》じはせず、純粋《じゅんすい》だが、愚《おろ》かではなかった。若者らしい勇気と自信に満ち、童顔すぎて時々子どものように見えてしまう以外は、ソビエト・ロシアのどこにでもいるような、27歳の健康な青年だった。

彼はついこの間まで、ごく一般的な空軍の飛行機乗りとして、北極圏《ほっきょくけん》の基地にいた。ある日何かの選考に呼《よ》ばれ——途中まで新型戦闘機のパイロットの選考だと思っていた——その過程で宇宙飛行士の候補《こうほ》になったのだと知った。20名の最終候補の一人に選ばれ、そこからも全力を尽《つ》くし、厳しい選考と訓練をくぐり抜け、後にも先にも世界にひとつしかない椅子《いす》にたどり着いたのだった。

そして彼は今、その椅子、つまり人類史上初の宇宙飛行士として、現在のカザフスタンのバイコヌール（実際はチュラタムという土地だったが、正確な位置を悟《さと》られたくなかったため、少し離れた街の名前で呼《よ》んでいた。現在はバイコヌールが正式名称になった）に作られた、ロケット発射場《はっしゃじょう》にいる。

朝6時半。朝食と健康診断《けんこうしんだん》を終え、ロケットの格納庫《かくのうこ》に向かう。ガガーリンが乗り込むボストーク1号は、打ち上げに使うR‐7ロケットに積まれて、すでに発射台に移動していた。がらんとした格《かく》納庫《のうこ》の隅《すみ》に作られた更衣室《こういしつ》で、真新しいオレンジ色の宇宙服に身を包《つつ》む。頭にヘルメットを被《かぶ》せられ、最終のチェックを受けて、発射台へと向かうバスに乗り込んだ。

ガガーリンの乗るボストーク1号は、飛行士が乗り込む球体の帰還《きかん》カプセルに、再突入《さいとつにゅう》に必要な装置を固めた機器モジュールがくっついた、4・5メートルほどの小さな機体だった。このボストーク1号を、3段式に改良したR‐7の先端に取り付けて、宇宙まで運ぶ。

ガガーリンは、まだ自分が飛ぶとは決定していない候補生だったころ、同じ候補生たちと初めてボストーク1号を見せられ、非常に困惑《こんわく》したのを覚えている。確か、去年の6月だった。

「全長は、ミグ15の半分もない。小さすぎないか？　いや、そんなことより……こいつは体だけだ。羽もなければプロペラもない。こんなボールだけで、どうやって宇宙に行って、帰ってくればいいんだ？」

ガガーリン以外も全員が抱《いだ》いたその疑問《ぎもん》に、責任者である設計技師長が答えてくれた。彼はロケット推進《すいしん》と、宇宙空間での飛行、そこから地球にどうやって戻《もど》るかを、手早く、かつわかりやすく説明し、最後に釘《くぎ》を刺《さ》した。

「もちろん、今のは大まかな説明だ。きみたちには、今後こいつのシステムから操縦《そうじゅう》までを特別クラスで徹底的《てっていてき》に学んでもらう。もちろん試験もある。合格できなければそれまでだ。いいな」設計技師長。ソ連の宇宙ロケット開発の中核《ちゅうかく》を担《にな》う、第1専門設計局のボス、セルゲイ・パーヴロヴィチ・コロリョフ。これが、ガガーリンと彼との出会いだった。ガガーリンがこれから乗る宇宙船も、それを打ち上げるロケットも、すべて彼の指揮《しき》で誕生《たんじょう》したものだ。今頃、彼は発射台で待っているだろう。

目の前に、日が昇《のぼ》ったばかりの空を背《せ》にした、鉄骨の柱に包《つつ》まれたロケットの巨体《きょたい》が迫《せま》ってくる。先端《せんたん》部分に鉄骨で台座が組まれ、その上に3段式のロケットと、ボストーク1号が積まれている。本体のカプセルと機器モジュールは、空気抵抗《くうきていこう》を減らすためのフェアリングと呼ばれる円錐筒型《えんすいとうがた》のカバーで覆《おお》われていた。

発射台には、関係者と最後の作業にあたる技師たちの集団がいた。その中に、いつもの帽子《ぼうし》と黒いコートに身を包《つつ》んだ、コロリョフの角張《かくば》ったシルエットが見えた。彼はバスが近づくのに気がつき、体ごと振《ふ》り返《かえ》った。彼はいつも、首だけで振り返ることはせず、体ごとこちらに向ける。ガガーリンは、その仕草が好きだった。誰に対しても常《つね》に真正面から向き合って、厳《きび》しくとも率直《そっちょく》にやりとりしてくれる、その姿勢《しせい》を体現しているように思えたからだ。彼の作った宇宙船で飛ぶことに、何の不安もなかった。

ガガーリンがバスから降《お》りると、待《ま》ち構《かま》えていた軍司令官や党役員たちが握手《あくしゅ》や激励《げきれい》の言葉、抱《ほう》擁《よう》、キスを浴《あ》びせた。最後にコロリョフが近づいてきて、ポケットから小さな五角形の金属を取り出した。彼はその銀色に輝く金属板を、ガガーリンの宇宙服のポケットに忍《しの》ばせてこう話した。

「お守りだよ。ルーニク2で打ち上げたプレートのレプリカだ。今日の成功の先に、きみが本物を拾う日が来るかもしれないぞ」

2年前。ソ連はR-7ロケットを使ってルーニク（ルナ）という月探査機を打ち上げて、1度目で月面から6000キロメートルの距離にまで接近し、2度目では月面への到達《とうたつ》を成功させていた。ルーニク2には、月面に到達したことの証《あかし》になるようにと、五角形の金属のプレートを72枚組み合わせて作った、小さなボールが積んであった。プレートには、一枚一枚、キリル文字で「ＣＣＣＰ ＣЕＨＴЯБＰЬ 1959（ソ連、1959年9月）」と、国名、打ち上げの年月が刻印《こくいん》されていた。小さなサッカーボールのようなその物体は、ルーニク2が月面に衝突《しょうとつ》すると同時にバラバラに飛《と》び散《ち》り、目的を達成した。今も、そしてこれからもずっと、月の地面の上で、72枚の五角形がコロリョフの偉《い》業《ぎょう》を証明しているのだ。

——今日のフライトは、はじまりにすぎない。成功の先には、英雄《えいゆう》のためのさらなる挑戦《ちょうせん》が待ち受けている——そんなメッセージが込められた贈《おく》り物《もの》だった。ガガーリンは、コロリョフの自分へ向ける期待と、心遣《こころづか》いに胸がいっぱいになった。それには重さも質量もほとんどなかったが、ガガーリンの飛行を支える最も大きな積み荷になった。

「さあ、搭乗《とうじょう》時間が来た」

コロリョフではない誰かが言った。コロリョフは黙《だま》ってガガーリンを見守っている。その顔色には疲労《ひろう》がにじんでいた。打ち上げの準備でほとんど寝《ね》ていないのだろう。ガガーリンは、はじめて彼の疲れた姿《すがた》を見た、と思った。

「心配いりません。うまくいきますよ」

誇《ほこ》りと自信を笑顔に変えて、ガガーリンはコロリョフに出発の言葉を告《つ》げた。コロリョフは何も答えずに、ガガーリンの目を見つめた。計り知れない思いが込められた眼差《まなざ》しだった。自分の作ったロケットで、はじめて宇宙に人類を送り出す。そのパイロットの成功を祈《いの》る眼差し。しかしそれだけではない、さらに奥深《おくふか》くに結晶《けっしょう》している強い思いがあるのを、ガガーリンは感じた。

それがなんなのかはわからない。しかし、ガガーリンはコロリョフが眼差しに込めたものをすべて受け止めた。中身はわからずとも、ボストーク1号に乗る者ならば、受け取らないといけないものだろうから。コロリョフの思いを背負《せお》って、彼は自分の座る席へと向かった。

船内に乗り込んだガガーリンは、座席に体を固定され、頭上のハッチが閉められると、あとは発射を待つだけとなった。発射予定時刻まではまだあと1時間以上ある。打ち上げ作業を担《にな》う人たちは、みな緊張感《きんちょうかん》の中で忙《いそが》しく仕事をしているのだろう。座席はかなり傾《かたむ》いていて、ほとんど仰向《あおむ》けで寝《ね》ているようなものだったので、体は楽だが、やることがないのは退屈《たいくつ》だった。

見慣れた船内を眺《なが》めてみる。左手にスイッチ類のパネル、右手には船のような小さな丸窓《まるまど》、無線のトランシーバー、操縦桿《そうじゅうかん》、食糧《しょくりょう》の入った棚《たな》。目の前にメインコントロールパネルがあり、温度計、気圧、酸素や二酸化炭素などを測る計器が並んでいる。左側に小さな地球儀《ちきゅうぎ》が埋め込《こ》まれていて、ジャイロ（角度や加速度を検出する計測器）で自分の現在地がわかるようになっている。全体的に、航空機と比べるとだいぶすっきりしていた。

――俺はなにもする必要がないんだもんな。無線で聞かれることに、答えればいいだけ。その数字をもとに判断《はんだん》するのは、地上のコロリョフたちだ。

ガガーリンが受けた試験の中には、密室で極限まで酸素濃度《さんそのうど》を下げたり、ぐるぐる振《ふ》り回《まわ》して遠心力で強いG（重力加速度）をかけたり、10日間もの間、隔離《かくり》された部屋で一人で過ごすなど、訓練していない常人にはとても耐《た》えられないような、過酷《かこく》なものもあった。人類は宇宙空間の無重力というものをまだ体験していなかったので、宇宙空間において、人体にどのような影響《えいきょう》が出るのかわからなかった。だから、極限状態にも耐えられる、身体的に強い者を選ぶため、ああいう試験をしたのだろう。それでも万が一のことを考えて、ボストークは飛行士が操縦する必要のないシステムにしてあった。

コントロールパネルの下にはガガーリンを撮影《さつえい》するテレビカメラ、足元には鏡とレンズを使った観察窓もあった。レンズの縮小《しゅくしょう》効果で、窓から見るより広範囲《こうはんい》を観察することができる仕組みだ。ここから見える景色はどんなものだろうか？　直前になっても想像がつかない。

「ユーリィ、退屈《たいくつ》してるだろ」

候補生《こうほせい》仲間のポポヴィッチが無線で呼《よ》びかけてきた。

「んー、まあな。音楽でも流れてたらまだマシかなって思うよ」

そう答えたところ、しばらくして場に似《に》つかわしくないラブソングが聞こえてきた。誰かがラジオをつけてくれたようだった。そのメロディに、ガガーリンは妻のワーリャはどうしているだろうかと思った。

——今日のことは、ワーリャにだけは話していいと言われたけど、なにしろ二人目が生まれたばかりだからな。生まれてすぐの赤《あか》ん坊《ぼう》の世話ってのは、そりゃ大変だよ。だから俺のことであまり気を揉《も》ませるのは悪いと思って、打ち上げは明後日《あさって》だと嘘《うそ》をついてしまった。後で怒《おこ》られるかな……。

そんなことを考えているうちに、いよいよその時が近づいてきた。打ち上げ3分前、コロリョフとの交信がはじまった。

「発射キー、発進ポジションに。エアブロー開始。……放水開始」

コロリョフが淡々《たんたん》と状況を知らせてくる。無線越《ご》しに、打ち上げ目前の管制室《かんせいしつ》の緊迫《きんぱく》した空気が伝わってくる。ガガーリンの胸は自然と高鳴ってきた。彼だけではない、ここにいる全員が、この日のためにできることはすべてやった。あとはその成果を見せるだけだ。

「すべて正常、放水終わり」

「了解、こちらは気分良好！　打ち上げ準備完了」

「オーケー。加圧開始、ケーブルマスト離脱《りだつ》。すべて正常」

「了解。こちらでも作動音確認」

「エンジン点火」

「エンジン点火、了解」

胸の高鳴りはピークに達した。

——こんなに鼓動《こどう》が速く打ったのは、いつ以来だろう？　ワーリャにはじめてキスをした時だったか、サラトフの飛行クラブに入って、はじめて自分で古いＹａｋ‐18を操縦《そうじゅう》して、空を飛んだ時か？　それとも、子どもの頃、はじめて飛行機を間近で見た時か……いや、そのもっと前、ナチスの兵士が故郷《こきょう》の村に侵攻《しんこう》してきた、その時だったか……。

ガガーリンは、気持ちを落ち着かせようと、そっと目を閉じた。

——この動悸《どうき》も、管制室で忌々《いまいま》しい心電図の用紙に記録されていると思うと、多少は落ち着くな。かまうもんか、俺の心臓《しんぞう》は逃《に》げも隠《かく》れもしないぞ。

無線からは、変わらず管制室の慌《あわ》ただしい声が聞こえている。ガガーリンは、目を閉じたままで思いをめぐらした。

——俺にはたいした才能はない。なにを覚えるにしても人より飲み込みが遅《おそ》い。でも、逃げずに何度も何度も繰《く》り返《かえ》していれば、いつかできるようになるんだ。幼い頃、ナチス兵と弟の間に立ちはだかって、一歩も逃げなかった母さん……俺は、その人の息子だ。だからどんな困難《こんなん》でも、絶対に逃げ出したりしない。もしこのフライトがもっと困難な仕事で、手を挙げる者が誰もいなかったとしても、それでも俺がやるつもりだ。最後に選ばれる一人というのは、最後まで逃げない者だから選ばれるんだ。俺はそう思ってるし、コロリョフたちもそれを見抜いてくれたんだと思ってる。そうだろう。見ててくれ……！

「予備、……中間……メインエンジン燃焼《ねんしょう》」

コロリョフは全エンジンが無事点火したことを確認し、リフトオフ、と宣言《せんげん》した。無線の向こうで響《ひび》いたその声に弾《はじ》かれるように、ガガーリンもぱっと目を開けて叫《さけ》んだ。

「さぁ、行くぞ!!」

「よいフライトを!!」

「それでは!!　またすぐお会いしましょう!!」

ロケットの底から日の出のように光があふれ、巨大な、透《す》き通《とお》ったまっすぐな炎《ほのお》の柱ができる。

歴史上はじめて人間を乗せたロケットは、ゆっくりと、白鳥が首を持ち上げるように地面から離れた。

――……あれっ。もう飛んでるのか？　……うん、これは飛んでるな。驚《おどろ》いた。ロケットの離陸《りりく》というのは、こんなにお上品なのか。

離陸して数秒ほどの間は振動《しんどう》もなく、ガガーリンが拍子《ひょうし》抜《ぬ》けするほど優雅《ゆうが》だった。エンジンの轟《ごう》音《おん》と、ロケットが大気を切《き》り裂《さ》いてゆく音が幾重《いくえ》にも重なり合って、巨大《きょだい》な滝《たき》のように流れている。人類の科学力の結晶《けっしょう》と、自然がぶつかり合っている音だ。不思議と不協和音には聞こえず、聞《き》き惚《ほ》れてしまうハーモニーになっていることが、ガガーリンを感動させた。

しかし、離陸直後は、最も失敗が起きやすい時間だ。エンジンのどれか一つでも止まったり、アラートが発信されたりしたら、その瞬間《しゅんかん》、頭上のハッチは吹《ふ》き飛《と》んで、ガガーリンの体は座席ごと弾《だん》丸《がん》のように撃《う》ち出《だ》される。そうなった場合、すぐにパラシュート降下《こうか》の準備に取《と》り掛《か》からないと命はない。この訓練も何度もやった。ガガーリンは地上との交信を続けながら、いつ緊急射出《きんきゅうしゃしゅつ》が起きてもいいように身構《みがま》えていた。

「打ち上げ後、70秒経過」

コロリョフの声がした。徐々に体にかかる負荷《ふか》が高まってきたが、戦闘機《せんとうき》で経験していた負荷とさほど変わらず、ガガーリンには問題なく耐《た》えられるものだった。その間も地上からは絶《た》え間《ま》なく交信が入ってくる。ガガーリンは、聞かれることにしっかり答え続けた。

徐々に負荷が減り、ついに無重力状態になったか、と思った瞬間、釣竿《つりざお》にかかっていた大きな獲物《えもの》が逃《に》げてしまったような振動《しんどう》が伝わってきた。Ｒ－７の足元についていた１段目、４本のブースターが燃料を使い果たし、役目を終えたのだった。

次の衝撃《しょうげき》はもっと近くで起きて、船内に外の光が入ってきた。空気抵抗《くうきていこう》を減らすためのフェアリングが外されたのだ。窓から見えた空は、まるで深い海の底のような色。しばらくして、また最初と同じ、何かが切り離される感覚。今度は2段目が空《から》になって離れていった。次いでボストーク1号のすぐ後ろに連結されている3段目が点火し、さらに上昇《じょうしょう》する。

——自分ひとりがここに来るために、あんなに巨大で精密《せいみつ》で、技師たちが我《わ》が子《こ》のように昼夜問わず世話をし続けたロケットが、あっという間に使い捨てられてしまった。飛行機はいったん離陸しても、着陸、整備して燃料を補充《ほじゅう》して、また離陸と、何度も繰《く》り返《かえ》すのに、ロケットはほんとうに一度きりなんだな。

頭ではわかっていたが、実際その通りになってみると信じがたいことだった。

地面から離れてたった9分で、ガガーリンは地球の軌道《きどう》に乗った。浮《う》き上《あ》がろうとする体を、シートベルトが留めてくれているのがわかる。完全に無重力になったと判断して、ガガーリンは地上に報告した。

「無重力状態に入りました。不快感はなし、気分は良好です」

——無重力の影響《えいきょう》は思っていたほどではない。水は飲めるし、字も書ける。体調にも変化はない。この程度で済《す》むなら、俺は何度でも飛べるぞ。

飲料水パックの飲み口から、水滴《すいてき》がひとつ飛び出して、船内を漂《ただよ》った。それをつついてみようとした時、手にしていた報告書を書くための鉛筆《えんぴつ》を、うっかり手放してしまった。地上にいる時のくせで目は下を向いたが、鉛筆はあらぬ方向へ飛んで行き、行方《ゆくえ》がわからなくなってしまった。相棒《あいぼう》を失った報告書は、丸めてポケットに突《つ》っ込《こ》むしかなかった。

——それにしても、この地球という星は……。

宇宙船は、太陽の熱が一箇所に集中しないよう、ゆっくりと回転していたので、窓《まど》の外の景色は絶えず移り変わっていく。視線と正面で向かい合った地表が、どんどん向こう側へと回り込み、巻き取られて、最後に地平線の円弧《えんこ》へと収束していく。その縁《ふち》を彩《いろど》る大気のグラデーションの青に、ガガーリンの心はすっかり奪《うば》われてしまった。観察窓からは、レンズの縮小効果で、地球全体の青く丸い姿《すがた》が見えていた。

——青空は、外側から見ても青いということか……。地球は青い。海だけじゃなく全体が、ほんとうに青い。自分が生まれた星が、こんな青い光に包《つつ》まれているなんて知らなかった。みんなこんな美しいところで暮らしていたなんて。大気圏外《たいきけんがい》に出て、外側から観察すると、大気の厚《あつ》みがよくわかる。我々《われわれ》が深呼吸《しんこきゅう》する大気、そこから見上げる高い高い空は、宇宙から見たらこんなにも薄《うす》いのか。まるで花嫁《はなよめ》の頬《ほお》にかかったヴェールのようだ……。

宇宙船が、地球の影《かげ》に入った。出発は朝の9時だったが、たった40分ほどで、もう夜の側に来てしまったのだ。窓は、夜の地球と宇宙空間を交互《こうご》に映し出していた。宇宙空間は、一面の星で大賑《おおにぎ》わいだったが、地上で見る夜空とは決定的に違う部分があった。

——星が瞬《またた》かない。大気がないからか……。どの星の光も、揺《ゆ》らぐことなく真《ま》っ直《す》ぐに、突《つ》き刺《さ》さってくるように光っているな。

地球と宇宙の狭間《はざま》を凄《すさ》まじいスピードで進みながら、ガガーリンは見るもの、体験することのすべてを心に焼き付けた。

飛行開始から79分が経過したところで、予定通り機器モジュールの逆推進《ぎゃくすいしん》ロケットが作動し、ボストーク1号は減速した。地球の大地に帰る時が来たのだ。ガガーリンは丸窓と観察窓のブラインドを閉めた。逆推進ロケットの燃焼が終わったら、すぐに役目を終えた機器モジュールの切り離しが行われるはずだ。

だがその時、船体に強い衝撃《しょうげき》が走り、コントロールパネルの照明が消えた。切り離しは予定通り行われたようだが、船体は高速で回転をはじめた。ガガーリンは転がされながらも冷静に状況を把握《はあく》しようと体を支えた。その時、消えたはずのコントロールパネルの照明が再び点灯した。

「おやっ、コントロールパネルの照明がまた点《つ》いた。おかしいぞ。もしかして……機器モジュールのケーブルが、まだつながっているのか？」

ガガーリンの推測通り、ボストーク1号の帰還《きかん》カプセルと機器モジュールは、電気ケーブルの束でつながって、完全に切り離されずにいた。二つはお互《たが》いの力で引っ張り合う形になり、それで回転をはじめたのだ。

「こちらボストーク1、機器モジュールの切り離しがうまくいっていないようだ」

地上に連絡してみたが、応答がない。代わりにパチパチと弾《はじ》けるような音が聞こえはじめた。下ろしたブラインドの隙間《すきま》から、鮮《あざ》やかな深紅《しんく》の光が見えた。

「すでに大気圏《たいきけん》への再突入《さいとつにゅう》が開始している。それで無線が通じないのか。この音と光は、高熱になっている証拠《しょうこ》だろう。この熱がケーブルを焼き切ってくれるといいんだが」

しばらく待っていると、執念深《しゅうねんぶか》いケーブルの束も、再突入の高熱に降参《こうさん》して、ついにその手を放した。ガガーリンの願った通りになったが、その反動で、カプセルの回転はさらに速くなってしまった。

「さすが、丸っこいからよく回るよ……っと、その上ここからまたGがかかってくるぞ」

ただでさえ高速回転しているところに、急降下《きゅうこうか》でさらに高負荷《こうふか》がかかり、ガガーリンの脳《のう》は振《ふ》り回《まわ》されて、意識が遠心力で投げ出されそうだった。しかしここで気絶して、意識が戻《もど》らないままカプセルから射出されたら、パラシュートなしで体が地面に投げ出されることになる。射出装置がうまく働かないということもあり得る。どうであれ今意識を手放すわけにはいかない……が、ガガーリンの視界はどんどん狭《せま》く、灰色になってゆく……。

——ここで気を失ったらおしまいだ！　俺は絶対に逃げないぞ……最後まで絶対に……！

サラトフは、ガガーリンがはじめて飛行機を操縦《そうじゅう》して空を飛んだ土地だ。モスクワから南東に800キロ、カザフスタンの北西に面している。そこのスミロフカという小さな村に、タフタロワという女性が住んでいた。彼女は朝からラジオをつけっぱなしにしていたので、「ユーリィ・アレクセイエヴィチ・ガガーリンが、人類初の宇宙飛行を成《な》し遂《と》げた」という臨時《りんじ》ニュースを聞いて、たいそう驚《おどろ》いた。

「宇宙って、人間が行けるものなの？」

もう少し詳《くわ》しい話を聞きたかったが、臨時ニュースはすぐ終わってしまったので、孫娘《まごむすめ》といっしょに自分の畑に出かけることにした。誰が人工衛星《じんこうえいせい》を飛ばそうが宇宙に行こうが、彼女は夕食の支度《したく》をしないといけないのだ。

畑ではじゃがいもがよく育っていたので、孫娘といっしょにいくつか収穫《しゅうかく》した。

「おばあちゃん！　こんなに大きいのがあったよ」

孫娘がその日一番大きいじゃがいもを掘《ほ》り出《だ》して、差し出してくれた瞬間《しゅんかん》だった。空の高いところで、何かが爆発《ばくはつ》するような音が響《ひび》いた。

「おばあちゃん!!　今の音、なに!?」

タフタロワは慌《あわ》てて空を見回したが、飛行機や炎《ほのお》は見当たらない。その代わり、自分たちの真上から、小さな白いものがゆっくりと落ちてくるのを見つけた。白いものは徐々に地面に近づいてきた。タフタロワが目をこらすと、それは広がったパラシュートで、オレンジ色のつなぎを着た人間をぶら下げていることがわかった。

タフタロワは孫娘を庇《かば》うように抱《だ》きしめて後ずさった。一年前、アメリカの偵察機《ていさつき》がソ連の領空《りょうくう》内《ない》で撃墜《げきつい》された時のことを思い出したからだ。その時のパイロットはパラシュートで脱出《だっしゅつ》し、生きたまま捕《と》らえられ、世界を騒《さわ》がせるニュースになった。タフタロワも、その事件のことはよく知っていた。もし、あのオレンジ色がアメリカ兵だったら……。タフタロワは、ぎゅっと身を固くした。

二人のすぐ近くにパラシュートは着陸し、オレンジ色の服の男性はヘルメットを脱《ぬ》ぎながら近づいてきた。タフタロワは彼が銃器《じゅうき》を持っていたらどうしようと、怯《おび》えることしかできなかった。

男性は、両手を広げて、友人に話しかけるように明るく、自然なロシア語で叫《さけ》んだ。

「やあ！　大丈夫《だいじょうぶ》、わたしはソビエト連邦《れんぽう》の市民です、味方ですよ！　怖《こわ》がらないで大丈夫です」

タフタロワは、彼の手にしたヘルメットに「ＣＣＣＰ」の文字があるのに気づき、少し安心した。と同時に、さっき聞いたニュースのことが思い起こされた。もしかして、この人は……。タフタロワはおそるおそる尋《たず》ねた。

「あなた……もしかして、宇宙から帰ってきたところ？」

男性はにっこり笑って、子どものような笑顔になって、答えた。

「実を言うと、そうなんです」

ガガーリンがこの場所に着地するということは、このエリアを管轄《かんかつ》する陸軍の部隊に、前もって通達されていた。皆、上を向いて待《ま》ち構《かま》えていたのだろう。驚くほどの速さで軍人たちが集まってきて、責任者と思しき士官が、ガガーリンのほうにやってきた。ガガーリンは中尉《ちゅうい》であったので、彼の階級章が自分より上の少佐であるのを見てとり、背筋《せすじ》を伸《の》ばし、敬礼《けいれい》して声を張った。

「同志少佐！　ソビエト連邦宇宙飛行士、ガガーリン中尉であります」

少佐は答礼し、笑顔で言った。

「なんだ、まだ聞いてないのか？　きみは宇宙にいる間に二階級特進《とくしん》したんだ。つまり今は俺と同じ、ガガーリン少佐だ、同志」


こうして、ガガーリン少佐は全世界が知る英雄《えいゆう》となった。

モスクワのヴヌーコヴォ空港では、彼の家族と共に、最高指導者のニキータ・フルシチョフを筆頭《ひっとう》に、共産党の上級党員たちが待《ま》ち構《かま》えていた。それからのガガーリンは、実に目まぐるしい日々を送った。赤の広場で自分を讃《たた》える大群衆《だいぐんしゅう》を前にしてのスピーチ、盛大《せいだい》なパレード、お偉方《えらがた》との豪勢《ごうせい》な晩餐会《ばんさんかい》などが次々と開かれた。ガガーリンは自分の偉業《いぎょう》を誇《ほこ》らしく思いながらも、一点だけ不満を抱《いだ》いた。

——自分はソビエト連邦英雄《れんぽうえいゆう》の金色に輝くメダルをもらい、ピカピカの専用車にお付きの運転手、二階級特進、毎日新聞や雑誌に記事が載《の》る……これ以上ない成功を手にした。いったい誰のおかげで？　それは、コロリョフのおかげだ。彼と、彼の率《ひき》いる技術者チームがいなければ、俺の成功はなかった。俺は、彼らが長年苦労して建てたピラミッドのてっぺんに登っただけだ。命がけではあったが、ピラミッドそのものがなければ、登ることはできない……。

それなのに、コロリョフの名前は世界に知られることなく、メダルが与《あた》えられることもなく、新聞に意見を出す時は偽名《ぎめい》を強《し》いられ、自分で古いマイカーを運転し、式典では後ろの目立たない位置に並ばされ、パーティーに招待《しょうたい》されることもなく……彼ほどの人が、なぜこんな扱《あつか》いで済《す》まされなければいけないのだ。こんな不公平はおかしい……。

ガガーリンが飛んだあと、ボストークは6号まで打ち上げられ、5人の仲間が宇宙飛行を果たした。4年後の1965年にはアレクセイ・アルヒポヴィチ・レオーノフが、ボスホート2号に搭乗《とうじょう》し人類初の宇宙遊泳《ゆうえい》を成功させた。ガガーリンは、候補生《こうほせい》の中で特に仲が良かった彼の成功を、自分のことのように喜んだ。

そのガガーリンはというと、「英雄」に危《やぶ》ないことはさせられないという理由で、2度目の宇宙飛行への道はほぼ閉ざされてしまった。それでも彼は2度目の宇宙飛行をあきらめず、航空学校《こうくうがっこう》に新設された宇宙飛行士のための特別コースに通って、学位を取るため必死に勉強していた。

その年が終わろうとしていた頃、ガガーリンとレオーノフは、コロリョフが年明けに入院し手術を受ける予定だと知った。彼らはコロリョフと親しい人たちに声をかけ、入院前にモスクワのオスタンキノにある彼の自宅まで見舞《みま》いに行くことにした。

「良性のポリープを切るだけの、簡単な手術なんだ。見舞いに来てもらうほどのもんじゃないよ」

あたたかい薄桃色《うすももいろ》の壁《かべ》をした応接室《おうせつしつ》で、コロリョフがいつもと変わらない様子でそう話したので、ガガーリンも皆も安心した。皆、コロリョフの不在は「ちょっとした休暇《きゅうか》」程度のものだと理解して、復帰したらあれをやろう、これを頼む、と今後の話で盛《も》り上《あ》がった。

夜も更《ふ》けてきたのでお開きとなり、それぞれ帰宅しようとコートを着た。ガガーリンもハンガーから上着を取ろうとしたところ、コロリョフに呼《よ》び止《と》められた。

「ユーリィとアレクセイはまだいてくれ。もう少し話そう」

ガガーリンとレオーノフは、コロリョフのお気に入り宇宙飛行士、と皆がうらやむ二人だった。もちろん、仕事の上ではお気に入りだからとえこひいきするようなことはなく、誰に対しても平等だったが、プライベートで特によく家に招《まね》かれているのは、この二人だった。もちろん二人に断る理由はなかった。

帰る者たちに挨拶《あいさつ》をし、応接室の暖炉《だんろ》の前に戻《もど》ると、コロリョフはガガーリンとレオーノフに尋《たず》ねた。

「ユーリィとアレクセイは、今何歳だったかな」

「私もアレクセイも31です。同じ34年生まれなので」

「そうか。……わたしが今のきみたちと同じ、31歳だった頃……それから数年の間が、人生で最も困《こん》難《なん》な時期だった」

ガガーリンは、コロリョフほどの人でも、ロケット開発がうまくいかず停滞《ていたい》した時期があったのか、と思った。だが、次にコロリョフから語られた話は、想像もしない内容だった。

「31の時……わたしは国家を裏切《うらぎ》った罪《つみ》で逮捕《たいほ》されてね。もちろん、わたしは誓《ちか》って、罪状《ざいじょう》にあったような犯罪《はんざい》はなにひとつ犯《おか》してはいない。研究所内にいる、わたしの仲間――つまり裏切り者やスパイの名前を吐《は》けとも言われたが、そんな者もいなかった。だからすべて否認《ひにん》した。……わかっていたよ、判事にとってはわたしの言うことなど、真実などどうでもいいのだと、向こうが作った調書にサインをするしか選択肢《せんたくし》はないんだと。だけどわたしには、そんな嘘《うそ》はつけなかった。だから向こうはわたしを拷問《ごうもん》にかけるしかなかった」

ガガーリンは、この信じがたい話に拳《こぶし》を握《にぎ》りしめ、全身の筋肉を緊張《きんちょう》させていた。隣《となり》に座《すわ》るレオーノフも、同じように体を固くしていた。

「まあ数え切れないくらい殴《なぐ》られたが、一番ひどかったのが、殴られて床に転がったところを思い切り蹴《け》られた時だ。顎《あご》の骨が砕《くだ》けてね。顔が腫《は》れあがって目も塞《ふさ》がる寸前になったが、まともに治療もしてもらえなかった。おかげでおかしな具合で骨がくっついてしまって、いまだに口が大きく開けられないわ、首が回らなくなるわで、難儀《なんぎ》してるんだ。……それで……向こうも俺のようなやつは慣れっこなんだろう、最後には家族を同じ目にあわせると脅《おど》してきて、結局、それでサインするしかなくなったよ。これで裁判は有罪《ゆうざい》、シベリアのコルィマ送りになった」

ガガーリンは黙《だま》って話を聞いていたが、その顔は、神経《しんけい》が昂《たかぶ》ってひどくヒリついていた。その後も、コロリョフはコルィマの炭鉱《たんこう》での強制労働の、背筋も凍《こお》るような地獄《じごく》の日々について、淡々《たんたん》と話し続けた。

明け方近くなって、コロリョフはこう言って話を切り上げた。

「思うに、逮捕《たいほ》されたのも、そしてなんとか命が助かったのも、自分の力ではどうにもならないことだった。わたしはそれに非常に腹が立ってね——本人がどう努力しようと、運命と言われたらそこで終わってしまうようなことが起きるのがね。だが、そういうことがいくらでも起きうるのが人生だ。だからできる限り、自分の意志は貫《つらぬ》こうと思ってる。いつ何があるかわからないから、自分の力でどうにかなることは、可能な限り実現しておくべきなんだ。人工衛星《じんこうえいせい》を飛ばしたり、やんちゃな坊主《ぼうず》どもをロケットで打ち上げたりね」

ここでコロリョフはガガーリンに向き合って、ずっと言いたかったことを言った。

「……ユーリィ、あきらめるなよ。わたしも色々手を回してはいるんだが、やはり一番大事なのはきみ自身の、もう一度飛びたいという意志だからな」

自宅に戻《もど》り、ベッドに入って空が白んできても、ガガーリンは寝付《ねつ》けなかった。ガガーリンが愛していた、コロリョフの、首だけで振《ふ》り返《かえ》ることはせず、体ごとこちらに向ける仕草。ボストークに乗り込む日の朝に見たその仕草が、瞼《まぶた》の裏《うら》に浮《う》かんで消えてくれない。

——彼の相手に向き合う姿勢がそうさせていたと、勝手に思い込んでいた。実際のところは、理不《りふ》尽《じん》な暴力《ぼうりょく》の後遺症《こういしょう》だったなんて……。

ガガーリンはそれがたまらなく恥《は》ずかしく、悔《くや》しく、悲しかった。辛い過去を打ち明けながらも、最後にそれを自分への激励《げきれい》へとつなげたコロリョフ。自分の思い上がりと無知に比べて、なんと尊《とうと》い精神《せいしん》だろうか。そんな人に、国家は無実の罪《つみ》を押し付けて侮辱《ぶじょく》し、虐《しいた》げ、再起して成した仕事も隠《かく》し立《だ》てし、まともに評価しない。こんな理不尽があるだろうか。それでも彼は恨《うら》みごとの一つも言わず、やるべき仕事に正面から向き合って、堂々と、そして懸命《けんめい》に日々を過ごしていたのだ。

——最後まで逃げない者というのは、俺じゃない、あの人のことだ。

ガガーリンはたまらずベッドから飛び起きて、机《つくえ》の引き出しを開けた。国から与《あた》えられたどの勲《くん》章《しょう》よりも大切にしている、ルーニクの五角形のプレートを手に取り、強く握《にぎ》りしめる。

宇宙に行く前の、忘れられない彼の眼差《まなざ》し。あれは、自分と同じ志《こころざし》を抱《いだ》き、命をかけて共に夢に挑《いど》んでくれる戦友の存在を、目に焼き付けていたのかもしれない。

——次に会ったら、彼と俺の名誉《めいよ》に賭《か》けて誓《ちか》おう。いっしょに月へと飛ぶ仕事をしよう、俺は、あなたのためなら何度でもこの命をかけられる、と。その俺の意志を彼に見せることが、今日彼がしてくれた告白に対して、俺ができるたったひとつのことだ。

だが、ガガーリンの願いは叶《かな》わなかった。

数日後、外が凍《い》てつくような冬の日、コロリョフは簡単なはずの手術中に大量の出血を起こし、そのまま帰らぬ人となった。コルィマで受けた身体的ダメージは長年彼の心臓を蝕《むしば》んでいて、出血と想定外に長引いた手術に耐《た》えられなかったのだ。顎《あご》の骨折痕《こっせつこん》も、人工呼吸器を使えないという不幸につながった。それらの不運が、彼の魂《たましい》をあっという間に死神の手に渡してしまった。59歳という早すぎる、そして突然《とつぜん》すぎる死だった。彼の死後、彼がスプートニクやボストークを打ち上げた「チーフデザイナー」であったことが、やっと世界に公表された。

あまりに悲しい終わり方に、ガガーリンは怒《いか》りに震《ふる》えた。「なにが医者だ!! あんなに尊敬《そんけい》されていた人を、どうしてこんな簡単に死なせてしまえるんだ!!」と、手術を担当した医師への怒りを露《あら》わにした。しかし、ガガーリンにも分かっていた。コロリョフの死は、この医師の責任ではない。だが、誰かのせいにしなければ、とてもじゃないがこの喪失《そうしつ》を、彼の運命を、受けとめきれなかったのだ。

葬儀《そうぎ》のあと、ガガーリンは銀色の小さなプレートを握《にぎ》りしめ、泣きながら言った。

「俺は、彼に約束するはずだったんだ、俺が月に行くから、そのための船を作ってくれって。退院してきたら、頼むつもりだったんだ……俺は、ルーニクのプレートをひとつ月から持って帰らなきゃいけない。彼がそう言ったんだよ。俺はやらなきゃいけないんだよ――……」

コロリョフの死の2年後の1968年、3月27日。ガガーリンも突然《とつぜん》この世を去った。

パイロットのライセンスと操縦《そうじゅう》の技量を維持《いじ》するため、教官と二人で古い戦闘機《せんとうき》で飛び立ったきり、そのまま帰ってこなかった。

墜落《ついらく》の原因はよくわかっていない。戦闘機も、乗っていた二人も、粉々に砕《くだ》け散《ち》ってしまったからだ。それを見つけたのは、同僚《どうりょう》のレオーノフだった。

レオーノフは、その日偶然《ぐうぜん》現場近くで、ヘリコプターを使ったパラシュート降下訓練の監督《かんとく》をしていた。不審《ふしん》な爆発音《ばくはつおん》を聞き、いやな予感がして急いで許可《きょか》をもらい、ヘリで付近を捜索《そうさく》した。すぐになにかが墜落したような痕跡《こんせき》を見つけ、レスキューチームを呼んだ。

翌日の捜索で、地面にめり込んだコクピットの残骸《ざんがい》から、ガガーリンの壮絶《そうぜつ》な死の痕跡が見つかった。レオーノフとレスキュー隊は、悲壮極《ひそうきわ》まりない回収作業を行わなければならなかった。レオーノフは凍《こお》った土の中に一片《いっぺん》の写真を見つけた。それはコロリョフの写真だった。

コロリョフとガガーリンは今、モスクワの赤の広場にある墓所《ぼしょ》に、いっしょに眠《ねむ》っている。

彼ら二人が、大気圏外《たいきけんがい》まで梯子《はしご》をかけた。二人ともそれを足がかりに、月まで昇《のぼ》っていくつもりだった。それは叶わなかったが、梯子は残った。この梯子が、続く時代の人々を宇宙へと導《みちび》いていくことになる。

科学の
先駆者たち

宇宙飛行士たち
―アポロ11号、月へ―

アポロ11号

ヴェルナー・フォン・ブラウンは、アメリカという新天地で走り始めた。故郷《こきょう》に花嫁《はなよめ》を迎《むか》えに行き、アメリカの市民権も得て、生まれた場所とは違う大陸にしっかり根を下ろして、新たなスタートを切った。しかし、一歩先を行くソ連を追《お》い越《こ》すことが、なかなかできずにいた。

1958年1月31日、アメリカ初の人工衛星《じんこうえいせい》、エクスプローラー1号の打ち上げ成功。ソ連のスプートニクに遅《おく》れること4ヵ月。

1958年10月、NASA《ナサ》（アメリカ航空宇宙局《こうくううちゅうきょく》）設立。同年12月、アメリカ初の有人宇宙飛行計画、マーキュリー計画を発表。

1960年、ロケット開発の中心となるマーシャル宇宙センターの初代所長に、ヴェルナー・フォン・ブラウンが就任《しゅうにん》。

1961年5月5日、マーキュリー・レッドストーン3号（通称フリーダム7）で、アラン・シェパードがアメリカ初の有人宇宙飛行。地球周回軌道《きどう》に乗せるものではなく、15分ほどの弾道飛行《だんどうひこう》。ソ連のユーリィ・ガガーリンに遅れること23日。

1962年2月20日、マーキュリー・アトラス6号（通称フレンドシップ7）で、ジョン・グレンがアメリカ初の地球周回軌道を有人飛行。ユーリィ・ガガーリンに遅れること約9ヵ月。

33歳でアメリカにやってきたフォン・ブラウンは、50歳になっていた。

エクスプローラー1号が成功した時、長年の夢を一つ叶《かな》えたフォン・ブラウンは少年のように喜んだ。打ち上げに使ったジュノーI《ワン》ロケットは、陸軍で弾道ミサイルとして開発したものがもとになっていたが、エクスプローラー1号は、純粋《じゅんすい》な科学目的に使用する人工衛星《じんこうえいせい》だったというのも大きかった。その喜びを後押《あとお》しするように、軍事組織ではない、有人宇宙飛行を目指すNASAが立ち上がった。フォン・ブラウンは長い遠回りの果てに、やっと武器商人の椅子《いす》から離れることができた。正々堂々と、夢を叶える一歩を踏《ふ》み出《だ》すことができたのだ。

しかし、宇宙開発のすべてにおいてソ連に先を越《こ》されてしまい、プライドを傷《きず》つけられていたアメリカは、手放しで喜びはしなかった。1961年1月に第35代アメリカ合衆国大統領に就任《しゅうにん》したジョン・F・ケネディは、就任早々、ホワイトハウスで一つの問題を考えていた。未だかつて、この問題に取り組んだ合衆国大統領はいなかった。未知の領域《りょういき》の問題だからだ。

——このままソ連に宇宙を征服《せいふく》させてはいけない。彼らは明らかにアメリカを意識して宇宙開発を進めており、宇宙空間でも国際紛争《ふんそう》の種をまくおそれがある……。

当時アメリカとソ連は冷戦状態にあり、ささいな出来事が第三次世界大戦を招《まね》くかもしれないという危機感《ききかん》を、誰もが抱《いだ》いていた。

——であれば、アメリカは、宇宙での立ち位置をどこに置くべきか？　それを決めて、世界に向けて明らかにしなければならない。我《わ》が国《くに》が宇宙空間でソ連を抑《おさ》え込《こ》むには、いったい何をするのがベストだろうか？　宇宙に実験室を作る？　月を周回する？　月に無人探査機《たんさき》を着陸、帰還《きかん》させる？　または、人間が月に行って、帰ってくる？

ケネディは、合衆国大統領《だいとうりょう》として取るべき行動はなにか、宇宙評議会《ひょうぎかい》の議長を務めていたジョンソン副大統領に調査を命じた。

大統領と同様に、いや、彼よりも前から、彼以上に宇宙開発を推《お》し進《すす》めたがっていたジョンソンは、「自分の働きで、人類が月にいくかどうかが決まる」調査だと理解した。彼はさっそく、この計画に欠かせない、かねてより親交をあたためていた人物——フォン・ブラウンに、この問題を投げかけた。

ジョンソンからの質問状を机《つくえ》に広げて、フォン・ブラウンは考えをめぐらせていた。

——確かに人工衛星《じんこうえいせい》、有人飛行と、アメリカはソ連に後《おく》れを取っているが、こちらが後れを取ったのは、単に政治がゴーサインを出すのが遅《おく》れたからだ。エクスプローラーも、マーキュリーも、やれと言われたら、我々はソ連より先に成功させる準備はできていた。……そして、ここまでの勝ち負けは、現行のエンジンでの土俵《どひょう》での話なのだ。我々は、すでに次の大型エンジンの開発を始めて数年が経っている。人類史上最も巨大《きょだい》、最も強力な、F-1ロケットエンジンを……。ソ連がそのような大きな開発を進めているという情報は、今のところ入っていない。気づいている者は少ないが、すでにアメリカは次の勝負をリードしているのだ。であれば、政治的決断さえあれば、大統領のご希望は叶《かな》うということだ。わたしの夢と共に……。

ジョンソンのもとに、フォン・ブラウンから届《とど》いた回答は、明快《めいかい》で力強いものだった。

「宇宙に実験室を作る？　そんな小手先ではソ連を出し抜くことはできません。やるべきなのは、次のステージで明確な業績を達成すること。つまり、これまでソ連と勝負していた場である地球周回《しゅうかい》軌道《きどう》を飛び出し、月に人間を着陸させることです。これは他の宇宙計画のすべてを後回しにしてでも、最優先で取りかかるべきです」

ジョンソンは、この言葉を手に、ケネディに勇気ある決断を迫《せま》った。この勝負をひっくり返すには、大統領の強力なリーダーシップが必要であると――そして、ケネディは決断した。

ケネディは演説で、宇宙を大量破壊兵器《たいりょうはかいへいき》が飛び交う戦場にしてはならない、宇宙から得られるものは、全人類のためのものである。それを実現するには、民主主義国家であるアメリカが、宇宙開発をリードする存在にならなければいけない、と述べた。そして、力強く宣言《せんげん》した。

「我々は、月へ行くことを選ぶ。この10年のうちに月へ行くことを選び、そのほかの目標を成《な》し遂《と》げることを選ぶ。簡単だから選ぶのではない。困難《こんなん》だからこそ選ぶ」

困難だからこそ選ぶ――この言葉に、アメリカ国民の心は奮《ふる》い立《た》った。大航海《だいこうかい》時代、クリストファー・コロンブスが大西洋に船を出し、長く困難な旅路の果てにたどり着いたのが、ここアメリカ大陸だ。植民地時代、正規軍《せいきぐん》もまだなかった頃、民兵だけで独立戦争を始め、困難な戦いを勝ち抜いて独立を成し得た人々の子孫が、今のアメリカ国民だ。彼らの誇《ほこ》りが、未踏《みとう》の地を目指す船旅の計画を聞いて、燃え上がらないわけがない。

ケネディの決断を受けて巨額《きょがく》の予算が承認《しょうにん》され、人類を月へと送り込むアポロ計画、その前段階の開発や訓練を担《にな》うジェミニ計画が始動した。マーキュリー計画の時の打ち上げロケットは1段および1・5段で、宇宙船の乗組員は1名だったのが、ジェミニではそれぞれ2段・2名、アポロでは3段・3名を目指すことになった。フォン・ブラウンの夢が、夢でなくなる瞬間《しゅんかん》だった。

「いよいよ人類が月に降《お》り立《た》つということが、夢ではなく現実の計画となった……。やっと叶《かな》うのだ、人類を月に運ぶための、そのためだけのロケット開発が……」

フォン・ブラウンは走り続けてきたアメリカの大地を、ここまでは助走だったというように力強く蹴《け》って、勤務地《きんむち》のアラバマからフロリダへ飛んだ。

フロリダ州は、アメリカ合衆国の右下にぶら下がった、つい握《にぎ》ってみたくなるような形をした半島だ。大西洋に面した、東海岸のちょうど真ん中あたりに、メリット島という細長い島が寄《よ》り添《そ》っている。海から流れ着いた砂が溜《た》まり、いつしか島になった平坦《へいたん》な土地だ。同じようにできた、隣《となり》のケープ・カナベラルには、空軍のミサイル実験施設があった。

アポロ計画に使うロケットはとてつもない大きさになることが予想されたので、今ある打ち上げ場では打ち上げができない。そこで、このメリット島に新しくNASAのロケット打ち上げ・運用施設を建設することになった。

1963年11月、温暖《おんだん》なフロリダではまだシャツ1枚でも過ごせる陽気だったが、飛行機で降り立ったフォン・ブラウンは、きっちりとグレーのスーツを着込んでネクタイを締《し》めていた。建設中の施設を、ケネディ自ら視察に来るのだ。物々しい護衛《ごえい》に囲《かこ》まれて、大統領《だいとうりょう》は姿《すがた》を現した。ネイビーのスーツにブルーのシャツという、大統領として誰からも文句の出ない、お手本通りの服装だったが、彼の日に焼けたような肌色《はだいろ》と明るい髪色は、フロリダの太陽によく似合って見えた。

「こちらがサターンI型ロケットの実物です。すでに実験に使われ成功を収めているものです。年明けに、2段目のロケットの実物を搭載《とうさい》して、打ち上げ試験を行う予定です」

ケネディはサングラス越《ご》しにサターンIのてっぺんを見上げた。

「大きいな」

「サターンIは、てっぺんに何を積むかで多少変わりますが、高さが55メートルほどになります。しかし、現在マーシャル宇宙センターで開発中の、月まで行くことになるサターンVは、おそらくこの倍近い大きさになるでしょう……」

ケネディは、フォン・ブラウンの説明に真剣《しんけん》に聞き入っていた。国民に熱狂《ねっきょう》をもって受け入れられたこの計画を、決して失敗させてはならないと考えていただろう。

……しかし、この1週間後、テキサス州ダラス市内をパレード中に、1発の弾丸《だんがん》が彼の首を、もう1発が頭を打ち抜いた。そのすぐ後ろに続いていたジョンソン副大統領は、一部始終を目撃《もくげき》した。自身も標的になっているおそれがあったが、ケネディが近くの病院に担《かつ》ぎ込《こ》まれていくのに同行し、そこから離れようとしなかった。ケネディの死の宣告《せんこく》と共に、ジョンソンは初めて訪れた病院の冷たい廊下《ろうか》で、第36代合衆国大統領に就任《しゅうにん》した。

ジョンソンは就任後すぐに、メリット島のロケット打ち上げ施設に、ケネディの名前を刻《きざ》むことを発表した。こうして、ジョン・F・ケネディ宇宙センターが誕生《たんじょう》した。


アラバマ州ハンツビル、マーシャル宇宙センター。屋外に埋《う》め込《こ》まれた、巨大《きょだい》なコンクリートの試験台に、サターンVロケットの1段目がセットされた。ロケットの底には、コーヒーカップを伏《ふ》せたような形のノズルをぶら下げた、巨大なF-1エンジンが5基、サイコロの5の目と同じ形で配置されている。

警報《けいほう》のサイレンが鳴《な》り響《ひび》き、試験燃焼開始のカウントダウンが読み上げられる。カウントゼロの次の瞬間《しゅんかん》、衝撃音《しょうげきおん》と共に爆煙《ばくえん》が広がった。火がついたエンジンは貪欲《どんよく》に燃料を飲み込み、ノズルから猛烈《もうれつ》なエネルギーを吐《は》き出《だ》しはじめた。燃焼試験なのでロケットは試験台に固定され、浮《う》き上《あ》がることはない。推進力《すいしんりょく》になれなかった5つの炎《ほのお》は、試験台の下部の開かれた場所から、巨大な火柱となって噴《ふ》き出《で》ていた。目にしたら釘付《くぎづ》けになるか、逃《に》げ出《だ》してしまうような異様な光景だったが、要塞《ようさい》のような管制室《かんせいしつ》にあふれかえっている職員たちは、淡々《たんたん》と自分のやるべき仕事に取り組んでいた。

「ここまで燃焼正常。次、ジンバル作動テスト開始します」

その言葉が発せられると、火柱を噴き続けているノズルが、右に左に、前に後ろに、そのコーヒーカップを傾《かたむ》けたり揺《ゆ》らしたりした。この試験で、1000を超える項目のパラメータが記録された。

各部署がこのデータを持ち帰って、サターンVを完成に近づけていくのだ。

「ここまでのパワーになると、もはや地上での使い道はないね。全長110メートル、直径10メートル、全重量約2800トン……背は自由の女神よりも大きくなる。5基のF－1エンジンは、それをマッハ8まで加速できる」

フォン・ブラウンは、嬉《うれ》しそうに言った。その意味を理解する技術者も、嬉しそうに返した。

「だいたい、こいつは高価すぎますからね、地上のドンパチなんかに使うには。豚《ぶた》に真珠《しんじゅ》、地球にサターンVだ」


この史上最大のロケットは、月まで向かう宇宙船と、3名の乗組員という荷物を、月に運ぶためだけに生まれた。フォン・ブラウンがずっと夢見ていた月ロケットだ。彼はこのサターンVの開発に集中した。ジェミニ計画や、積み荷となるアポロ宇宙船のほうには関わらなかった。

この頃には、打ち上げのロケットだけを見ても、あまりに巨大、あまりに複雑になっていた。ロケットに加えて、司令船、機械船、月着陸船、それらを打ち上げるための地上の施設、管制《かんせい》システム、飛行士たちに必要な宇宙服や、宇宙食も用意しなければならない……いくらフォン・ブラウンといえども、一人ですべてを見るのは不可能な規模《きぼ》にまで膨《ふく》れ上《あ》がっていた。

NASAは、プロジェクトをしっかりと管理するため、自動車の製造《せいぞう》などで活用されていたシステム工学の専門家を採用した。宇宙船の操縦《そうじゅう》も同様に複雑になりすぎたため、プログラムで自動操縦できるようにした。宇宙船から部品まで、民間に発注できるものはそうした。

フォン・ブラウンが追いかけてきた夢は、今や彼一人ではなく、見たい者全員で見る夢となり、巨《きょ》大《だい》産業になり、何万という人の仕事、そして人生となりつつあった。

ソ連のコロリョフがガガーリンに託《たく》したように、開発者たちは舞台裏《ぶたいうら》に回り、宇宙という舞台の主役は宇宙飛行士が務めることになっていく。


―1965年、3月。


「……また……また先を越《こ》された!!」

テキサス州ヒューストン、ジョンソン宇宙センター。ジェミニ計画に選ばれた、宇宙飛行士たちの休憩室《きゅうけいしつ》。ブラウン管テレビが映していたのは、ソ連のレオーノフが世界初の宇宙遊泳《うちゅうゆうえい》を成功させたニュースだった。画面の中で、真っ黒な宇宙空間を背景《はいけい》にしたレオーノフが、ヘルメットに書かれた「CCCP（ソ連の略称《りゃくしょう》）」の赤文字を見せつけながら、泳ぐように漂《ただよ》っていた。

悔《くや》しそうに怒鳴《どな》ったエドワード・ホワイトは、もうすぐ宇宙船ジェミニ4号に乗り込み、世界初の宇宙遊泳を実施《じっし》する予定だった。しかし、スプートニク、ユーリィ・ガガーリンに引き続き、世界初の称号《しょうごう》は彼の目の前で取り上げられ、再びソ連が手にすることになった。

ホワイトの相棒《あいぼう》――彼がプカプカ浮《う》いている間に、ジェミニ宇宙船の操縦《そうじゅう》を担当する船長――ジェームズ・マクディヴィットも、悔《くや》しそうに拳《こぶし》で膝《ひざ》を叩《たた》いた。

ジェミニ計画のパイロットに選ばれた者の中で、ホワイトと特に仲がよかったジム・ラヴェルも、立派な体格をすぼめて深いため息をついた。ホワイトがジェミニ4号の搭乗員《とうじょういん》に選ばれ、栄《は》えある初の宇宙遊泳を実行すると決まった時に、真っ先に祝ったのは彼だった。

ニール・アームストロングは、いつも通り何を考えているかよくわからなかったが、だからといって部屋にいる仲間に悪い印象を与《あた》えることはなかった。彼の顔は、無表情でいても生まれ持った優しさをたたえているし、その忍耐強《にんたいづよ》さと冷静さは、仲間の誰もが認めるところだったからだ。きっと今も、ブラウン管の映像から得た情報に、涼《すず》しい顔で耐《た》えているのだろう。

マサチューセッツ工科大出身のバズ・オルドリンは、アームストロング以上に内向的で口下手だったが、このニュースにはカチンと来た様了だった。この秀才には、負《ま》けず嫌《きら》いなところがあるらしい。彼も陸軍士官学校時代からの、ホワイトの友人だった。

壁《かべ》にもたれかかって立っていたマイケル・コリンズは、細い肩をすくめてまん丸い瞳《ひとみ》をキョロキョロさせた。常《つね》に前向きな彼でも、ホワイトにかける言葉は見つからなかったようだった。

ソ連では、ガガーリンが、友人であるレオーノフの成功を心から祝ってシャンパンを開けていた。彼もまた、再び宇宙船に乗り込み、月に行くのだという夢を心に抱《いだ》きながら。

アメリカの宇宙飛行士は、ソ連と同様にパイロットであることと、大学の学位を持っていることを条件として、選抜《せんばつ》が行われた。

パイロットなら、空を飛ぶ乗り物の操縦《そうじゅう》ができて、高いＧ（重力加速度）に耐《た》えられる。宇宙船ほどではないが、航空機《こうくうき》も荷物の量やサイズにうるさい乗り物なので、身長体重の条件に適合《てきごう》する者が多い——などの理由だったが、それに加えて、優秀なパイロットであれば、底なしの勇気と、冷静さを併《あわ》せ持《も》っているという点が大きかった。どちらか一つを持つ健康な若者ならばいくらでもいるだろうが、両方をバランスよく手にしている者は少ない。また、宇宙での活動にはそれなりの知識と知能も求められるので、大卒という条件がついた。自然に、選ばれるのは軍人ばかりになったが、ニール・アームストロングと、エリオット・シーの２人だけが、民間人から選ばれた。

子どもの頃から飛行機のことばかり考えていたニール・アームストロングは、空軍の研究所に勤《つと》めるテストパイロットだった。過去に海軍の航空隊《こうくうたい》に在籍《ざいせき》し、艦載機《かんさいき》のパイロットとして朝鮮戦争《ちょうせんせんそう》に従軍していたが、それは大学の奨学金《しょうがくきん》が、３年間の海軍勤務《きんむ》を条件としていたからだ。２年勉強したところで海軍に入り、３年勤務しないと、残りの２年が手に入らない。そういう条件だった。彼の海軍での活躍《かつやく》は素晴らしいもので、いくつもの武勲《ぶくん》を挙げたが、３年経ったところであっさり除隊《じょたい》して、再びこよなく愛する航空工学の勉強に戻《もど》った。

大学を卒業した後、軍に戻《もど》ることもできたが、彼はテストパイロットの道を選んだ。航空機を愛しすぎていたので、お行儀《ぎょうぎ》のいい完成品を操縦するだけでは満足できなかったのだ。アームストロングは空軍の研究所に通い、あらゆるロケット飛行機のテストに関わった。

カリフォルニアの砂漠《さばく》にある基地《きち》から飛び立ち、時に片方のエンジンが吹《ふ》き飛《と》んだ状態で着陸したり、時に沼地《ぬまち》に突《つ》っ込《こ》んだりと、アームストロングは充実《じゅうじつ》した毎日を送っていた。彼は状況が困難《こんなん》であればあるほど、操縦席にしがみついた。あと1分でなんとかしないと墜落《ついらく》して死ぬ、という状況なら、普通のパイロットならばパラシュートを広げるほうを選ぶ。しかしアームストロングは、その1分で最善《さいぜん》の対処《たいしょ》を見つけ、冷静に実行し、着陸してみせる、そんなパイロットだった。彼が天才だからではない。航空機を愛し、自分の乗る機体について日々徹底的《てっていてき》に学び、「こいつにはなにができて、なにができないか」を、正確に理解しているからできることだった。テストパイロットは、彼の天職だった。

ある日、アームストロングが基地の食堂で遅《おそ》い昼食を取っていると、顔見知りのマイケル・コリンズ空軍大尉《たいい》が彼に気づいて、隣《となり》に座《すわ》って話しかけてきた。

「やあニール。宇宙飛行士のリクルーターに会ったか？」

コリンズは同じ基地にあるテストパイロット学校で勉強中だった。同じ場所で働いていたし、同い年という気軽さもあって、時々情報交換《じょうほうこうかん》をする関係にあった。アームストロングはチキンのソテーを頬張《ほおば》りながら、表情を変えずに答えた。

「宇宙飛行士？　いや、俺のところには来てない。空軍か？」

「ＮＡＳＡだよ」

「ああ、ＮＡＳＡか。あそこは科学屋だろ。俺たちにはちょっとお行儀《ぎょうぎ》よすぎる場所なんじゃないか」

「同感だよ。俺は断った」

この会話のあとすぐに、アームストロングのところにも誘《さそ》いが来たが、今の仕事以上の魅力《みりょく》は感じられず、応募《おうぼ》はしなかった。


数年後、アームストロングとコリンズは、基地《きち》のロビーでテレビに釘付《くぎづ》けになっていた。画面には、メガホンのような形をした大きな物体が、駆逐艦《くちくかん》のクレーンで海面から回収される様子が映っている。真っ白い制服《せいふく》に身を包《つつ》んだ水兵たちが、甲板《かんぱん》から身を乗り出してその様子を見守っている。アナウンサーが、最高のニュースを喋《しゃべ》っているので全員聞いてくれ、といったような調子で原稿《げんこう》を読み上げた。

「ジョン・グレン飛行士が乗った宇宙船フレンドシップ7号は、本日東部時間午前9時47分、アトラスロケットで無事に打ち上げられました。フレンドシップ7号は地球を3周し、離陸から4時間55分後の14時43分に大西洋に着水、無事帰還《きかん》を果たしました。駆逐艦《くちくかん》ノアの甲板《かんぱん》で、フレンドシップ7号から出てきたグレン飛行士が最初に発した言葉は、『中はすごく暑かったよ』でした――」

ニュースは朝の打ち上げの映像を繰《く》り返《かえ》してから、関係者や家族、見学人のコメントを紹介し、スタジオでコメンテーターの話になった。

「実施《じっし》こそソ連に後《おく》れを取りましたが、グレン飛行士は、ユーリィ・ガガーリンより長い時間軌道《きどう》に滞在《たいざい》し、元気に帰還《きかん》しました。この成功が意味するところはなんでしょう?」

「まず、宇宙の無重力空間が、考えられていたより人間にとって快適《かいてき》であることがわかったのが大きいでしょう。酸素《さんそ》さえあれば、数日、いや、それ以上の生活も可能かもしれないですね。次のジェミニ計画では、さらに一歩踏《ふ》み込《こ》んだ活動が行われるでしょう――」

アームストロングとコリンズは、しばらく黙《だま》って画面を見つめていたが、コリンズが先に口を開いた。

「一度のフライトで地球1周、したことあるか?」

アームストロングは、「マッチ持ってるか?」と聞かれた時のような素っ気なさで、「ない」と答えた。

「こいつときたら、たった5時間弱で3周だってよ」

「ああ、とんでもないスピードだ……ロケットで打ち上げると、あんな丸っこい、翼《つばさ》もない機体で、そこまでのスピードが出るんだな」

――ニールも、ピンときてる。

嗅《か》ぎとったコリンズは、丸い目を数回しばたいてから、自分の考えをぶつけた。

「こないだ、このマーキュリー計画の次の計画が発表になったよな。今チラッと言ってた、ジェミニ計画だ。ジェミニ(双子座《ふたござ》)……つまり、次の船は複座機《ふくざき》ってことだな。ニール。俺さ、応募しようと思うんだけど」

「ああ、俺も行くよ」
売店行かないか、と聞かれた時のような素っ気なさだった。

アームストロングのテストパイロットとしての技量を認めていた同僚《どうりょう》たちは引き留めたが、宇宙船という乗り物、そして未知の領域《りょういき》への挑戦《ちょうせん》に魅入《みい》られた彼は、もう振《ふ》り向《む》かなかった。テストパイロットを天職の座から蹴《け》り落《お》とす仕事に出会ってしまったのだ。

アームストロングとコリンズはジェミニ計画のパイロット第二次選考に参加し、アームストロングは採用された。ジム・ラヴェル、エドワード・ホワイトらもその時採用された。コリンズはいったん不採用になってしまったが、翌年の第三次選考に再挑戦《さいちょうせん》し、バズ・オルドリンと共に合格を果たした。

1966年3月16日。乗用車の前半分くらいしかない狭《せま》い船内に、アームストロングと飛行士のデイヴィッド・スコットが詰《つ》め込《こ》まれ、地球周回軌道《ちきゅうしゅうかいきどう》へと打ち上げられた。

「こちらヒューストン。ジェミニ8、調子はどうだい」

通信担当官のジム・ラヴェルの声が響《ひび》いた。NASAでは、飛行中の宇宙飛行士と話せる地上の人間は一人しかいない。それが宇宙船通信担当官だ。ラヴェルは前年の12月、ジェミニ7号で14日間地球周回軌道上《しゅうかいきどうじょう》に滞在し、ジェミニ6-Aと史上初のランデブー飛行(2機の宇宙船が同じ軌道上で速度を合わせ接近すること。物資の補給《ほきゅう》、人員交代などを行うのに不可欠の技術）ミッションを成功させていた。

「こちらジェミニ8、順調に飛行中」

船長のアームストロングが答えた。初めての宇宙飛行とは思えない落ち着きで、ラヴェルが求める情報を計器パネルから読み取り、返信してゆく。

――通信担当官を同じ宇宙飛行士に任せるのは、いいやり方だ。宇宙船の操縦《そうじゅう》を熟知《じゅくち》している同士だから話がはやい。管制《かんせい》とのやりとりにストレスが少ないから、この窮屈《きゅうくつ》さもなんとか耐《た》えられそうだ。

アームストロングとスコットは、この狭《せま》いジェミニの船内で3日間過ごさなければいけない。2週間もの長旅を経験したラヴェルの存在は心強かった。

「そろそろアジェナが見えてくるころだ」

ラヴェルの言葉を受けたスコットが、ジェミニ宇宙船の小さい窓《まど》の向こうをじっくりと見回す。スコットはコリンズ、オルドリンと同期のジェミニ3期生で、彼も今回が初飛行だった。

「窓から見えるかな……ああ、あれかな？　アジェナ、目視で確認」

スコットの報告に、アームストロングはいよいよだ、と身構《みがま》えた。

――我々《われわれ》のメインミッションは、先に打ち上げられたアジェナという無人機とランデブーし、機体をドッキング、その後スコットが船外に出て2時間の活動を行うというものだ。他にもいくつかの実験が予定されているが、それらを3日間でこなさなければいけない。ここから忙《いそが》しくなるぞ。

　アジェナはタバスコの瓶《びん》のような形をしていた。ジェミニのほうは、三角フラスコのような形をしている。ドッキングは、アジェナの瓶の底に、ジェミニの三角フラスコの口を突《つ》っ込《こ》む形になる。ジェミニがアジェナに接近し、ドッキングのための自動操縦《じどうそうじゅう》がはじまった。

「こちらヒューストン。アジェナの様子はどうだ」

「こちらジェミニ8、目視で点検したが、破損《はそん》はなし。ピカピカだ。問題なしと思われる」

「了解。それではドッキング実行してくれ」

「了解」

　アームストロングは、1秒に8センチずつジェミニを進めた。遅《おそ》すぎると間に合わないし、速すぎても衝撃《しょうげき》で機体を壊《こわ》してしまう。地上と連携《れんけい》して、繊細《せんさい》なコントロールをしなければいけない難しい仕事だ。アジェナまであと数メートルという距離《きょり》まで近づき、アームストロングは窓から様子を確認した。アジェナ以外で窓の外に見えるのは、青く光る地球の姿《すがた》と、眩《まぶ》しく光る太陽と、その他の星たちをちりばめた、果てしなく続く闇《やみ》。

　——こんなバカみたいに広いところで、大きすぎるものしか目に入らない世界で、俺は衛星《えいせい》の小さい穴にこの船を引《ひ》っ掛《か》ける仕事をしている。まったく面白い商売だ。

　宇宙船全体に軽い衝撃が走り、ロックのかかる音がした。すぐにドッキング成功を意味するランプが点灯《てんとう》した。

「ドッキング完了、うまくいった！」

「おめでとう！　やったなニール！」

ラヴェルの祝福《しゅくふく》の後ろで、管制室のみんなが歓声《かんせい》を上げ拍手《はくしゅ》しているのが聞こえた。緊迫《きんぱく》していた船内の空気が緩《ゆる》み、笑い声が響《ひび》いた。アームストロングは無口だが、無表情ということはない。冷《れい》静沈着《せいちんちゃく》な彼が笑顔になると、人は安心する。スコットは隣《となり》に座るアームストロングの晴々しい笑顔を見て、これから行う船外活動に何の不安もなかった。再び地上にいるラヴェルの声が響《ひび》いた。

「もうすぐ通信圏外《つうしんけんがい》に入る。もし何か異常が発生したら、すぐにドッキングを解除《かいじょ》してくれ」

「了解」

まだ気は抜けないが、肩《かた》の荷は一つ下りた。アームストロングは荷物の中からパウチのオレンジジュースを取り出した。その時だった。アジェナが自動操縦《そうじゅう》で船体を少し回転させた。

「ん？　アジェナの自動操縦、終わってるよな。回転が止まらないぞ」

気づいたのはスコットだった。窓《まど》の外を見ると、地球が急いで左へ向かっている。つまり、船体は右に回転していることになる。

「本当だ。ＯＡＭＳ（姿勢制御《しせいせいぎょ》システム）で立て直そう」

姿勢制御システムは、ジェミニの外側のあちこちについている小さなノズルだ。混ぜるだけで火がつく2種類の燃料を使って、前後、左右、上下の3軸《じく》の回転を制御する。アームストロングは空になったオレンジジュースのパウチをしまい、あるべき位置に船体を戻《もど》した。

「これで大丈夫《だいじょうぶ》か……」

しかし、アームストロングがつぶやいた次の瞬間《しゅんかん》、また船体が回転をはじめた。

「どういうことだ？　ニール、原因わかるか？」

スコットに言われるより早く、アームストロングは、目の前を埋《う》め尽《つ》くしている制御《せいぎょ》パネルに目を走らせていた。全速力で走っていた視線が、ある一点でぴたりと止まった。

「ＯＡＭＳの燃料の残量が30％まで減っている。そんなに使ってないはずだぞ」

「勝手に動いてるってことか？」

「可能性は高いが、これだけでは断言できないな。ドッキング後に起きた現象だから、アジェナのほうかもしれない。もう少し問題を切り分けよう」

そう話している間にも、徐々《じょじょ》に回転の速度が上がっている。このままでは、回転の力でどちらの船体も壊《こわ》されてしまう。アームストロングの決断は素早かった。

「スコット、俺が機体をなんとかしておくから、アジェナのコントロールを地上からこっちに切り替《きか》えて、切り離しをやってくれ」

「了解」

「切り離しと同時にエンジン点火、できるだけアジェナから離れて衝突回避《しょうとつかいひ》。カウントダウン頼む」

通信が途絶《とだ》えているため、地上の管制室ではこのトラブルにまだ気づいていない。地上から３００キロメートルの軌道上《きどうじょう》で、銀色の宇宙船がコマのように回転している。アームストロングとスコットの他には誰もそれを知らない。

連結が外れると同時に、ジェミニは逃《に》げるようにアジェナから離れた。ドッキング成功から30分ほど経過《けいか》していた。切り離しはうまくいったが、ジェミニの回転がさらに加速した。窓の外を何度も何度も地球が通りすぎていく。スコットが唸《うな》りながら言った。

「重い荷物を捨てたらこれか……やっぱりジェミニのOAMSの問題のようだな」

「ああ、これではっきりした」

アームストロングは、訓練施設《しせつ》で何度も酷《ひど》い目にあった、訓練装置《そうち》のことを思い出さざるを得なかった。360度回転する装置の真ん中に座席とOAMSの操縦桿《そうじゅうかん》があり、人を遊園地のジェットコースターとティーカップにいっぺんに乗ったように振《ふ》り回《まわ》してから、回転を止める操縦をさせる。人類が生み出した装置の中でもかなり邪悪《じゃあく》な部類に属するもので、はじめて座った時、アームストロングは操縦する前に失神《しっしん》してしまった。

――あの時みたいに気を失ったらおしまいだ。無重力で空気抵抗《くうきていこう》もない宇宙空間では、この回転は永遠に続くぞ。

その時通信が回復し、洋上の通信連絡船の管制室とつながった。

「ジェミニ8、聞こえますか」

スコットが応答した。

「こちらジェミニ8、トラブル発生だ。アジェナのドッキングは解除《かいじょ》した」

「……了解。こちらでもそのように表示されています。何が問題ですか？」

アームストロングが答える。

「船体が回転を始めて止められない。速度は増加している」

「OAMSに問題があるようだ。どんどん速度が上がっていってる」

スコットが言うのを聞きながら、アームストロングはすでに次に取る行動を決めていた。

――仕方ない、最後の手段だ。ジェミニ、おまえにはまだできることがあるよな。

「再突入制御《さいとつにゅうせいぎょ》システムを使う。OAMSは電源オフに」

スコットの反応がない。どうやら気を失いかけているようだが、アームストロングにも彼を気にかけている余裕《よゆう》はすでになかった。一人で必要な操作を行い、宇宙船が地上に戻る時に使うエンジンを点火した。強い遠心力で目の血流が妨《さまた》げられて、視界がかすんで操作パネルの文字を読むのも難しかった。だが、こういう時のために厳《きび》しい訓練を重ねて、宇宙船の操作を体に叩《たた》き込《こ》んできたのだ。

――フライト中、集中力が極限まで高まると、翼《つばさ》が自分の指先につながったような感覚に陥《おちい》ることがある……。そうなると、自分の体を動かすように、飛行機を操れる。ジュラルミンやらチタン合金やらの塊《かたまり》に神経《しんけい》が通り、エンジンは自分の内臓《ないぞう》になる。……こいつには翼はないが、どうやら俺を受け入れてくれたようだ……。

全身を振《ふ》り回《まわ》されながら、アームストロングは回転の方向とは逆にエンジンを噴射《ふんしゃ》した。ジェミニの回転が少し緩《ゆる》やかになった。

「よし、いいぞ……」

手動で角度を細かく調整しながら何度か噴射を繰《く》り返《かえ》すと、ジェミニはようやく落ち着きを取《と》り戻《もど》した。スコットが、頭を振《ふ》って大きく一息ついた。血流が落ち着いて意識が戻《もど》ったようだ。彼は状況を把握《はあく》すると、船に平和を取《と》り戻《もど》した船長を称《たた》えた。

「……なんてやつだ。再突入用のスラスタで回転を止めるなんて。ジェミニも驚《おどろ》いてるぜ」

アームストロングは黙《だま》って一つうなずいた。そして気まずそうにこのトラブルが招《まね》いた結果を告《つ》げた。

「……デイヴィッド、本来の用途以外で再突入制御システムが作動したら、全ミッションを中止して帰還《きかん》しなければいけない決まりだ」

「わかってるさ。さあ、帰り支度をしよう。再突入制御システムの燃料は残り25％か。まずは、この燃料で無事に帰れる場所を、地上に探してもらわないとな」

アームストロングは地上に状況を報告した。管制室《かんせいしつ》では大急ぎで2人が降《お》りられる場所の計算を始めた。

再突入《さいとつにゅう》に向かう船内で、アームストロングはスコットに問いかけた。

「……操作手順で何か忘れていたことはないだろうか？　デイヴィッド、俺の操縦《そうじゅう》にミスがなかったかどうか、きみに間違った指示を出していなかったかどうか確認したい。なにか気づいたことはないか」

アームストロングは、最後まで自分にできることを探していた。予定していた大西洋とはまったく違う場所に降りることになったのだ。再突入がうまくいっても、救助がうまくいかない可能性はある。通信が生きているうちに、トラブルの原因につながるかもしれない情報を、全部出しておきたいと考えていた。しかし、自分の命が救われたという恩《おん》を差し引いても、スコットに思い当たることは一切なかった。

「いや、ニール。俺の知る限り、あんたは完璧《かんぺき》だったよ。さっきの立て直しがなかったらこんな反省会すらできなかった」

「そうか……。しかし、きみの船外活動が中止になってしまって……とても残念だ」

「なに、生きて帰ればまたいくらでもチャンスはあるさ。ジェミニの後にアポロもあることだしな」

アームストロングはうなずいてしばらく黙《だま》っていたが、もう一度口を開いた。

「……デイヴィッド、宇宙船ごとのミッションをこなすと、記念のメダルが作れたよな」

「ああ、あれな。4号のやつがカッコよかったな。大きいハクトウワシが宇宙船をつかんでる絵だ」

「俺は、この8号のメダルの図柄を、君が宇宙に浮《う》いてる絵にしたかったんだ」

ジェミニ8号は残り少ない燃料も使い果たし、地球への帰り道に差しかかるところだ。

米軍横須賀基地《よこすかきち》に停泊《ていはく》していた駆逐艦《くちくかん》レナード・F・メイソンは、大慌《おおあわ》てで錨《いかり》を上げ、エンジン全開で南へと向かっていた。沖縄《おきなわ》の那覇基地《なはきち》で待機していた空軍のレスキュー隊も、あっという間に飛び立っていった。突然降《とつぜんふ》って湧《わ》いた宇宙船救出ミッションに、どちらも太平洋の一点目指して猛《もう》スピードで駆《か》けていく。

テストパイロットは、機体をよりよくするための仕事だ。アームストロングが飛行機に乗っていた時は、機体のダメなところを見つければよく、空を飛ぶ時、彼はいつも一人だった。しかし宇宙飛行計画では、いろんなことが同時進行する。テスト飛行をしながら、次につなげるための他のミッションもこなさないといけない。どれかひとつでも実行できなければ、任務が成功したとは言えない。アームストロングは、そのことを痛感させられた。

――飛行機が好きだ。テストパイロットになったのは、純粋《じゅんすい》にそれだけの理由だ。ただ、俺の仕事で飛行機が少しでも安全になれば、同じ飛行機を愛する仲間が、命を落とす事故が減るかもしれない。そうなったらいいと思っていた……。この考えは、NASAに来てからも変わらない。後に続く者のためになればと……でも、それだけじゃだめだったんだ。宇宙空間では、もっと事前準備と訓練を徹底《てってい》しないと、高価な宇宙船や、仲間のチャンスを無駄《むだ》にしてしまう……。

パラシュートが開き、船体の落下速度が緩《ゆる》やかになる。半日ぶりに重力の重みを感じながら窓の外を確認すると、一面、太陽の光を受けてきらめく真っ青な太平洋だった。ジェミニ8号はその真ん中に飛び込んで、海水の飛沫《ひまつ》を浴《あ》びた。スコットが「着地しました、問題なし」と管制室《かんせいしつ》に告《つ》げて、エアバッグのスイッチを押すと、ジェミニ8号を囲《かこ》むようにエアバッグがふくらんで、転覆《てんぷく》の心配はなくなった。

——帰ってこられた。それなら、するべき仕事をしよう。ジェミニ8号、アジェナ、スコットに報《むく》いるために、今回の教訓を必ず生かさないといけない。

空の上で、よく知る航空機のエンジン音が鳴《な》り響《ひび》いている。空軍のDC－4だ。アームストロングはハッチを開け、波に揺《ゆ》られながら、降りてくるレスキュー隊のパラシュートを見上げた。

1967年1月27日。

「ええ、そうですね。なにしろわたしは予定とまったく異《こと》なる水域へ、緊急着陸《きんきゅうちゃくりく》をした経験がありますので。そうです、ジェミニ8号の。内心とてもヒヤヒヤしていましたよ。万が一、大統領《だいとうりょう》にご迷惑《めいわく》をかけるような事態になってしまったらどうしようと。ですから、今回の宇宙条約の締結《ていけつ》の意義は誰よりも理解しているつもりです。……ええ、その通りです。おっしゃる通りです。多国籍《たこくせき》チームでの宇宙活動、それが当たり前になれば、宇宙開発はさらに発展することでしょう。写真ですか？もちろん、喜んで」

アームストロングは、ワシントン、ホワイトハウスの1階にあるグリーンルームとブルールームを行ったり来たりしていた。食堂になったり、執務室《しつむしつ》になったり、カード遊びをする部屋になったりと、こういうお屋敷《やしき》に何十とある、何でも屋の部屋だ。今日は、国連で採択《さいたく》された宇宙条約が無事調印されたことを祝う、大統領主催《しゅさい》の祝賀会《しゅくがかい》が開かれていた。

宇宙条約の第2条にはこうある。「月その他の天体を含《ふく》む宇宙空間は、主権の主張、使用若《も》しくは占拠又《せんきょまた》はその他のいかなる手段によっても国家による取得の対象とはならない。」これは、非常に意義のある内容だった。ケネディが懸念《けねん》していた、宇宙が戦場になるような事態《じたい》は、この条約で防《ふせ》ぐことができるだろう。

ただ、宇宙飛行士たちにとって最もありがたい条文は、他にあった。第5条の、「条約の当事国は、宇宙飛行士を宇宙空間への人類の使節《しせつ》とみなし、事故、遭難又《そうなんまた》は他の当事国の領域若《りょういきも》しくは公海における緊急着陸《きんきゅうちゃくりく》の場合には、その宇宙飛行士にすべての可能な援助《えんじょ》を与《あた》えるものとする……」という一節だ。ジェミニ8号のような緊急着陸時に身の安全が確保されるので、宇宙飛行士たちはこの条約調印を歓迎《かんげい》していた。

パーティーの主な参加者は、ジョンソン大統領《だいとうりょう》にハンフリー副大統領、議員や各国の大使たち。NASAからは宇宙飛行士の代表団として、スコット・カーペンター、ゴードン・クーパー、ジム・ラヴェル、ニール・アームストロング、リチャード・ゴードンの5名が送り込まれていた。カーペンター、クーパーはマーキュリー計画からのベテランメンバーだった。ラヴェル、アームストロング、ゴードンはジェミニ計画の採用だ。前年、1966年11月にラヴェルとバズ・オルドリンがジェミニ12号でのミッションを見事に成功させ、ジェミニ計画は目的をほぼ達成し終了となった。皆、次のアポロ計画に向けて準備を進めているところだ。

彼らは当事者としてこの祝賀会《しゅくがかい》に招待《しょうたい》されたわけだが、実際の仕事は宇宙飛行士として、招待客《しょうたいきゃく》とにこやかに握手《あくしゅ》を交わし、記念写真に収まることだった。アームストロングは議員との会話を切り上げると、テーブルに用意されていたサンドイッチをできるだけゆっくり――お上品に見えたほうがいいと思ったので――腹におさめた。すぐそばではラヴェルがソ連大使と会話している。

――ジムはこういうパーティーが得意だな。誰とでも話題を盛《も》り上《あ》げて、いい印象を残す。俺はあんまり得意じゃない。少なくとも、楽しくはない。

アームストロングは無愛想《ぶあいそう》ということはなく、こういう場でもそれなりに笑顔で振《ふ》る舞《ま》えたが、自分がパーティー向きの人種でないことは、よく自覚していた。ちらりと腕時計《うでどけい》を見ると、6時半を過ぎたところだった。このパーティーはあと10分ほどで終わる予定だ。あと少し。目を上げると、同様に腕時計から視線を戻《もど》したクーパーと目が合った。彼は、もうパーティーはお開きでいいだろうという顔で、アームストロングに歩《あゆ》み寄《よ》って言った。

「そろそろカウントダウン・テストが終わるころだ。どうなったかな」

この日、ケネディ宇宙センターの隣《となり》にある空軍基地の発射台で、新しい宇宙船、アポロのリハーサルが行われていた。本番と同じように、フル装備《そうび》を身につけた3人の宇宙飛行士たちが、発射台にセットされた宇宙船に乗り込み、発射までの一連の動作を行う。

栄《は》えある初飛行の船長に任命されたのは、ガス・グリソム。マーキュリー・レッドストーン4号、ジェミニ3号で重要なミッションを成功させ、アポロ宇宙船の設計にも関わっている。アポロ計画のゴール、月面着陸ミッションの船長に任命されるのは、間違いなく彼だろう。同乗する2人は、ジェミニ4号でアメリカ初の宇宙遊泳を成功させたラヴェルの友人、エドワード・ホワイトと、初飛行ながらこの名誉《めいよ》ある席を勝ち取った、有望なロジャー・チャフィーだ。

「アポロにはまだ課題がたくさんあるから、今日のテストで全部洗い出せるといいんだが」

アームストロングは、宇宙船のテスト結果を気にかけていた。グリソムはじめ、搭乗員《とうじょういん》たちは誰もが認める優秀なパイロットたちなので、何の心配もない。ただ、宇宙飛行士たちにひどく不評《ふひょう》なアポロ宇宙船が、この計画の足を引っ張らないかどうかが心配だった。

パーティーは予定時刻に終わり、仕事のあるカーペンター以外の4人は、近くのホテルに移動した。ヒューストンに帰る飛行機は明日なので、今日はここに一泊する。

アームストロングはベッドに上着を放り投げ、仕事を終えた解放感に深呼吸《しんこきゅう》しながら、案内された部屋をぐるりと見渡した。電話機の「伝言あり」の赤いランプが点滅《てんめつ》していた。受話器を取りフロントに確認すると、すぐにヒューストンに連絡しろという話だった。

アームストロングたちがホワイトハウスで腕時計《うでどけい》を気にしていた頃、テスト中のアポロの船内で、一瞬電力の供給《きょうきゅう》が途絶《とだ》えた。一瞬途絶え、すぐに復帰した電流は、船内に大量にある電気機器のうちひとつの内部に、小さな火花を散らした。本番と同じ環境《かんきょう》でテストを行うため、宇宙船の中には高純度の酸素《さんそ》が供給されており、宇宙船の出入り口のハッチは密閉《みっぺい》され、外の空間より高い気圧がかけられていた。

小さな火花は、あっという間に大きな炎《ほのお》となった。ホワイトは視界に炎《ほのお》が見えた瞬間に、緊急時《きんきゅうじ》の手段に従って、ハッチを手動で開けようとした。チャフィーは緊急時、ハッチが開くまで通信を続ける役目だった。

「船内で火災《かさい》発生！」

彼は自分の席に座《すわ》ったまま、マイクに向かって叫《さけ》んだ。船長のグリソムが、船内の酸素を減らそうと排気《はいき》のバルブを操作した。全員、全身を炎に包《つつ》まれながら。

管制室《かんせいしつ》と発射台でも緊急事態を認識し、場の空気が一変した。

「火事だ！　ここから出してくれ！」

チャフィーがもう一度叫んだ直後、爆発音《ばくはつおん》と共に発射台に大きな衝撃《しょうげき》が走り、近くにいた作業員たちを薙《な》ぎ倒《たお》した。宇宙船は大きく裂《さ》け、新しい酸素を手に入れた炎が、手を伸《の》ばし足を伸ばし、踊《おど》り続けた。

チャフィーが最初に火災を報告してから、たった14秒しか経っていなかった。

アームストロングが呆然《ぼうぜん》と廊下《ろうか》に出ると、ほぼ同時に他の3人もドアを開けて姿《すがた》を現した。

「……みんな、聞いたか？」

ラヴェルの言葉に、全員うなずいた。ヒューストンからの連絡は、今日のテスト中に宇宙船内で火災が起き、3人の宇宙飛行士の生存は絶望的だろう、という話だった。その口ぶりから、まだ3人は船内に残されたままであることがうかがえた。電話の相手は、マスコミが押しかけてくるだろうから、今日はホテルの部屋から一歩も出ないように、と釘《くぎ》を刺《さ》した。

ホテルの支配人が事情を把握《はあく》して、最上階の空いているスイートルームを彼らのために提供《ていきょう》してくれた。アームストロングたちはすぐに上のフロアに移動し、ルームサービスに食事とウイスキーの瓶《びん》を注文した。

「いったい、何があったんだ。火災があったとしか言わなかったが」

親友のホワイトがもうこの世にいないらしい。道に迷《まよ》ったような様子で、ラヴェルが力無くつぶやいた。

「決まってる、あの宇宙船だよ。あいつはとっくの昔にスクラップにしておくべきだったんだ」

リチャード・ゴードンが苦々しく吐《は》き捨《す》てた。全員彼と同じ考えだった。それぞれが抱《いだ》いていた宇宙船アポロへの不満が、仲間を奪《うば》われたことで大きな怒りとなり、爆発《ばくはつ》した。自分たちを月に運んでくれるどころか、仲間を、才能あるパイロットたちを地上で殺したのだ。

「あいつがいったいこれまでに何回の故障《こしょう》を記録してたと思う？　2万。2万回だ」

「あの船を信頼《しんらい》してたメンバーなんかいなかっただろ。テストのたびにどこかが派手にぶっこわれて、自分の信頼性のなさを見せびらかしてたじゃないか」

「具体的にどこが悪いというんじゃなく……とにかくあいつは、しっくりこないんだよな。座ってて居心地《いごこち》が悪いんだよ」

ジェミニのトラブルの時に、アームストロングが感じた、機体に神経《しんけい》が通る感覚。宇宙飛行士たちは、その神経が通る糸口をアポロに見つけられなかった。パイロットがどれだけ心を開いても、仲よくなろうとはしない、話が通じない。そんな相手だった。誰の口からも、宇宙船やそれを造った宇宙航空局《こうくうきょく》への恨《うら》み言《こと》が次々に、とめどなく吐《は》き出《だ》された。30分以上そんな話を続けていただろうか、怒りに満ちた言葉で部屋は埋《う》め尽《つ》くされていた。ラヴェルが氷も入れずにウイスキーをグラスに注ぎ、半量を一気に飲み込んで言った。

「……しかし、だからこそ、だからこそガスは、全力でアポロのテストと改良に取り組んでた。自分が最初にあの船で飛ぶ、テストパイロットだから」

ラヴェルがぼそりと言った言葉に、皆、それぞれが最後に見たグリソムの姿《すがた》を思い出して、黙《だま》り込《こ》んだ。それぞれのグリソムの記憶《きおく》はどれも、アポロをよい船にするため、前を向いて行動している姿《すがた》で終わっていた。ラヴェルは残り半分のウイスキーを飲み干して、この部屋でなければ言えない言葉を絞《しぼ》り出《だ》した。遺族《いぞく》や、自分の家族や、マスコミの前では決して口には出せない、同じ仕事に命をかけている者同士にしか、理解できない話を。

「俺もあいつらも、パイロットだから仕事で死ぬのなんて怖《こわ》くないさ。ただ、仕事中に死ぬんなら、宇宙で死にたいだろう。……やつら、悔《くや》しかっただろうな」

「……同感だ。誰だってそうだ。俺は地上で死ぬくらいなら、大量の燃料《ねんりょう》を道連れにして、ド派手に爆死《ばくし》するほうがはるかにマシだ」

クーパーが同意した。

「仕事中に死ぬ運命なら、俺は軌道上《きどうじょう》で死ぬぞ。しばらくみんなの頭の上をくるくる回ってさ、最後はソ連のライカみたいに、流れ星になるんだ」

ゴードンも後に続いた。

「俺も、エンジンの動いてない場所で死ぬくらいなら、船ごと月に激突《げきとつ》するほうがマシだ」

アームストロングも同意して、それから付け加えた。

「……しかし、宇宙で死んだら船体の回収ができない。ジェミニ8号で機体にトラブルが起きた時、俺が一番心配したのはそのことだ。我々《われわれ》のプロジェクトは、事故を起こしたら必ず原因を突《つ》き止《と》めないといけない」

「……」

ラヴェル、クーパー、ゴードンは、黙《だま》ったまま「そうだ」という顔をした。アームストロングが続ける。

「俺だったら、自分が地上の宇宙船の中で死ぬんであれば、そういうミッションだったんだと捉《とら》えてほしい。俺が致命的《ちめいてき》な問題を丸裸《まるはだか》にする、生き残ったもの全員でそれを解決する、そういうミッションだ。仕事で死ぬっていうのはそういうことだ」

「……ああ、覚えてるよ」

ラヴェルがそう声をかけたのは、アームストロングになのか、グリソムになのか、曖昧《あいまい》な感じがした。ラヴェルは、うつむいたまま言った。

「ガスがジェミニ3号のミッションを終えたあと、こう言ってた。――もし我々が任務で死んだら、それを受け入れてほしい。これは危険《きけん》な仕事だが、我々に何が起こっても、計画が遅《おく》れることがないようにしてほしい。宇宙への冒険《ぼうけん》には、命を賭《か》ける価値があるから――。まったくその通りだ、って思ったよ。ほんとうにその通りだ。このことだろ、ニール」

アームストロングは黙《だま》ってうなずいた。

「そうだな。地上であんなことになったのなら、せめて……せめてあのくそったれの宇宙船を、残った俺たちで、完璧《かんぺき》にしないといけないよな……」

クーパーがソファにもたれかかって、かすれた声でつぶやいた。窓《まど》の外では、東の地平線が太陽の方角に差《さ》し掛《か》かろうとしていた。

飛行機乗りをやっていれば、誰しも若いうちから仲間や友人の死を経験する。それは乗る機体が飛行機から宇宙船に変わっても同じだろうと、皆覚悟《かくご》はしていた。だが、覚悟があろうとなかろうと、降《ふ》りかかる悲しみの大きさは変わらない。生き残ったパイロットたちは、仲間を失った悲しみを胸に抱《かか》えて、それでも自分が飛ぶことをやめはしない。

1967年は宇宙飛行士にとって悲劇《ひげき》の年だった。1月にアポロの火災でアメリカが打ちのめされると、今度はソ連が大きな喪失《そうしつ》に見舞《みま》われる。4月23日、ソユーズ1号宇宙船に乗り込んだウラジーミル・コマロフが、機体の設計ミスで墜落死《ついらくし》したのだ。彼はガガーリンの親友だった。

「……我々《われわれ》もコマロフの葬儀《そうぎ》に参加できないだろうか」

ニュースを聞いたラヴェルがつぶやいた。政治家同士はどうだか知らないが、彼らにとって宇宙飛行士は、どの国籍《こくせき》だろうと皆同じ、命を賭《か》けて夢を追いかける仲間だった。仲間を悼《いた》むのは当然のことだ。彼らは政府を通じて宇宙飛行士の代表が葬儀に参列できないかと申し出たが、ソ連政府からは事務的な断りの返信が返ってきただけだった。

追い打ちをかけるように、翌年の3月27日、ユーリィ・ガガーリンが飛行機事故で死亡したというニュースが飛び込んできた。彼の死は世界中に衝撃《しょうげき》を与《あた》えた。ましてや、同じ宇宙飛行士にとっては信じたくない訃報《ふほう》だった。競争相手《きょうそうあいて》ではあるが、誰よりも先に宇宙空間に偵察《ていさつ》に行き、生きて帰って地球の青さを世界に伝えたのは彼だ。宇宙飛行士たちが、ガガーリンに対して特別な敬意《けいい》を抱《いだ》くのは当然だった。

アームストロングは、少し前にラヴェルの家に招《まね》かれて皆で夕食をとった後に、彼が見せてくれた一枚の写真のことが忘れられなくなった。1965年にパリで開催《かいさい》された航空ショーで撮影《さつえい》された一枚で、ガガーリンと、ジェミニ4の搭乗員《とうじょういん》、エドワード・ホワイト、ジェームズ・マクディヴィットが笑顔で握手《あくしゅ》を交わしているものだ。

「あまりたくさんは話せなかったが、ガガーリンはいい奴《やつ》だ、間違いなく優秀なパイロットだよ……エドはそう言ってた」

宇宙遊泳でソ連に世界初の称号《しょうごう》を奪《うば》われていたホワイトにとって、ソ連の宇宙飛行士との交流は内心複雑《ふくざつ》だったはずだ、とラヴェルは付け加えた。

「……でも、直接彼に会って理解したようだった。競争《きょうそう》してるのは政治家同士であって、宇宙飛行士は同じ宇宙飛行士だ。敵《てき》じゃない」

ラヴェルが話してくれた親友とガガーリンのエピソードはとても好ましいものだった……そのホワイトがもうこの世にいないということだけ抜きにすれば。

——そのエドだけじゃなく、ガガーリンまで死んでしまったなんて……。

アームストロングはガガーリンと会ったことはなかったが、彼も月を目指しているだろうと信じていた。仲間を失った時と同じ喪失感《そうしつかん》を覚えた。そして仲間を失った時と同じく、自分を「生き残った者」だと感じた。

あの悲しい火災《かさい》が起きた夜から、1年と11ヵ月が経った。地上は1968年の12月24日、クリスマスイブの夜だった。この日、世界中がテレビの画面に釘付《くぎづ》けになっていた。3日前にサターンVロケットで打ち上げられたアポロ8号は、38万キロメートルの距離《きょり》を飛んで、今、月の周りを8回と少し回ったところにいた。

「……この様子を説明するのに一番いい言葉は、白と黒。月は、まったく色のない世界です……」

アポロ8号からの映像は3ヵ所の電波望遠鏡《でんぱぼうえんきょう》で受信され、人工衛星《じんこうえいせい》を経由《けいゆ》してヒューストンの有人宇宙センターに届《とど》き、そこから世界中に配信されていた。世界中が操縦士《そうじゅうし》ジム・ラヴェルの声を聞きながら、目の前まで迫《せま》った月の地表を見つめた。

アポロ宇宙船は、あの痛ましい事故の後、残された人々の手で生まれ変わった。3回の無人飛行テストを経て、次の7号で有人の地球周回飛行を成功させ、8号が今、歴史上はじめて、月周回軌道《きどう》まで人類を運んだのだ。

アームストロングは、8号の予備搭乗員《よびとうじょういん》の船長に指名されていた。もし本搭乗員が何らかの理由で飛べなくなった時、代わりに飛ぶ役目だ。しかし船長のフランク・ボーマンは予定通りに飛び立ったので、アームストロングは自宅のテレビで彼らの仕事を眺《なが》めていた。

操縦士はウィリアム・アンダースとマイケル・コリンズが本搭乗員に決まっていたが、コリンズが椎間板《ついかんばん》ヘルニアを患《わずら》って、手術が必要になってしまった。それで、予備員として登録されていたジム・ラヴェルが、今テレビに映っている。

ボーマン、アンダース、ラヴェルの3人が代わる代わる月の様子を説明している。粗《あら》いテレビ画面の映像でも、月面は均一ではなく、大量のクレーターに覆《おお》われた、起伏《きふく》のある地形をしていることがわかった。この日、テレビを見られる人のほとんどが、人類の偉業《いぎょう》に感銘《かんめい》を受けながら、好奇心《こうきしん》いっぱいの視線を月面に向けていただろう。

しかし、アームストロングの視点は違った。彼はもっと切実な理由で、月面の観察に余念《よねん》がなかった。

——着陸時、皆が一番懸念《けねん》している地表の砂だが、この高さからだとかなりきめ細かく、深く積もっているような印象を受ける。しかし、粗《あら》いテレビの画像では物足りないな……彼らが持って行ったカメラの写真なら、もっと詳《くわ》しい状態がわかるだろう。それを待とう。

彼は、仕事の下調べとして、この中継《ちゅうけい》に向き合っていた。次の仕事——月面に着陸する船の、まだ世界の誰も試したことのない、月面着陸船の搭乗員《とうじょういん》という仕事の。

どの宇宙船に誰が乗るかを決定するのは、宇宙飛行士室の責任者、ディーク・スレイトンだ。本搭乗員と、予備搭乗員の間にはルールがあった。予備搭乗員に指名された者が、その3つ後のフライトの本搭乗員となる、というルールだ。資格の有無や健康上の問題など、止むを得ない事情がある場合はその限りではないが、原則としてそうなっていた。

スレイトンは、アームストロングを8号の予備搭乗員の船長に選んだ。つまり、彼を11号——初の月面着陸ミッションを与えられた宇宙船——の船長とする決定だった。

「もうすぐ『月の日の出』です。地球で太陽が昇《のぼ》ってくるように、ここ月では、みなさんのいる地球が昇ってくるのです。地球上のすべての人々へ、アポロ8号搭乗員一同より、メッセージを送りたいと思います」

アンダースが一呼吸置いて、真面目な口調で中継の最後のシーンを始めた。

「……はじめに神は天と地とを創造《そうぞう》された。地は形なく、むなしく、闇《やみ》が淵《ふち》の面にあり、神の霊《れい》が水の面をおおっていた。神は『光あれ』と言われた。すると光があった。神はその光を見て、良しとされた。神はその光と闇とを分けられた」

旧約聖書《きゅうやくせいしょ》、創世記《そうせいき》第1章だ。仕事の考え事をしていたアームストロングも思わず顔を上げて、テレビ画面に向き直った。続いてラヴェルが続きを読み上げた。

「神は光を昼と名づけ、闇を夜と名づけられた。夕となり、また朝となった。第1日である。神はまた言われた、『水の間に大空があって、水と水とを分けよ』。そのようになった。神は大空を創《つく》って、大空の下の水と大空の上の水とを分けられた。神はその大空を天と名づけられた。夕となり、また朝となった。第2日である」

最後に、船長のボーマンが残りの2節を読み上げた。

「神はまた言われた、『天の下の水は一つ所に集まり、かわいた地が現れよ』。そのようになった。神はそのかわいた地を陸と名づけ、水の集まった所を海と名づけられた。神は見て、よしとされた。……そして、アポロ8号の乗組員より、おやすみなさい、幸せがありますように。メリークリスマス。大いなる地球に住むすべての人に、神の祝福《しゅくふく》がありますように」

世界中を夢見心地にさせて、月周回軌道《つきしゅうかいきどう》からの中継《ちゅうけい》は終わった。アームストロングも、仕事のことを忘れてつい聞き入ってしまった。こんなに人々の記憶《きおく》に残るクリスマスイブもないだろう。8号の3人は、素晴らしい仕事をした。アームストロングはそう思った。そして、自分はこのような、人の感情に訴《うった》える仕事ができているのだろうか？　できるのだろうか？　と自分に問いかけた。

——これは仕事だから、命じられた任務は必ず遂行《すいこう》する。しかし、月に行くことが、今までの仕事と違うことはわかる。人類を代表して月に行く役目に選ばれた者が、言われたことをやるだけでよいものだろうか？　選ばれた者として、月でなすべきことがあるのではないだろうか……？


1969年1月9日、ニール・アームストロング、バズ・オルドリン、マイケル・コリンズの3名が、アポロ11号の搭乗員《とうじょういん》として正式に任命を受けた。

アポロ11号は、本船の「コロンビア」、月着陸船の「イーグル」、打ち上げに使うサターンVロケットで構成される。コロンビアはアメリカ大陸にたどり着いたクリストファー・コロンブスから、イーグルはアメリカを象徴《しょうちょう》する鳥から名付けられた。イーグルは、8角形の部屋に着陸のための4本の脚がついた下段と、ゴツゴツとした部品の塊《かたまり》のような上段に分かれる。月面から本船に戻る時は、下段は月にそのまま置いていき、上段だけで帰還《きかん》する。

また、本船のコロンビアも2つのユニットで構成《こうせい》されている。エンジンや各種装置、バッテリー、アンテナ類、酸素《さんそ》などを搭載《とうさい》した機械船（サービスモジュール）と、操縦席《そうじゅうせき》のある司令船（コマンドモジュール）に分かれる（司令船を指して、「コロンビア」と呼ぶこともある）。地球に帰ってくるのは、このコマンドモジュールのみだ。

３人はケープ・カナベラルに泊まり込みで、毎日厳《きび》しい訓練をこなした。宇宙船を模《も》したシミュレーターの中で、毎日10時間以上、時には14時間もの間過ごしていた。加えて、アームストロングは月に着陸するイーグルに搭乗するので、その着陸訓練が必要だった。重たい宇宙服を着ての岩石採取《がんせきさいしゅ》や、観測装置を設置する練習もある。

その日もアームストロングは月着陸船の訓練に神経《しんけい》を使い果たし、くたくたになって宿舎《しゅくしゃ》に戻った。すぐにもベッドに倒れ込みたいところだったが、彼はバズ・オルドリンの部屋のドアを叩《たた》いた。オルドリンはすでにシャワーを済《す》ませていて、さっぱりとした顔でアームストロングを迎《むか》えた。

「やあ船長。ひどくお疲《つか》れの様子だが、大丈夫か？」

「ああ、ジェミニの時の訓練が、幼稚園《ようちえん》のお遊戯《ゆうぎ》に思えるよ」

オルドリンは疲《つか》れ果《は》てたアームストロングに椅子《いす》を勧《すす》めてくれた。男ひとりの仮住まいならもう少し散らかっていてもいいだろうに、オルドリンの部屋は綺麗《きれい》に整頓《せいとん》されていた。ベッドのサイドテーブルにはホコリひとつなく、聖書が置いてめった。オルドリンはその横のシーツに腰《こし》を下ろして、船長の心労を慮《おもんぱか》って言った。

「打ち上げ日がはやいとこ確定してくれれば、気持ちも楽になるんだがな」

「そうだな……ロケットに燃料を入れなきゃならんから、今月末まではっきりすると思うが」

「それで、何か問題でも？」

アームストロング、オルドリン、コリンズの３人はよい関係を築いていたが、他の宇宙飛行士たちのように、プライベートでも深く付き合うような、親密な友情を持つことはなかった。みんな孤独《こどく》を愛する性格だったのだ。だが、この３人の組み合わせは、仕事をする上では不思議とうまくいっていた。

だからオルドリンは、アームストロングがわざわざ部屋まで訪ねてくるなんて、仕事上でなにか大きな問題が発生したのではないかと、覚悟《かくご》して問いかけた。なので、アームストロングの秘密話にまず拍子抜《ひょうしぬ》けし、それから身を乗り出して彼が差し出した手のひらを見つめた。そこには、彼の「月でなすべきこと」が小さく輝いていた。

「……なるほど。その考えは素晴らしいものだと思う。１号のエンブレムはディークから渡されているが、間違いなくそれも加えたほうがいい」

「ただ、我々《われわれ》は向こうにあまりよく思われてないだろう。だから、あまりいいアイデアじゃないのかもしれないと思ってね……。あちこちに迷惑《めいわく》かけるわけにはいかないし。バズはなにか、他にいいアイデアはないか？」

「……いや、俺はきみのアイデアが素晴らしいと思う。そんなこと聞かされたら、『月でなすべきこと』は、もうそれしかないよ」

「……そうか……。うーん、それじゃあ、責任者のディークに相談してみるかな……」

「いや、その必要はないね」

オルドリンがあまりにきっぱり言うので、アームストロングは面食らった。彼は1ヵ月以上悩《なや》みに悩んでも結論が出せず、こうして相棒《あいぼう》のところに相談に来たのに。

「ニール。月に降りるのはきみと俺の2人だ。だったら、我々《われわれ》らしくいこうじゃないか」

「……というと？」

「黙《だま》ってやればいいのさ。余計なおしゃべりなしに。どうせ俺たちは、おしゃべりに関してはジムのようにうまくやれない」

「……黙って……」

「我々《われわれ》もテレビ中継《ちゅうけい》はするだろう。俺は、観客向けには、月面の様子を中継できたら、もうそれ以上のものはないと思うよ。それでじゅうぶんだ。きみのその個人的な尊《とうと》い仕事は、外野の論争のタネにされる必要はない。神と、彼らの魂《たましい》が知るだけでいいんだ」

1969年7月16日。ついに世界はその日を迎《むか》えた。

ロケットと宇宙船はもちろん、宇宙服、飛行計画書、コンピュータープログラム、3人を発射台まで運ぶバスや、腕時計《うでどけい》に至《いた》るまで、ケープ・カナベラルとヒューストンの全ての場所で繰《く》り返《かえ》されていた、永遠に続くかと思われた点検もついに終わりを迎《むか》えた。アームストロング、オルドリン、コリンズの3名はすでにコロンビア司令船のコクピットに座《すわ》り、ロケットの点火を待っている。

その頃、ケネディ宇宙センターの発射台をのぞむ特別見学エリアへと向かう、2人の男がいた。1

人は、今そこに人々の期待を一身に集めているサターンVロケットの生みの親、ヴェルナー・フォン・ブラウン。彼が手を取って招待客《しょうたいきゃく》のために設けられた貴賓席《きひんせき》に案内している老人は、彼がロケット工学を志《こころざ》すきっかけを作った、ヘルマン・オーベルトだった。州知事、市長、各国大使に議員や軍人、取材のカメラマンなどをかき分けて、彼らはようやく席に到着《とうちゃく》した。

「オーベルト先生！　お席はこちらです、さぁどうぞ。段差にお気をつけて。打ち上げまであと１時間ほどでしょう。……先生に今日ここにおいでいただけて、本当に嬉《うれ》しいです……」

「いや、フォン・ブラウン君、こちらこそ本当にありがとう。本当に……。この目で月面着陸船の打ち上げを見られる日が来るとは……夢《ゆめ》のようだ」

オーベルトは目を細めて、弟子が造り上げた科学の結晶《けっしょう》を見やった。ツィオルコフスキー、ゴダードはすでにこの世を去り、生き残っている黎明期《れいめいき》のロケット工学者は彼だけだった。老博士の胸には万感《ばんかん》の思いが駆《か》け巡《めぐ》った。

――ジュール・ヴェルヌは予言者だったのだろうか？　あの小説に書かれた熱狂《ねっきょう》……フロリダ半島タンパで、コロンビアードと名付けられた大砲《たいほう》が、月へ行く宇宙船を発射する……その様子を見に、世界中から５００万人もの人々が集まり、全ての宿は満室になり、そこかしこに野宿のテントが立ち、街の酒という酒は売り切れ、サンドイッチや果物が湯水のように消費される。群衆《ぐんしゅう》は皆同じ、一つの歓喜《かんき》の中、巨大《きょだい》なエネルギーが炸裂《さくれつ》するのを今か今かと待ち受けている……。

１００年前、あの小説に書かれたのと同じことが、今そのままそっくり、わたしの目の前に繰《く》り広《ひろ》げられている。同じフロリダ半島の、タンパと反対側のケープ・カナベラルで、コロンビア号と名付けられた宇宙船が打ち上げられるのを、一目見ようと海岸に大観衆《だいかんしゅう》が集まっている。集まっている観客が５００万というのはさすがにないだろうが、しかし今は１９６９年だ。５００万よりさらに多くの人々が、テレビ画面越《ご》しにこのロケットを見つめていることだろう……。

管制室《かんせいしつ》では、最後の確認が始まった。全部署の責任者が「ゴー」を出し、いよいよエンジンの点火が許可《きょか》された。

「こちら管制室《かんせいしつ》。アポロ11号、打ち上げの成功を祈《いの》る」

「ありがとう。皆のおかげで順調だ」

アームストロングがそう答えて3分ほどで、サターンV1段目の巨大《きょだい》なF-1エンジン5基は、ついに点火された。ざわめきが絶えることのなかった観客の群《む》れは、一転して人っ子一人いないかのように静まり返っている。サターンVの爆音《ばくおん》がその静寂《せいじゃく》を蹴散《けち》らして、その時が来たことを告《つ》げる。

現地時間9時32分、人類の夢を乗せて、ついにアポロ11号は打ち上げられた。

ロケットを持ち上げる巨大《きょだい》な火柱がゆっくりと伸びてゆく。極低温の燃料タンクを覆《おお》っていた氷がエンジンの振動《しんどう》で剥《は》がれ落《お》ち、火柱の周囲に降り注いだ。そしてみるみるうちにロケットのスピードは音速を超え、フロリダの青空をどこまでも駆《か》け上《のぼ》っていった。

これから3日かけて、アポロ11号は月《つき》の周回軌道《きどう》へと到達《とうたつ》する。そしてその翌日、アームストロングとオルドリンの2人が月着陸船のイーグルに移動し、月面へと向かう。

司令船の窓《まど》の4分の3が、月の姿《すがた》で埋《う》まっていた。打ち上げから3日と数時間。アポロ11号はついに月の入り口に立った。アポロ8号のテレビ中継《ちゅうけい》で見たのと同じ風景、しかしテレビ画面で見るのと、その場を飛ぶのとでは、文字通り天と地ほどの差があった。

「素晴らしい眺《なが》めだ。来た甲斐《かい》があったよ」

アームストロングは、目の前に広がる風景に感嘆《かんたん》の声を漏《も》らした。地球から見上げる時、親指の先で隠《かく》れてしまうほどの大きさだった月は、今、明確に、荒涼《こうりょう》とした大地を持った、ひとつの大きな星だった。

アームストロングたち3人には、ラヴェルが語った月の描写《びょうしゃ》の正確さがよくわかった。実際そこにあるのは白と黒だけで、「大きな、寂《さび》しい、何者も寄《よ》せ付《つ》けない無の広がる世界」だった。そして、その無の世界の後方に、今度は地球のほうが、親指の先に隠れる大きさで見え隠れするのだった。

「こちらヒューストン。月周回軌道進入、ゴーだ」

「了解。月周回軌道進入、ゴー」

地上からの連絡をオルドリンが復唱《ふくしょう》した。10分後、アポロ11号は月の裏側《うらがわ》に入り、地上との交信が途絶《とだ》えた。

地上からのゴーサインは出た。アームストロング、オルドリン、コリンズは、月の周回軌道に乗るかどうか、3人だけで最後の決断をし、実行しなければならない。もしいずれかの装置の不具合で、軌道進入をあきらめるか失敗するかした場合は、月の周回はせず、そのまま地球へと投げ返されることになる。

――ジェミニ8号の失敗を繰《く》り返《かえ》さないため、厳《きび》しい訓練を乗《の》り越《こ》えてきたのだ。12号以降の、後に続くアポロのためにも、絶対にミスはできない。

アームストロングは再度軌道進入時の手順を確認した。

「よし、いよいよ月の玄関《げんかん》を叩《たた》きに行くぞ。バズ、マイケル、準備はいいか」

「オーケー、ゴーだ」

「もちろんゴーだ」

「よし。エンジン点火準備オーケー。バズ、カウントダウン頼《たの》む」

地上の管制室《かんせいしつ》では、皆その瞬間《しゅんかん》の時計の秒針を見つめていた。通信は途絶《とだ》えているが、そうせずにいられなかった。管制室は静まり返っていた。交信再開の時刻《じこく》を過ぎると、すぐに通信担当官がアポロ11号に呼《よ》びかけた。

「こちらヒューストン。アポロ11号、受信できているか、どうぞ。……アポロ11号、こちらヒューストン。応答願う」

「……ばっちり聞こえるよ、ヒューストン」

コリンズの声がした。

「了解。こちらも音声問題なし。噴射《ふんしゃ》の状況はどうか」

「そいつもばっちりだ。パーフェクトだったよ」

アポロ11号はついに月の敷地《しきち》に入った。周回軌道《きどう》を回りながら、アームストロングは「静かの海」と呼《よ》ばれる、色の濃《こ》いエリアを探した。彼らは、３００年前からそう呼ばれている場所に降りることになっているのだ。海といっても、水があるわけもなく、一面の岩と砂に覆《おお》われた場所で、無人探査機の調査で有人着陸の候補地《こうほち》として一番に挙げられた場所だった。

——静かの海、という場所に降りるのは気に入ってる。俺もバズも、賑《にぎ》やかなのは好きじゃないから……。

地上では日付が変わり、7月の20日になった。あとはもうドアを開けて、足を踏《ふ》み入《い》れるだけ。アームストロングとオルドリンは、着陸船に乗り込む準備を始めた。


「それじゃイーグル、元気でな」

「また後で会おう」

コロンビア司令船のコリンズと、イーグルに乗り込んだアームストロングが短い挨拶《あいさつ》を交わした。

一分後、それはコロンビアが月をちょうど12周した時だったが、アームストロングとオルドリンを乗せたイーグルのエンジンが点火され、コロンビアとイーグルは分離《ぶんり》した。

地上の管制室は緊張《きんちょう》に包《つつ》まれた。ここまでの行程は、アポロ10号までのミッションですでに成功させていたものだ。ここから先が未知の領域《りょういき》になる。アームストロングは地上で徹底《てってい》した着陸訓練を行ったが、それはあくまで地球での話だ。引力が地球の6分の1しかない月面で果たして同じように行くのかどうか、そして月の地表は着陸船が着陸可能な地質なのか、まったくわからないのだ。

しかしアームストロングは準備が整うと、ためらわずに月面に向けて降下を開始した。

イーグルは、決められていた降下地点に向けて自動操縦《じどうそうじゅう》を開始した。自動といっても、船内のアームストロングとオルドリンは、計器のチェックと飛行を安定させるための操作を同時にこなさなければならず、大忙《おおいそが》しだった。やっと地表を確認できる高度まで降りてきたが、突然《とつぜん》船内にアラームが響《ひび》いた。

「プログラム・アラーム。１２０２」

アームストロングが、パネルに表示されたエラーコードを読み上げた。アラーム音を聞いたヒューストンの管制室は心臓《しんぞう》が止まりそうになった。運用管制官はすぐに、「続行か、中止か？」を誘導担当官《ゆうどうたんとうかん》に問うた。このアラームが発生した状態での降下テストを経験していた26歳の誘導担当官は、顔色ひとつ変えずに「ゴーだ。着陸続行」と即答《そくとう》した。

１２０２はコンピューターがフリーズしないよう、すべての処理をいったん中止して、最初から計算し直している、という意味のコードだった。これはプログラマーが、万が一にもミッションに取り返しのつかない中断が起こらないようにと、フリーズを回避《かいひ》するために入れたプログラムだった。

宇宙飛行士だけではない、このミッションに関わる誰もが、この日のために万全の準備と気の遠くなるようなリハーサルを重ねてきていた。その努力がなかったら、イーグルのプログラムは機能を停《てい》止《し》し、着陸中止の命令が下っていたに違いない。

「アラームは無視してかまわない、着陸続行してくれ」

アラームが鳴ってからわずか20秒で、地上から返答があった。

「了解」

アームストロングとオルドリンは目標に向けて高度を下げ始めた。高度500メートル付近になると、地表の様子がはっきり確認できるようになってきた。目標の降下地点に近づき、アームストロングの目の前に大きなクレーターが見えた。

「どうやらあのクレーターの横が目標地点のようだが……」

アームストロングの目に、石ころだらけの地面が見えた。石ころと言っても、中には小型自動車くらいの大きさの塊《かたまり》もある。飛行機だったら、積極的に着陸したいとは思えないコンディションだ。それがイーグルであればなおさらだ。アームストロングはすぐさまイーグルの姿勢制御《しせいせいぎょ》を手動に切《き》り替《か》えた。エンジンのほうは変わらずコンピュータに任せ、もっと適切《てきせつ》な着陸地点を見定めることに集中した。またI202のアラームが鳴り響いたが、アームストロングの操作に影響《えいきょう》を与《あた》えることはなかった。

「手動の姿勢制御は問題ないな……燃料は？」

アームストロングは隣《となり》の席のオルドリンに尋《たず》ねた。「8％」とオルドリンがメーターを読んだ。

――姿勢のコントロールで時間は稼《かせ》げる。しかし燃料にあまり余裕がない。燃料ってのは、メーターがゼロを表示してもタンクの中にはまだ少し残っているものだ……しかし、残量ゼロまで粘《ねば》るのは、よほどのことがない限り避《さ》けたい。

イーグルはわずかに左に旋回《せんかい》した。アームストロングが「いい場所を見つけた」とつぶやいた。月面からの高度はすでに１００メートルを切り、75メートル。

「いい調子だ……今高度30メートル、燃料残り５％」

オルドリンにもアームストロングが見つけた場所がわかったようだった。イーグルのエンジンの噴《ふん》射《しゃ》が、月面の砂を吹き飛ばすのが窓《まど》から見えた。アームストロングは、「地上で濃《こ》い霧《きり》と強い風が出ている時に着陸するのと、よく似ている」と思った。

「コンタクトライト。……エンジンストップ」

「……ヒューストン、こちらイーグル。『静かの基地』に着陸した」

アームストロングは、降りた地点を手短に表現するのに、思わず「静かの基地」と口にした。着陸を意味するオルドリンの専門用語に続き、アームストロングがはっきり「着陸」と口にしたので、ヒューストンの管制室は金縛《かなしば》りが解けたように、いや、シャンパンの栓《せん》が抜けたように、空気が弾《はじ》けた。誰かが堪《こら》えきれず歓声《かんせい》を上げた。

「みんな真っ青になってたが、やっと息ができるよ。ありがとう」

通信担当官の言葉と共に、地上から声にならない歓喜《かんき》が伝わってきた。アームストロングとオルドリンが顔を見合わせると、相手の頬《ほお》には抑《おさ》えきれない笑みが漏《も》れ出《だ》していた。お互《たが》いそれを見てさらに笑顔になった。オルドリンが手を差し出す。アームストロングも同じように手を伸《の》ばし、２人は固く握手《あくしゅ》をした。

「やあ、静かの基地。上から見ていたけど、素晴らしい着地だった。やったな、２人とも」

月の空の上から、コリンズの声がした。

「ありがとう、マイケル……俺たちが帰るまで、そちらの基地の警備《けいび》をよろしく頼むよ」


着陸後の管制室とのやりとりも一段落したところで、食事の時間が30分設けてあったので、まずは月世界でのランチに取《と》り掛《か》かることにした。アームストロングが宇宙食を準備していると、オルドリンが急ごしらえのテーブルになにやら広げはじめた。

アポロ11号の乗組員たちは、安全上問題ない品で、少量ならば、個人的な持ち物を持ち込んでよい、と言われていた。オルドリンが取り出したその持ち物は、通っている教会の司祭に用意してもらったパンとぶどう酒、それを注ぐための杯《さかずき》だった。それを教会の祭壇《さいだん》と同じように並べている。

――……まさか……バズは、ここでミサを行おうとしているのか!?　どうして……、あ、そうか、今日は……。

アームストロングは面食らったが、ふと今日の曜日を思い出して納得した。

――今日、7月20日は日曜日だ。バズはいつも聖書《せいしょ》を持ち歩いているくらいだから、たとえ月でも、日曜のミサを無視するなんてできなかったんだ。

敬虔《けいけん》なキリスト教徒であるオルドリンは、生まれてこの方欠かしたことのない日曜の礼拝《れいはい》を、ここでもしなければいけないのだった。オルドリンは準備を済《す》ませると、しばらく邪魔《じゃま》が入らないように、地上に向けてこう言った。

「ヒューストン、こちら静かの基地。……もし差し支えなければ、今少しお時間を頂いて、我々《われわれ》の着陸がうまくいったことに、皆さんなりのやり方で感謝の祈《いの》りを捧《ささ》げてください」

前年、8号が月周回《つきしゅうかい》軌道《きどう》からの中継《ちゅうけい》で聖書《せいしょ》を読んだことが、後々問題を巻《ま》き起《お》こしていた。ある無神論者が、宇宙空間にまで宗教を持ち込むなと、NASAに裁判を起こしたのだ。オルドリンはどうしてもこのミサを実行したかったが、世間にいらぬ波風を立てることも望まなかったので、この時間の説明を曖昧《あいまい》な表現にとどめて、あくまで個人的な行いとして、ミサを行うことにしたのだった。

オルドリンが小さな杯《さかずき》にぶどう酒をそっと注ぐと、機械まみれの宇宙船内にあまり似《に》つかわしくない、美しいルビー色の液体が、ゆっくり杯の中に降《ふ》っていった。オルドリンはその液体の動きを学者の視点で観察してみたかったようだが、我慢《がまん》してミサを執《と》り行《おこな》った。過去に類《るい》を見ない月面での日曜礼拝《れいはい》の様子を、アームストロングは黙《だま》って見守った。

――なるほどな、だからバズは、俺にも黙ってやればいいって言ったのか……。

月でのミサが執《と》り行《おこな》われているころ、コリンズが一人で守ることになったコロンビアは、月の裏《うら》側《がわ》に入り、無線が通じなくなった。

「……世間じゃ俺のことを、アダム以来の孤独《こどく》な男、なんて言ってるらしいけど」

コリンズはアダムどころか、両親が二人で旅行に出かけた夜の中学生のように、解き放たれた気分だった。何日間も管制室やらテレビ中継《ちゅうけい》やらに見張られていた良い子は、やっとひとりになれたのだ。これで漫画《まんが》も読み放題だし、好きなレコードをでかい音で聴いても怒られないし、好きなだけ夜《よ》更《ふ》かしもできる。そんな気分だった。月の裏側《うらがわ》に、口笛が響《ひび》いた。

「驚《おどろ》いたことに、ちっとも寂《さび》しくない。まぁ、よく考えてみると、俺は17年間ひとりで飛行機を飛ばしてたんだから、別にいつものことだったんだな。アダムは本当に孤独だったけど、俺の船には帰ってくる奴《やつ》らがいることだし」

一方、その頃イーグルでは、船内の気圧を下げるのに時間がかかっていた。ようやく減圧《げんあつ》が終わり、イーグルのハッチが開いた。船外活動用の白い宇宙服に包《つつ》まれ、アームストロングがゆっくり身を乗り出した。月の表面温度は陽《ひ》が当たると摂氏《せっし》120度、夜になると摂氏マイナス200度を下回る。それに加えて宇宙空間の放射線《ほうしゃせん》にもさらされている、人間にとっては過酷《かこく》な世界だ。

そんな場所で活動するには、生半可《なまはんか》な装備では耐《た》えられない。呼吸《こきゅう》のための酸素《さんそ》ボンベに加え、換気《かんき》、冷却《れいきゃく》、圧力調整などを行う生命維持装置《せいめいいじそうち》を背負《せお》う必要がある。重装備になったアームストロングは、ハッチから這《は》い出《で》るのも一苦労だったが、オルドリンの助けを借りてなんとか外に出ることができた。

世界中がアームストロングを見守っていた。イーグルの下段に取り付けられたテレビカメラが、ハッチ前の小さな踊《おど》り場《ば》からぶら下がった梯子《はしご》を映し出している。9段の短い梯子だったが、この梯子こそ、月を夢見た者たちが長年築いてきた、38万キロメートルの梯子の、最後の9段であった。

ジュール・ヴェルヌ、コンスタンチン・ツィオルコフスキー、ヘルマン・オーベルト、ロバート・ゴダード、セルゲイ・パーヴロヴィチ・コロリョフ、ヴェルナー・フォン・ブラウン、ユーリィ・ガーリン、すべての宇宙飛行士たち、科学者たち、技術者たち、宇宙開発を取《と》り巻《ま》くすべての人たち、ロケットの打ち上げをケープ・カナベラルで、テレビ越《ご》しに、期待を込めて見つめた人たちの、皆の手によって、今、一人の男が最後の1段を登る。

――そう。今、俺がいるのは静かの海。地球からいつも見えている、月の表側だ。だから、この梯子は地球から見たら天に向かって、月面に向かってかかっているんだ。

砂が舞《ま》った。流れのない水底をかき混ぜた時のように、アームストロングのブーツが舞《ま》い上《あ》がらせた砂粒は、ゆっくりと静かに拡散《かくさん》していった。

「……これは一人の人間にとっては小さな一歩だが、人類にとっては大きな飛躍《ひやく》だ」

アームストロングは前を見た。ただただ一面、砂と岩だけの世界だった。アメリカ西部の砂漠《さばく》に似《に》ている、と思ったが、やはり地球の眺《なが》めとは違った。大気がないので、地平線の果てまでぼやけずはっきりと見通すことができるのだ。そして、地平線を鋭《するど》く切っている、漆黒《しっこく》の空。生命のかけらもない、荒涼《こうりょう》とした世界。美しかった。

「砂の深さは2、3センチくらいか……とても粒子《りゅうし》が細かい。靴《くつ》の跡《あと》がはっきり残る」

アームストロングは少し歩いたり跳《は》ねたりして、月での動作の感じをつかんだ。思っていたより動きやすかったので、すぐに土壌《どじょう》サンプルの採取を始めた。月の物質を持ち帰ることが、船外活動での最優先ミッションだ。いつトラブルが起きて船外活動が中止になってもいいように、外に出たらまず近くの石や砂をポケットに突《つ》っ込《こ》んでおくこと。それが、アームストロングが真っ先にしなければならない仕事だった。それが済《す》むと、彼はカメラを取り出して撮影《さつえい》を始めた。

19分後、オルドリンもハッチの外に出てきた。アームストロングはその様子をカメラに収めた。月への一歩を踏《ふ》み出《だ》したオルドリンは、月面を見渡して「壮大《そうだい》にして荒涼」と言った。2人は肩《かた》を叩《たた》き合って、「やったな」とお互《たが》いを称《たた》えた。

船外活動は、8日間の飛行計画のうちたった2時間しかない。各種科学実験用の測定装置《そくていそうち》の設置、テレビ中継《ちゅうけい》に撮影記録《さつえいきろく》、星条旗《せいじょうき》を立てたり、大統領《だいとうりょう》と電話したりと、二人は感慨《かんがい》にふける時間もなく、忙《いそが》しく動き回った。

「……ヒューストン……ヒューストン、こちらコロンビア。様子はどうだい？」

オルドリンが星条旗を立てるのに四苦八苦している最中に、コリンズが月の影《かげ》から出てきた。テレビ中継を見られないコリンズのために、通信担当官が状況を説明する。

「船外活動はとてもうまくいってるよ。今星条旗を立てようとしているところだ」

「すごいな！」

「テレビ中継もうまくいってる。映像はかなり綺麗《きれい》だ」

「そいつは素晴らしいね！」

コリンズは一人で喜びを爆発《ばくはつ》させていた。もし二人と同じ場所にいたら、ハイタッチして抱《だ》き合《あ》ってるところだ、と思った。

――そりゃあ、俺だって月に降りたかったさ。でも、そもそも俺が11号に乗れたのは、ラヴェルが代わってくれたからだ。

コリンズは当初、アポロ8号に乗る予定だった。元々月面に降りる運命ではなかったのだ。それだけなのだ。

――だいたい、ニールとバズは二人ともすごい男だからな。テストパイロットの時代から、ニールは他の奴《やつ》らと違った。バズはおそろしく頭がいい。頭の中にコンピューターが入ってるみたいなんだ。スレイトンが二人を選んだ理由はよくわかる。あの二人なら、なにがあっても切り抜けられるだろうから。彼らとここまで来られて、ほんとうによかったよ。

「旗《はた》が立った……月に星条旗《せいじょうき》が立ったぞ！」

ヒューストンが、リビングでテレビにかじりつく子どものように、コリンズに呼《よ》びかけた。

「やったな！　ほんとに素晴らしい……」

コリンズは眼下《がんか》の月面に向かって、惜《お》しみない拍手《はくしゅ》を送った。


アームストロングは、月面での作業が思っていたより快適《かいてき》に進むので、2時間を非常に短く感じた。管制室でもその様子を見て、15分の延長《えんちょう》を許可《きょか》した。

「もう少し時間があれば、もっと質のいい岩のサンプルを探しに行けるんだがなあ」

オルドリンが残念そうにつぶやいた。アームストロングも同感だった。

――15分と言わず、あと2、3時間くらい余裕で働けるぞ。しかし、それが可能かどうかを確認しに来るのが我々《われわれ》の役目だったわけだからな。月面でたっぷり遊ぶお楽しみは、この後に来る飛行士たちのものだ。

コロンブスの後に多くの探検家が続いたように、アポロ11号はゴールではなく、この後に続く探検家のための港となるのだ。


「活動終了3分前だ」

通信担当官が残り時間を告《つ》げる。イーグルに戻《もど》る時が来た。二人は、採取した月の岩の保存容器と船外カメラのフィルムを船内に運び込み、不要になったものを月面に投棄《とうき》した。残していくイーグルの下段と共に、ただの記念碑《きねんひ》になってくれることだろう。

後はハッチを開けて船内に戻るだけだ。アームストロングは、最後に残しておいた、個人的な仕事に取《と》り掛《か》かった。

「バズ、君の袖《そで》のポケットに預けておいたものをよこしてくれ」


2ヵ月前、オルドリンは、自分の部屋を訪ねてきたアームストロングの話を聞き、協力するための作戦を練った。

「ニール、我々《われわれ》の行動はすべて記録《きろく》されて、公開もされる。特に月面に降りてからは、テレビカメラの映像と通信はすべてリアルタイムで丸裸《まるはだか》だ」

「そうなんだよなあ」

「だが抜《ぬ》け道《みち》はあるぞ。月面に置いてくるメッセージ・ディスクの話を聞いただろう？」

「ああ、世界各国の指導者《しどうしゃ》から集めたメッセージを記録《きろく》して持っていくんだろう」

「そう。そいつに相乗りさせてもらうんだよ。袋《ふくろ》かなにかに入れて持っていくことになるだろうから、その中に入れてしまえばいいんだ。カメラに映るのは、あくまでメッセージディスクの入った袋――ってことだ」

アームストロングは、思わず手のひらに握《にぎ》りしめていた2枚のメダルに目を落とした。

「……そうか……なるほど、そうか。それならいけそうだな」

二人は顔を見合わせて、黙《だま》ってうなずいた。


白い小さな布の袋が、ゆっくりと灰色の砂地に降りてゆく。その中には、メッセージが刻《きざ》まれたディスクの他に、5人の宇宙飛行士の名前が刻まれた、3つの品が忍《しの》ばせてあった。

ガス・グリソム、エドワード・ホワイト、ロジャー・チャフィーの3名の名が刻まれた、彼らの宇宙服に縫《ぬ》い付《つ》けられるはずだった、アポロ1号のエンブレム。

そして、ソユーズ1号で墜落死《ついらくし》したソ連のウラジーミル・コマロフと、その親友、ユーリィ・ガガーリンの名がそれぞれ刻まれた、2枚の記念メダル。

月を目指しながら、地上で散った5人の名を、アームストロングはここまで連れてきた。これこそが自分のなすべき仕事だと信じて。

――5人とも、ここまで我々《われわれ》と共に来てくれてありがとう。なによりも、心強かった。君たちがいなかったら、俺は今ここに立っていない。だから俺は、君たちの名を、永久に月に残してゆく。

5人の名は月の砂に音を立てることなく着地し、飛び立っていくイーグルを見送った。地上に月の輝《かがや》く夜が来れば、見上げればそこに彼らの名が静かに光っている。今も、これからも、永久に。

生還への道

アポロ13号

1969年7月、ペンシルベニア州東部に広がるポコノ山地は、その日も青々とした真夏の稜線《りょうせん》を空に並べて、さわやかな風の通り道になっていた。ニューヨークやフィラデルフィアから車で2、3時間も走れば、この大自然の中のリゾート地にたどり着く。7月の週末ともなれば、週末旅行の都会人たちで、どのホテルも満室になり、山へハイキング、川へカヌーや釣《つ》りにと出かける人々で賑《にぎ》わう場所だ。

この週末、丘《おか》の上にある一棟《ひとむね》のホテルには、100名以上の団体客が宿泊していた。一行は黒人女性の社会活動団体、アルファ・カッパ・アルファのメンバーたちで、ホテルの一番大きなホールを借り切って、彼女たちの使命である奉仕活動《ほうしかつどう》についての会議を開いているはずだった。しかし、会議は途中で投げ出され、皆《みな》テレビにかじり付くか、ラジオに耳を寄《よ》せ合《あ》って固唾《かたず》をのんでいた。

「あぁ、お願い神様……。彼らを無事に月に降《お》ろして……」

テレビの一番前で、ほとんど泣いているようなかぼそい声がした。集まっている全員が、その声と同じ気持ちで画面を見つめていた。

「どうなの、キャサリン。あなた、ここの仕事をしてるんでしょう。お願い、大丈夫《だいじょうぶ》って言ってちょうだい」

テレビの前のおしくらまんじゅうから一歩引いたところに立っていた大柄《おおがら》な中年女性が、横に立つ小柄《こがら》で眼鏡《めがね》をかけた女性にすがりついた。眼鏡が傾《かたむ》いている。テレビの中で動きがあるたびに、肩《かた》をつかまれ、揺《ゆ》すられているからだ。

「グロリア、これぱかりはわたしには分からない……」

キャサリンと呼ばれた50歳くらいの人物は、少し困《こま》ったような表情を浮《う》かべて言った。だが、すぐに気を取り直して、ずれた眼鏡を涼《すず》しい顔で直しながら、こう続けた。

「でも、大丈夫《だいじょうぶ》。宇宙飛行士たちは皆とても優秀だから」

不安を微塵《みじん》も感じさせない、落ち着いたつぶやきだった。画面の上から下へと流れていた月の地表の映像が、真っ暗な影《かげ》だけになり見えなくなった。皆息を大きく吸《す》い込《こ》んで固まった。

次の瞬間《しゅんかん》、ニール・アームストロング船長の「着陸船イーグルは『静かの基地《きち》』に着陸した」の声が流れ、部屋の中は悲鳴とため息の中間のような、声にならない声であふれた。騒《さわ》ぎ立《た》てる者はいなかった。ここに集まっているのは、団体を代表するにふさわしい品位を備えていると認められた女性ばかりだったからだ。皆目を潤《うる》ませて抱《だ》き合《あ》い、互《たが》いの手を握《にぎ》り、祝福《しゅくふく》の言葉を口にしながら画面を見つめる中、彼女――キャサリン・ジョンソンだけが、仕事の目をしていた。

――一番大事なのはこの後……。月面からの離脱《りだつ》が予定時刻に行えるかどうかで、この後のコロンビア司令船とのランデブーがうまくいくかどうかが……彼らが地球に帰って来られるかどうかが、決まる。……わたしたちはこの日を成功させるために、毎日夜中まで働いたのだ……。

キャサリンは、イーグルとコロンビア、2つの軌跡《きせき》が交わる一点を頭に思《おも》い浮《う》かべていた。自身の能力を振《ふ》り絞《しぼ》って導《みちび》き出《だ》した、その一点を。

キャサリンが外の空気を吸《す》いにホテルのロビーへと向かうと、そこでもテレビの前に人だかりができていた。一人の少年がテレビを横目で見ながら片手でリンゴを放り投げ、もう片方の手で受け止め、を繰《く》り返《かえ》している。地上でリンゴを1メートル投げる程度なら、割らずに受け止めることは簡単だ。そこに必要なのは多少の運動神経《うんどうしんけい》だけで、複雑《ふくざつ》な計算はいらない。しかし、宇宙船を月に放り投げ、そこから地球に帰って来させるとなると、話はかなり複雑になる。あらかじめ、宇宙船が進むべき道である「軌道《きどう》」をしっかり決めておかないと、帰ってくることはできない。

　宇宙では、遠くに見える目標に向かって歩いていき、帰りはUターンして来た道を帰る、という単《たん》純《じゅん》な手法は使えない。地球上の出発地点と、月の地表の目的地は、自転と公転で常《つね》に――すさまじい速度で、とんでもない距離《きょり》を――移動している。地球は真球ではなく少し歪《ゆが》んでいるし、地球の周りをまわる月の軌道は真円ではなく楕円形《だえんけい》なので、地球から月の距離は常に一定ではない。しかも、アポロ宇宙船が帰る場所は地球のどこでもいいわけではなく、海面のうち、米海軍艦艇《ぐんかんてい》がたどり着ける領域《りょういき》でなければならない。そして、宇宙空間には天体の重力という、目に見えない大きな力がひしめき合っている。

　打ち上げから再突入《さいとつにゅう》、着水まで、アポロ計画で求められる軌道計算は、こういった複雑な要素すべてを取り入れなければならない。

　キャサリンは、この難しい問題に喜んで取り組める、数少ない人物だった。NASA《ナサ》という機関は、こういう計算をやりたくてうずうずしている男女が、他の場所よりも多く存在している場所ではあったが、キャサリンほど素早く、かつ正確にやってみせる者は他にいなかった。

20数年前。

小さなガソリンエンジンを載せた木と布の飛行機がはじめて空を飛んでから、およそ40年ほどの間に航空機《こうくうき》は飛躍的《ひやくてき》な進歩を遂《と》げた。２度の大戦が巨大《きょだい》な市場となり、世界中で大きく成長したのだ。その勢いはますます加速し、航空機の開発は、すでに音速の壁《かべ》に挑《いど》もうとするところまで来ていた。

バージニア州ハンプトンにある、アメリカ航空諮問委員会《しもんいいんかい》ラングレー研究所は、まさにアメリカの航空機開発の最先端《さいせんたん》を担《にな》う存在だった。ところがこの頃、研究所の人事担当は、ある深刻《しんこく》な問題に頭を抱《かか》えていた。

「あまりに人が足りない！　物理学者、数学者、計算手が１００人単位で必要なのに、大学出の若い男性はすべて軍に取られてしまって、影《かげ》も形もない。女性も男が抜けた職場や他の軍需《ぐんじゅ》産業に引っ張りだこで、どれだけ求人をかけても一桁《ひとけた》の応募しかない……女子学生を卒業したそばからかき集めてもまだ足りない……いったい、どうすればいいんだ」

進歩した航空機の開発には、高度な数学と物理の計算が大量に必要だ。しかし、１９４１年12月、アメリカが正式に第二次世界大戦に参戦して以降、研究所の人手不足はますます悪化した。戦局は、海域を支配するパワーである制海権《せいかいけん》より、その頭上を支配する制空権のほうが重要だという状況に変わりつつあったため、航空機の開発者は、敵《てき》より高性能な軍用機を絶《た》え間《ま》なく供給《きょうきゅう》することを求められたからだ。「勝利は空から！」というのが戦時中のラングレー研究所のスローガンだった。だが、増え続ける需要《じゅよう》に見合うスタッフの増員がまったく追いついていなかった。

切羽詰《せっぱつ》まったラングレー研究所を救ったのは、黒人解放運動だった。1941年、大統領フランクリン・ルーズベルトは、防衛産業《ぼうえいさんぎょう》における人種差別の撤廃《てっぱい》を命じた。これをきっかけに、研究所の計算チームは前例のない採用を始めた。これまで清掃《せいそう》や雑務でしか雇《やと》ってこなかった、黒人女性に助けを求めたのだ。

数学教師のキャサリン・ゴーブルが、「ラングレー研究所には黒人女性の数学者を集めた部署《ぶしょ》があって、まだ採用を行っているらしい」と聞きつけたのは、それから10年近く経ってからだった。

彼女は、親戚《しんせき》が見せてくれた求人広告を、一等の当たりくじを見るように見つめた。

――飛び級で大学に入り、大学院まで進んでも、黒人の女にできる最もよい仕事は、同じ黒人の子どもが通う高校の教師止まり。それが現実だと思ってた。でも、でも……！

ラングレーで仕事をするには、夫も自分も今の仕事を辞《や》め、3人の子どもを連れて引《ひ》っ越《こ》さなければいけなかった。今の仕事でも、家族5人、なんとか生活はできている。しかし……。キャサリンは揺《ゆ》れに揺れた。

――わたしは数学教師を天職だと思っているし、教育者である自分に誇《ほこ》りを持ってる。未来ある子どもたちに数学を学ぶことの素晴らしさを説き、道徳と自尊心《じそんしん》を持つ人物に育てるのは、わたしに与《あた》えられた使命だ。それを疑《うたが》うことなんてなかった。でも、数学者の仕事、それもおそらく、教師として扱《あつか》うのより、はるかに高度な数学を扱うであろう仕事で、給料は3倍！

キャサリンが悩《なや》んだのは、結局わずかな時間だった。ゴーブル一家は、翌週《よくしゅう》には引っ越しの荷物をまとめ始めた。キャサリンも、ニール・アームストロングのように、教師を天職の座から蹴《け》り落《お》とす仕事に出会ってしまったのだ。

申し分ない学歴を持っていたキャサリンは、問題なくラングレー研究所の計算手として採用された。そこはキャサリンにとって、夢《ゆめ》のような場所だった。一日中大好きな計算をしているだけで、3人の子どもたちの教育費をじゅうぶん稼《かせ》ぐことができる。なにより素晴らしかったのは同僚《どうりょう》だった。同じグループの黒人女性たちも、彼女らに指示を出す立場である白人男性の技師たちも、キャサリンのずば抜けた数学の能力をきちんと理解し、評価できる人物ばかりだったのだ。

研究所から一歩出れば、アメリカ社会は白人の場所と、黒人の場所と、明確に境界線《きょうかいせん》が引かれていた。目に見える場所だけではなく、人の心の中にまで。研究所内にもその境界線は続いていて、キャサリンたち黒人女性はしばしばそれにつまずいたが、彼女たちの能力は、その線を徐々《じょじょ》に点線に、いくつかの場所ではほとんど透明《とうめい》に変えていった。

黒人女性の計算手たちは、非常に優秀だった。元々の数学の能力が高いというのはもちろんのこと、彼女たちには白人たちが気づいていないであろう、一つの強い覚悟《かくご》があったからだ。

——わたしたちは白人や男性と同じ仕事ができるし、共に働くことに何の問題もない。そのことを理解してもらえるかどうかは、先頭に立ったわたしたちにかかっている。……であれば、絶対に失敗してはならない。なぜなら、わたしたちの後ろに、順番を待っている者たちがいるから。同じ黒人の若者たち、子どもたちがいるから。

この覚悟が、彼女たち自身の立《た》ち居《い》振《ふ》る舞《ま》いを厳しく律《りっ》し、より高い評価を受ける存在に押し上げたのだ。

「キャサリン・ゴーブル。飛行研究部門が、新しい計算手を必要としていて、こちらに派遣要請《はけんようせい》がきています。あなたが適任《てきにん》だと思うので、さっそくそちらに出向いてください」

キャサリンの入った部署の責任者がそう告《つ》げたのは、彼女が入所してまだ2週間しか経っていない頃だった。キャサリンは、黒人女性だけの計算グループから飛び出し、航空機開発を志《こころざ》す学生たちが憧《あこが》れてやまない部署で働くことになった。

やがて戦争が終わると、軍用機の開発競争が落ち着く代わりに、宇宙開発がなにかと騒《さわ》がしくなっていった。キャサリンがラングレー研究所に入所して5年後、役目を終えたアメリカ航空諮問《しもん》委員会は解体され、研究所は新しく生まれたアメリカ航空宇宙局——通称《つうしょう》NASA《ナサ》に引《ひ》き継《つ》がれた。

NASAでは、有人宇宙飛行計画を取り仕切る、精鋭《せいえい》が集められた部門「スペース・タスク・グループ」が新たに作られ、旧《きゅう》ラングレーの精鋭《せいえい》たちが抜擢《ばってき》された。その中に、キャサリン・ゴーブルの名もあった。

キャサリンは仕事の上では飛躍《ひやく》を遂《と》げたが、プライベートでは大きな不幸に見舞《みま》われていた。17年連《つ》れ添《そ》った夫を脳腫瘍《のうしゅよう》で失ったのだ。死を覚悟した病床《びょうしょう》の夫に、彼女は誓《ちか》った。

「娘たち3人は、わたしの手で必ず大学に入れて、彼女たちが望む道に歩ませてみせる。大丈夫《だいじょうぶ》、なにも心配いらないから……」

キャサリンは、亡くなった夫の代わりに、大黒柱と父親の役も担《にな》うことになってしまった。彼女は悲しみをこらえて自分の運命に従っていたが、その道には優しい出会いも待っていた。

キャサリンは最初の夫を失った3年後、彼女の仕事のよき理解者である、ジェームズ・A・ジョンソンと、ささやかな結婚式を挙げた。母の悲しみと苦労を癒《い》やしてくれるであろうこの結婚を、娘たちも心から祝福《しゅくふく》した。この日から、彼女はキャサリン・ジョンソンと名乗ることになる。

ポコノの山々が紫《むらさき》の夕暮れに沈《しず》んでゆく頃。アポロ11号という人類の一大イベントにいっとき心を奪《うば》われたものの、アルファ・カッパ・アルファの会議はそれなりにまとまった。キャサリンたち年長者は、奉仕活動《ほうしかつどう》に必要なノウハウを、若いメンバーたちにみっちり教え込むことができた。会は無事お開きとなり、キャサリンはご近所さんであるグロリアを自分の車に乗せ、ヒューストンへの家路《いえじ》についた。

助手席のグロリアは、はじめてそれを見るような顔で、窓《まど》の外の夜空を見つめている。

「あんな何もない暗闇《くらやみ》をずっと飛んでいった人たちがいるなんて、本当に信じられない」

カーラジオでは、アームストロング船長とオルドリン操縦士が船外活動を始めるまで、２人の経歴《けいれき》やアポロ計画の経緯《けいい》などを解説していた。

「彼ら、怖《こわ》くないの？　どうするのよ、宇宙で迷子《まいご》になっちゃったら。あんな真っ暗で、道も道路《どうろ》標識《ひょうしき》もないのに……」

キャサリンは、心配するグロリアをなだめるように話した。

「目には見えないけど、道はちゃんとあるの。宇宙船が飛ぶ道は、あらかじめ計算して全部決めてあって、それを機械に全部登録しておいて、その通りに飛ぶだけ。少し道から逸《そ》れても、宇宙飛行士たちはちゃんと元に戻《もど》せるから大丈夫よ」

「そうなの？　……でも機械ってよく壊《こわ》れるじゃない。もし宇宙を飛んでる最中に、うちの洗濯機《せんたくき》みたいに、その機械が故障《こしょう》したらどうするの？」

キャサリンは、何かを思い出すように少し微笑《ほほえ》んだ。自動操縦が嫌いな宇宙飛行士たちの文句と、まったく同じだったからだ。

「宇宙飛行士たちにも同じこと言われたっけ……。機械が壊れても、宇宙船の操縦はパイロットたちができるんだから、それはべつにいいの」

「なんだ。じゃあ壊れても困《こま》ることはないってこと？」

「ううん……。機械が使えなくなった時、一番困《こま》るのは……宇宙船が今どこにいて、どっちを向いて飛んでるのかを把握《はあく》できなくなること」

「何よりも優先させないといけないのは、宇宙飛行士たちを無事に地球まで帰すこと。これだ」

ヒューストンにNASAの有人宇宙船センターが完成すると、スペース・タスク・グループはそこに引《ひ》っ越《こ》した。責任者のロバート・ギルルースは、アポロ計画の有人飛行ミッションを目の前にして、チームのメンバーに厳《きび》しい要求を突《つ》きつけた。

「宇宙飛行士たちを必ず無事に帰す……そのために、我々《われわれ》は宇宙船、飛行計画、コンピュータプログラムなど、すべての要素に99・9パーセントの安全性を求める。それが達成されないパーツは、決して採用しない。君たちは、採用される仕事をしてくれ。頼《たの》んだぞ」

「……失敗していいのは、1000回に1回だけってことだな」

ハロルド・ヘイマーは、オフィスのカフェテラスで煙草《たばこ》に火をつけ、煙《けむり》といっしょに深いため息をついた。

「宇宙飛行士の気持ちになったら、100回に1回でも多い気がするけどね」

ヘイマーの部下であるキャサリンは、コーヒーに入れようと小さな砂糖《さとう》の紙袋《かみぶくろ》を手に取ったが、思い直してトレーにそっと落とした。

ヘイマーとキャサリンは、スペース・タスク・グループが発足する時、軌道計算《きどうけいさん》を担当する部署に抜擢《ばってき》されていた。マーキュリー計画の時から、２人は軌道計算を担当してきた。そしてついに、アポロ計画で人類の夢へと向かう道を、選ばれた宇宙飛行士たちに最もふさわしい一本の軌道を、編《あ》み出《だ》す時が来ていた。

ヘイマーはキャサリンの言葉に、「もっともだ」とうなずいて言った。

「きみは宇宙飛行士に信頼《しんらい》されてるものな。正直、うらやましかったね。ジョン・グレンの、あのリクエストは……」

「あれは、わたし個人に対してじゃなく、わたしを抱《かか》えるチーム全体への信頼でしょう」

キャサリンはブラックのコーヒーを味わいながら、１９６２年の記憶を深く掘《ほ》り返《かえ》そうと、窓《まど》の向こうの空を眺《なが》めた。

それはジョン・グレン宇宙飛行士が、フレンドシップ７号でアメリカ初の有人地球周回飛行に挑《ちょう》戦《せん》した、マーキュリー計画の時のことだった。初めての試みにＮＡＳＡは万全の体制《たいせい》を整え、万が一がないようにと、宇宙船の操縦はすべて、地上のコンピュータから無線の自動操縦で行うことにしていた。飛行する軌道は、ＩＢＭの最新コンピュータを使って計算されたものだった。

飛行前の最終リハーサルをミスなく終えたあと、彼はコンピュータが弾《はじ》き出《だ》した軌道について、ヘイマーに一つだけ注文をつけた。

「言っとくが、コンピュータを信頼してないわけじゃないぞ。ただ、俺は自分のフライトについて、すべて把握《はあく》できてないと気が済《す》まないんだ。つまり、これはどういうわけでこうなってる？　と俺が聞いた時に、理由を答えてくれる、地上の誰かが存在してないと困《こま》る、ということだ。コンピュータはそれができない。これは、テストパイロットなら10人が10人同じことを言うはずだ」

だから、と彼は続けた。

「君らがいつも計算を任せてる子がいるだろう。彼女に数字を確認してもらってくれ。彼女がこれで問題ない、と言えば、俺は飛べる」

コンピュータに計算を任せるような軌道計算は、人間が行うには想像を絶する複雑さで、答えを出すまでにおそろしく長い道のりが必要になる。しかし、グレンは自身の命をかけて飛ぶのだ。彼の依《い》頼《らい》を断る理由はなかった。グレンの指名した「彼女」——キャサリン・ジョンソンは、この検算の依頼を受けて立った。

——そう、あの朝にもブラックのコーヒーを飲んだのだ。あまりに頭を使いすぎて、朝日の眩《まぶ》しさに意識が飛んでしまいそうで……。

キャサリンが全力を出し切り空っぽになった頭で、グレンが飛び立つのを見送った時、それまでに感じたことのない達成感があった。その時の思いを引き出すためのブラックコーヒーだった。あの時感じたものが、アポロ計画にも必要になる、そんな予感があった。

——わたしは、数字がそうというなら、そうなのだと信じてきた。数字は嘘《うそ》をつかないもの。人の肌《はだ》の色で答えを変えることもない。1000年後、いえ、1億年後でも変わることのない、美しい定理の数々を、わたしは愛してきた。しかし……。

彼女がこれで問題ないと言えば俺は飛べる、というグレンの言葉は、小さな炎《ほのお》となってキャサリンの心にずっと灯《とも》っている。名前も知らない相手の——彼は、キャサリンが黒人の女性だということも知っていた——仕事を信頼《しんらい》してくれる人がいるということ。

——宇宙飛行士たちが信じてくれているのは、数字ではない。わたしという人間なんだ。そこに、彼らが命をかけている証《あかし》がある気がする。彼らは数字ではなくて、人間を、人間の作ったものを信じて、人間のために飛ぶ……。


「ただいま！」

「ママ！　おかえりなさい！」

キャサリンが勇気を出してラングレー研究所の門を叩《たた》いた時はまだ幼《おさな》かった娘たちも、すっかり大きくなっていた。キッチンで夕食の準備をしていた長女が、慣れた手つきでフライパンを振《ふ》りながら母の帰宅を迎《むか》えた。

「クリーニング屋に寄《よ》ったら遅《おそ》くなっちゃった。はい、これあなたのスーツ」

「ありがとう。晩御飯《ばんごはん》、2人が帰ったらすぐ食べられるからね」

「おかえりなさいママ。ねぇ、数学の課題なんだけど。ここの計算、これであってる？」

ダイニングテーブルにノートを広げていた末っ子が、クローゼットのある部屋に向かったキャサリンを追いかけ回す。次女が大学のゼミから帰って、テーブルに皿を並べる。夫も配達の仕事から戻《もど》って家族が揃《そろ》うと、神に感謝の祈《いの》りを捧《ささ》げ、夕食の時間だ。

99・9パーセントの安全性を、98パーセント、97パーセントにしてしまうものとはなんだろうか？　キャサリンは頭からあふれそうなその問題に落《お》とし蓋《ぶた》をして、家庭において何より大切な、子どもたちのたわいない話を聞いた。

「それじゃあママは仕事に戻るからね。みんな夜更《よふ》かししないように」

そう言い残して、キャサリンは夕食後の一家団欒《いっかだんらん》から抜け出し、車のハンドルを握《にぎ》って再び有人宇宙船センターへと戻っていった。職場への道は短かったが、その時のキャサリンは少し急いでいた。さっき玄関《げんかん》を出る瞬間に、落とし蓋を跳《は》ね除《の》けて飛び出して来た懸念《けねん》を、はやく仲間と共有したかったからだ。

——ラングレーに入った時から、テストパイロットたちは身近な存在だった。彼らが命がけで飛んでくれるからデータが残り、わたしがそれを解析《かいせき》し、飛行機をより安全な乗り物にできる……。しかし、アポロ計画では、彼らの勇気に頼《たよ》ってばかりいてはダメだということだ。ギルルースの要求はそういう意味だ。計画を成功させるためには、わたしたちも彼らと同じ、命をかける覚悟《かくご》で、数字を磨《みが》き上《あ》げねばならない。

有人宇宙船センターの構内《こうない》は夜の静けさに包《つつ》まれていたが、明かりがついている部屋がいくつかあった。キャサリンが戻《もど》った部屋にも、まだ数人のスタッフが残って、仕事を続けていた。彼女は部屋に飛び込むなり、ヘイマーを捕《つか》まえてこう言った。

「ねぇ、宇宙船の誘導装置《ゆうどうそうち》が何らかの事情で使えなくなった時のことを、考えておいたほうがいいと思うんだけど」

「こちらヒューストン。アポロ8、そろそろ例の天測航法《てんそくこうほう》のテストをやっておきたいんだが、どうか」

「こちらアポロ8。問題ない。眠《ねむ》くなる前にやっちまおう」

「了解。そうしたら積んである手順書の通りに実施《じっし》して、レポートを作ってくれ」

人類史上初めて、地球周回軌道の外側に飛び出し月へと向かうアポロ8号は、打ち上げから5時間ほど経過《けいか》し、月遷移軌道上《つきせんいきどうじょう》を飛行していた。月遷移軌道というのは、地球の軌道から月の軌道へと楽に乗《の》り換《か》えができる、2つの路線と接続している環状線《かんじょうせん》のレールのようなものだ。月へ向かう軌道と交わっているポイントで適切《てきせつ》にエンジンを吹《ふ》かせば、乗り換え完了となる。

その乗り換え前に、ジム・ラヴェル操縦士は、自分の仕事を片付けないといけなかった。

「単一の光学測定による誘導アプローチ、か……」

「緊急用《きんきゅうよう》のやつだっけか、それ」

船長のフランク・ボーマンが、ラヴェルの手にした手順書をのぞき込んだ。キャサリンとヘイマーの立案で用意されたものだった。

「そう。力学の連中が作ってくれた、最後の手段だ。任意の星を観測して、宇宙船の位置と姿勢《しせい》を割り出す……このやり方が、実際に使えるかどうかを今から試すんだ」

「しかしジム、窓《まど》の外を見てみろよ」

ボーマンに言われてラヴェルが窓の外を見ると、そこはぼんやりとした霧《きり》に包《つつ》まれていて、夜の雲の中にいるようだった。

「なんだこれ。打ち上げの時に雲を引《ひ》っ掛《か》けちまったのか？」

「さっき切り離した、３段目のロケットが撒《ま》き散《ち》らかした燃料の霧だよ。我々《われわれ》と一緒に慣性飛行しているらしい」

「これじゃ、星が１個も見えないじゃないか」

ラヴェルは頭を抱《かか》えた。

アポロ宇宙船がエンジンを噴《ふん》射《しゃ》して向きを変える時には、星を使って精密《せいみつ》な位置測定を行っていた。宇宙船には位置と方位を測定する慣性計測装置《かんせいけいそくそうち》が搭載《とうさい》されていたが、船の振動《しんどう》や天体の重力など、避《さ》けようがない要因でわずかな誤差《ごさ》が生じてしまう。その誤差は、手元ではわずかな角度だとしても、長い距離《きょり》を飛べば飛ぶほど、大きなずれになる。宇宙船が軌道《きどう》に乗ったり、大気圏《たいきけん》に突入《とつにゅう》したりする時の角度には、ゴルフのホールインワンのような精度が必要なのだ。

アポロの乗組員は、望遠鏡と宇宙六分儀《うちゅうろくぶんぎ》という観測器を使って、任意の２つの星の角度を測定し、コンピュータに送信する。この手順で慣性計測装置の誤差を修正していた。

——その送信か、コンピュータかどちらか、または両方がダメになった時に、コンピュータなしで宇宙船の進行方向を正確な角度に向ける方法が、この手順書の中身だ。俺たちか、あるいはこの後に月に飛ぶ仲間たちか、誰かがこいつを必要とする時が来るかもしれない。それはよほどの事態だが、万に一つでも可能性があるなら、やっておかなきゃいけないだろう。

ラヴェルは自分の仕事の重要度をよく理解していたが、今の軌道で慣性飛行を続けている限り、霧《きり》は晴れそうになかった。空気抵抗《くうきていこう》のない宇宙空間では、細かな蒸気《じょうき》の粒《つぶ》も、3人乗りの宇宙船も、同じ速度で移動してしまうからだ。

——だが、月周回軌道に移る時のエンジン噴射《ふんしゃ》を待つわけにはいかない。その時が来たら、今度はその仕事で忙《いそが》しくなるんだから。

「うーん。何か方法はないだろうか」

ラヴェルを襲《おそ》った事態に、ボーマン船長ともう一人の乗組員、ウィリアム・アンダースは、いっしょに知恵を絞《しぼ》ることにした。

「見えるもので基準点《きじゅんてん》に使えるものがないか探そう」

アンダースが言った。

「といったって、この状況ではっきり見えるのは地球だけだ」

月遷移軌道上からは、地球全体の姿《すがた》が一望できた。ラヴェルたちは、肉眼《にくがん》で地球全体を視界に入れた、最初の人類だった。しかし今は、そんな快挙《かいきょ》の感慨《かんがい》にひたっていられない。

「……地球をうまく使えないか？」

船長が意味ありげな声色で言った。

「大きすぎるよ。必要なのは針《はり》で突っついたくらいの点なんだ。面じゃない」

「いや、地球の上に、基準点になるような一点を設定できないか、と思ったんだ。どうせ我々は、そんな緊急事態になったら地球に向かって飛ぶに決まってるわけだし」

「……」

ラヴェルとアンダースは思わず顔を見合わせて、「それだ」と同時に言った。３人は試行錯誤《しこうさくご》して、地球に落ちている影《かげ》の境界線《きょうかいせん》を使えば、手順書にある測定が可能なことを発見した。

これで、ラヴェルの任務は無事完了した。ラヴェルの報告が加わった手順書は、緊急事態用のファイルに収められた。使われることのないよう、祈《いの》られながら。

「……なんとか済《す》んだが、ずいぶん時間を食ってしまった。テレビ中継《ちゅうけい》のリハーサルはできそうにないな」

「肝心《かんじん》なところはちゃんと原稿《げんこう》を用意したから大丈夫だろう」

「月からのクリスマスメッセージか。噛《か》まずに言えるよう神に祈《いの》ろう」

「――……みたいなことをね、アポロ８号の時にやったの」

キャサリンは、ラヴェルのやったことをかいつまんでグロリアに説明した。

「だからエンジン、燃料《ねんりょう》、バッテリーと、宇宙飛行士の生命維持《せいめいいじ》さえなんとかなってれば、トラブルがあっても彼らは帰って来られるはずよ」

グロリアは、普段《ふだん》仕事の話をほとんどしないキャサリンが、この日にそんな話をしてくれたことに心を打たれた様子だった。

「NASAの人たちがすごく宇宙飛行士を大切にしてるみたいで、安心したわ」

グロリアはシートに頭を預《あず》けてつぶやいた。

「だってほら、アポロ1号のことがあったじゃない……。あのニュース、わたしとてもショックだったから……」

「……」

アポロ1号の火災《かさい》は、キャサリンの心にも消えない火傷《やけど》の痕《あと》を残していた。ギルルースの言い出した99・9パーセントという数字は、彼らの犠牲《ぎせい》があったから出てきた言葉だ。それが分かっていたからこそ、心に火傷の痕を持つ者たちはその要求を当然だと受け止めて、果てしない努力を重ね、99・9パーセントの品質を達成したのだ。

「わたし、今夜は寝《ね》る前に、月にいる3人と、天にいる3人のことを神に祈《いの》ることにする」

グロリアの言葉に、わたしもそうする、とキャサリンが答えた。

――大丈夫《だいじょうぶ》。彼らはきっと帰って来て英雄《えいゆう》になる……。そして、この後すぐ12号、13号と、新たな月面着陸ミッションが控《ひか》えているのだ。明日からまた忙《いそが》しくなる……。

グロリアを家に送り届け、キャサリンが自宅のドアを開けると、家族がリビングのテレビの前に集まっていた。

「ママ！　いいところに帰ってきた。もうすぐだから、荷物は後にして座《すわ》りなよ！」

末っ子がキャサリンを引っ張って、家族の真ん中に座らせた。東部夏時間の夜22時56分。ジョンソン一家を含《ふく》む、世界中で6億人もの人々が、人類の足跡《あしあと》が月面に刻《きざ》まれる瞬間を見守った。

「ヒューストン、こちらアポロ13。何か問題が発生したようだ」

アポロ11号の華々《はなばな》しい帰還《きかん》から9ヵ月後、1970年の4月13日。時刻は夜の22時を過ぎた頃だった。

11号、12号に続いて月面着陸を目指して飛行中のアポロ13号は、打ち上げから2日目、月まであと6万キロメートルというところで、突然《とつぜん》大きな衝撃《しょうげき》と爆発音《ばくはつおん》に見舞《みま》われた。何の前触《まえぶ》れもなかった。

船長のジム・ラヴェルは、ジェミニ7号と12号、アポロ8号を経てこれが4度目の飛行だったが、過去になかった深刻《しんこく》なトラブルが起きていると、すぐに理解した。爆発音、衝撃、そして船内にけたたましく響《ひび》くアラーム音。操縦席《そうじゅうせき》に並んだ計器を確認すると、燃料電池《ねんりょうでんち》の2つが機能していない。

――くそっ。小さな隕石《いんせき》でも当たったか？　センサーが止まったくらいだといいんだが。燃料電池の状況によっては、月面着陸は中止ということになるぞ……。

地上で見守っていたヒューストンの「電気系統《でんきけいとう》・船内環境《せんないかんきょう》」担当の管制官《かんせいかん》は、自分のコンソール・パネルの表示を見て血の気が引いた。

「酸素《さんそ》タンク2号、残量ゼロ……燃料電池1、3号、機能停止《きのうていし》」

この情報はすぐに管制室全体に伝わり、場の空気を一変させた。アポロ宇宙船の機械船（サービスモジュール）には、2つの酸素タンクと、2つの水素タンクが積まれていて、3つの燃料電池につながっている。酸素と水素は、燃料電池の電極《でんきょく》と反応することで、有人宇宙船に必須《ひっす》な3つのもの――電気、水、熱を作り出すしくみだ。

表示されている数字が正しいのであれば、アポロ13号は体力の半分以上を突然奪《うば》われたことになる。管制官全員が、何が起きているのか、早急に確認する必要があると考えた。

それは船長のラヴェルも同じだった。彼はシートベルトを外し、窓《まど》に額《ひたい》をこすりつけて外を覗《のぞ》き込《こ》んだ。

「……」

月着陸を完全にあきらめなければならない事態を、ラヴェルはその目で確認した。2秒ほど固まって、黙《だま》って席に戻《もど》ると、地上に向けて自分が見たものを報告した。

「窓から、何かが漏《も》れているのが見える。……船体から、周囲に何らかが漏《も》れ出《だ》している」

99・9パーセントの安全性を持つはずのアポロ宇宙船は、その周りに酸素ガスの雲をまとっていた。宇宙空間にそんなものがあるはずはなく、つまりこれは、この船が生み出した雲だということだ。そして、残っていたもう一つの酸素タンク1号の残量が、急激に低下を始めていた。

アポロ13号の司令船（コマンドモジュール）はオデッセイ、月着陸船はアクエリアスという名が付けられている。オデッセイは古代ギリシャの長編叙事詩《ちょうへんじょじし》オデュッセイアから、アクエリアスは星座のみずがめ座から付けられた名前だ。

原因はわからないが、とにかく今、アポロ13号は瀕死《ひんし》の状態だった。地球に帰る時、最後に残るオデッセイにも、再突入時《さいとつにゅうじ》に使うための小型バッテリーと小型酸素タンクが積んであるが、それに手を付けるわけにはいかない。しかし、サービスモジュールに残されたわずかな酸素や電力ではもう、アポロ13号を地球へ帰還《きかん》させることはおろか、乗組員の生命を維持《いじ》することすらできない。ヒューストンの管制室もラヴェルたちも、同じ結論に達していた。

「アクエリアスを救命ボートとして使おう……それしかない」

アクエリアスには、酸素も、バッテリーも、着陸用と上昇用、2つのエンジンも未使用の状態で残っている。地球に帰るためには、アクエリアスに残されたものすべてを最大限に使って帰るしかなかった。

「アクエリアスの生命維持《せいめいいじ》は45時間が限界だ。それも、2人乗りという前提《ぜんてい》で。そして俺たちは今、地球から2日かかる場所にいて、さらに遠ざかってる最中だ」

月着陸船の操縦士《そうじゅうし》、フレッド・ヘイズが言った。ラヴェルもそれは分かっていた。

「だが、残された唯一《ゆいいつ》の手段だ。電力やら酸素やらの消耗品《しょうもうひん》については、地上にも協力してもらってなんとかやりくりする方法を捻《ひね》り出《だ》すんだ。それから、帰り道も作ってもらわないとな」

アポロ計画ではあらゆる場面を想定した準備が入念《にゅうねん》になされていた。なんらかのトラブルで月着陸を中止し、帰還《きかん》するためのシナリオももちろん用意されていた。しかし、それらは機械船の機能が保たれている前提《ぜんてい》で作られたものだ。引っ張り出されたシナリオはすぐ元の棚《たな》に戻《もど》された。今すぐアクエリアスのための、新しい道を作らなければならない。

「つまりだ、キャサリン。アクエリアスのエンジンと電池を使って、アポロ13号を無事に地球へ帰してやらなきゃいけないということだ」

自宅のテレビから流れるニュースでアポロ13号のトラブルを知ったキャサリンは、すぐに自分の部署に電話をかけ、短い通話を終えると同時に眼鏡《めがね》とジャケットを持って玄関《げんかん》を出て行った。30分後にはヘイマーと膝《ひざ》を突《つ》き合《あ》わせて、自分のやるべき仕事について、打ち合わせをしていた。ヘイマーが説明を続ける。

「さっき上の話し合いで、13号は自由帰還軌道を使うことが決定した。とにかく使える電力が限られてるので、最小限のエンジン噴射《ふんしゃ》で済《す》ませたいとのことだ」

自由帰還軌道というのは、一度そのレールに乗ってしまえば、何もしなくても地球まで戻《もど》れる軌道のことだ。使える電力の少ないアポロ13号が取る手段としては、最も良い方法だった。他の方法と比べて時間がかかるという難点があったが、その時間分の生命維持、電力に関しては、他のチームが全力で消耗品の節約方法を捻《ひね》り出《だ》している最中だ。

「一番の問題は――爆発《ばくはつ》で壊《こわ》れた船の破片《はへん》やら、漏《も》れ出《で》た酸素《さんそ》やらが、船の周囲にまとわりついてるってことだ。そいつらが邪魔《じゃま》をして星がまったく視認できず、姿勢《しせい》の調整があちら側でできないらしい。だから軌道変更時の姿勢の座標は、こちらで計算した数値を送って、それでやってもらうしかない」

「……わかった。必要なパラメータを洗い直して、すぐ計算しましょう」

自宅のリビングでニュースを聞いた時、キャサリンの頭には最悪の結末がよぎった。すぐに職場に連絡をしたが、そこで軽率に悪い想像をしたことを反省《はんせい》した。ニュースはこの世の終わりのような陰《いん》鬱《うつ》な雰《ふん》囲《い》気《き》でアポロ13号の遭難《そうなん》を繰《く》り返《かえ》し伝えていたが、現場では誰もあきらめていなかった。NASAの職員はもちろん、宇宙船の製造《せいぞう》を手がけたメーカーの技術者たちもやってきて、13号の帰還《きかん》の可能性を少しでも上げようと、持てる知恵と技術を振《ふ》り絞《しぼ》っていた。時間は深夜1時をとうに過ぎている。キャサリンもすぐにその輪に加わった。

「アクエリアス、準備はいいですか」

「オーケー。始めてくれ」

「それでは、これより、自由帰還軌道《じゆうきかんきどう》へ移るために、飛行コースの修正を行います。座標の値は以下の通り。NOUN 33・061・29……」

2人乗りのアクエリアスに3人が詰《つ》め込《こ》まれて窮屈《きゅうくつ》この上なかったが、この船の操縦士であるヘイズは、事故が発生してから最も神経《しんけい》を研《と》ぎ澄《す》ませた。通信担当官が読み上げる数字を、間違いがないよう注意深くアクエリアスのコンピュータに入力していく。入力が終わると、重要な命令を与《あた》えられたアクエリアスは、忠実《ちゅうじつ》に自分の姿勢《しせい》を変えた。

地上ではアクエリアスの動きを注意深く見守っていたが、計算通りの動きをやり遂《と》げたのを見て、ほんのわずかではあるが、安堵《あんど》の空気が流れた。

「これでエンジンを噴《ふ》かした後の微調整《びちょうせい》までうまく行けば、軌道のほうはほぼ解決する……ジム、頼《たの》んだぞ」

「誘導《ゆうどう》」担当の管制官《かんせいかん》が、期待を込めてつぶやいた。あとは指示された通りにエンジンを燃焼《ねんしょう》させればいい。ラヴェルは60秒のカウントダウンを開始した。

――本当は、このエンジンを点火するのは、月に降《お》りるためだったはずだが……。

すぐ近くには目的地だった月がある。いやでも頭に浮《う》かんでしまうことだったが、ラヴェルはさっさとその考えを頭から追いやって、目の前の重要な仕事に集中した。エンジン点火5秒前。4、3、2、1……。

「エンジン点火」

船体がエンジンの振動《しんどう》で小刻《こきざ》みに揺《ゆ》れた。ラヴェルは冷静《れいせい》に、指示された通りの数字まで出力を上げた。およそ30秒で、エンジンは自動停止《じどうていし》した。

――うまく行った。あとは微調整を行えば、目的の軌道に乗れるはずだ。

ラヴェルは次の微調整の指示を待っていたが、地上の管制室では予想外の事態にとまどっていた。

「……待ってくれ。見間違いじゃないよな？」

「いや、うん……確かに合ってる。……なんてこった、調整不要だ」

調整するまでもなく、アポロ13号はすでに目的の自由帰還軌道にぴったりと乗っていた。

「アクエリアス、完璧《かんぺき》でした。調整は要《い》りません」

「なんだって？　調整不要？」

通信担当官が告《つ》げた予想外の言葉に、ヘイズは思わず聞き返した。何のトラブルもない飛行時でも、宇宙空間でエンジンを噴射《ふんしゃ》した後には必ず微調整がついてくる。船の慣性計測装置が細かい誤差《ごさ》を測定し、それが地上に送られ、もう一度姿勢《しせい》を調整する小さな噴射が行われるのだ。それが不要ということは、この状況にもかかわらず、コンピュータに入力したパラメータがすべて完璧《かんぺき》な、ホールインワンだったという意味だ。

ラヴェルは思わず笑顔になった。「いや、まだ笑えるような状況ではないな……」と思い直し、ちらりとヘイズのほうを見ると、彼も同じにやけ顔になっていた。

自由帰還軌道への噴射は問題なく実施《じっし》され、結果は完璧《かんぺき》だった――その報告を受けたキャサリンは

「計算通りだったということね」とだけ言うと、帰り支度を始めた。手に入る情報をすべて使って正しく計算した結果、うまくいったのであれば、今夜のキャサリンの仕事の範囲内《はんいない》には、もう隠《かく》れている問題はないだろう。とはいえ、安心するにはまだ早過ぎる。明日以降も忙《いそが》しくなるだろうから、キャサリンは休めるうちにこの徹夜《てつや》の疲労《ひろう》を回復しておきたかった。

翌日の夜8時40分。アクエリアスは、もう一度エンジン噴射《ふんしゃ》を行った。今度の噴射は、なるべくはやく地球に戻《もど》れるよう、宇宙船を加速するためと、もう一つ、宇宙船を大気圏《たいきけん》に入っていく時の角度に調整するために行われた。これで、アポロ13号は地球表面に対して6・5度の突入角度《とつにゅうかくど》を取った。電池を節約するため、オデッセイもアクエリアスも切れる電源はすべて切り、貴重《きちょう》な水は最低限の使用にとどめる努力を続けながら、アポロ13号は懸命《けんめい》に地球に向かって飛び続けた。乗組員3人が寒い船内でろくに睡眠《すいみん》も取れず、消耗《しょうもう》していく中で、また新たな問題が浮上《ふじょう》した。


「なぁ、このデータ、どう思う?」

管制室《かんせいしつ》で、大気圏再突入《たいきけんさいとつにゅう》の部分を担当する「逆噴射《ぎゃくふんしゃ》」担当が、軌道《きどう》を担当する「飛行力学」の専門家に問いかけた。

「あぁ、俺もそいつを見てたところだ。どういうことだろう、これは……角度が浅くなってる」

宇宙船が地球に戻る時、大地めがけて真正面から突入《とつにゅう》すると、宇宙船が大気を押《お》し潰《つぶ》して発生する圧縮熱《あっしゅくねつ》により、船体が耐《た》えられないほど高熱になって一瞬で燃《も》え尽《つ》きてしまう。それを避《さ》けるためには、注射針《ちゅうしゃばり》を血管に刺《さ》す時のように、浅い角度で入っていく必要がある。しかし、浅すぎてもいけない。大気圏にうまく入れず、また宇宙に飛び出していってしまうからだ。アポロ13号は、5・3度以上、7・7度以下という狭《せま》い入り口から再突入を行う。地球へと帰還する時の軌道計算は、その角度を目指して組み立てられる。

船は6・5度の軌道に乗っていたはずだが、今コンソールの表示では、それが6・3度になっている。そして、その数字は止まっているわけではなく、さらに下がり続けていくようだった。この様子だと、大気圏に入れないどころか、その外側を半周して、また月のほうに投げ飛ばされてしまう。

「ここまでの軌道修正《きどうしゅうせい》は完璧《かんぺき》だったのに。何か余計な力が働いてるとしか思えない……」

「逆噴射《ぎゃくふんしゃ》」も「飛行力学」も、宇宙船のほうの問題という考えに傾《かたむ》いていた。実際、宇宙船の酸素《さんそ》タンクに穴が開いて、酸素を撒《ま》き散《ち》らしていたわけだから、それ以外の場所にも穴が開いていて、中身が漏れ出す力が宇宙船の進路をわずかに変えていると考えるのはおかしくない。それに比べたら、あのキャサリン・ジョンソンがいる計算チームが下手をうつ可能性は、はるかに低いだろう。

「とにかく」

コンソールとにらめっこを続けていた「飛行力学」担当が口を開いた。

「もう一度角度修正の噴射を行わないといけないのは、確実だ」

この問題は計算チームにも持ち込まれ、すぐに話し合いが行われた。

「しかし、姿勢《しせい》を変えるんであれば、司令船のほうの装置が必要だろう。今、オデッセイのシステムはオフになっているが、それを起動するということか？」

「いや、司令船を再起動して使える状態まで持っていくにはかなりの手間と時間がかかるし、再突入前ぎりぎりになるまで、それはやらないようだ。本当に電力が厳《きび》しいんだ。今回の修正はアクエリアスの必要最低限の装置だけでやらないといけない」

「コンピュータなしで、アクエリアス側でか……」

キャサリンの目の前で、仲間たちが堂々《どうどう》めぐりの議《ぎ》論《ろん》を続けていた。話を聞きながら、彼女は記憶の中の引き出しに一つのファイルを見つけていた。腕《うで》組《ぐ》みした胸にあごを埋《う》めて黙《だま》りこくってしまったヘイマーの代わりに、キャサリンが言った。

「アポロ8号の時に、ジムが作ったマニュアルを使えばいいのでは？」

ヘイマーが目を丸くして「待て。ええと、そいつはなんだっけ、確か……」と言って、頭の中をひっくり返し始めた。

「わたしたちの考えた、コンピュータを使わない姿勢制御《しせいせいぎょ》の方法を、ジムたちが地球を使って応用したやつ。緊急事態用《きんきゅうじたいよう》のファイルに採用されてるはずだけど。船長、覚えてるかな？」

聞き終わらないうちに、皆部屋を飛び出していった。キャサリンは、彼らが置いていった、管制室《かんせいしつ》から出されたデータのプリントアウトを手に自分の机《つくえ》に戻《もど》り、船長がどのくらいの出力で何秒の噴射を行えばいいのか、計算を始めた。

アクエリアスだけで行う角度の調整方法について、ラヴェルは通信担当官が説明する手順をメモしていたが、自分がメモした内容に見覚えがあることに気づいた。

――……ん？　コンピュータを使わない……地球の昼と夜の境界線《きょうかいせん》に照準《しょうじゅん》を合わせる……。

「これ、アポロ8号の時、俺が作ったやつに似《に》てるな」

「ええ、覚えてたんですね、すごいな。みんな言ってたんですよ、船長は覚えてるかなって」

「マジかよ……まさかあれを自分で使うはめになるとはな」

4月17日、中部時間正午すぎ。3日半に渡り、不眠不休《ふみんふきゅう》の対応を続けたヒューストンの管制室《かんせいしつ》は、やっと笑顔になることを許《ゆる》された。アポロ13号の司令船オデッセイは真っ黒な宇宙空間ではなく、青く輝く太平洋に浮《う》いていた。乗組員も管制官も誰もが疲労《ひろう》の限界だったが、心にのしかかっていた不安と重圧はやっと取《と》り除《のぞ》かれて、海に溶《と》けて消えていった。

事故の原因は隕石《いんせき》ではなく、酸素タンクのいくつかの部品にそれぞれ問題があって、それらが重なって起きたという話だった。アポロ13号は、1000回に1回を許《ゆる》してしまった。事故が起きたのが、月着陸船のない8号だったら。月着陸船に積んである酸素が少ない11号だったら。13号の、月着陸の後だったら。いずれの場合でも乗組員たちの命はなかった。皆、そんな話をして震《ふる》え上《あ》がり、深い反省《はんせい》を心に刻《きざ》んで、機械船の改修に取《と》り掛《か》かった。

キャサリン・ジョンソンは彼らの生還《せいかん》を祝《いわ》うお祭り騒《さわ》ぎからも、事故の原因を調べる調査委員会からも、何歩か離れてその様子を見ていた。しかし、帰還後しばらくして開かれた記者会見の中継《ちゅうけい》で、記者が宇宙飛行士たちに意地の悪い質問をするのを見た時は、少し腹を立てた。

——失礼な連中！　ジムたちがやり遂《と》げた仕事は、彼らには逆立《さかだ》ちしても真似《まね》できないのに！

職場ではなく自宅のリビングで見ていたためか、キャサリンにしては少し愚痴《ぐち》っぽい思いを抱《いだ》いてしまった。しかしすぐ、いつもの慎《つつし》み深《ぶか》さを取《と》り戻《もど》して、その不満を自分に向け直した。

——キャサリン、そう言う自分はどうなの？　もしわたしが宇宙飛行士だったら、彼らのようにやれると思う？　もしわたしが宇宙飛行士だったら、いったい何ができる？

キャサリンはしばらく反省の意味で自分に問いかけていたが、とんでもないことを考えているのに気づいて、思わず声を上げた。

「待って。わたし、あの船に乗ってみたいと思ってるの？」

背後《はいご》のダイニングテーブルで勉強していた末っ子のキャシーが「ママ、なに一人で笑ってるの？」と訝《いぶか》しんだ。なんでもないの、と言いながら、キャサリンは笑い過ぎて目尻《めじり》に浮《う》かんだ涙《なみだ》をぬぐった。そしてある一つの結論に至《いた》った。

——彼らが人を信じて、人のために飛ぶ、それにはこういう意義があるのだ。人の心を動かして、後に続く者を呼《よ》び覚《さ》ますためなのだ。

キャサリンは、そう遠くない将来、きっと自分が生きているうちに、黒人女性も宇宙に行くだろう、と思った。だって、すでに自分がヒューストンで仕事をしているのだから。宇宙に行くのだって同じことだ。

科学の
先駆者たち

23センチからはじまった宇宙開発

日本の宇宙開発

「このミサイルで、日本はきっと勝てる」

エンジニアの糸川英夫《いとかわひでお》は、その時までそう信じて疑《うたが》わなかった。

1945年8月15日正午——。自らの声で国民に向けて語る天皇の声が、ラジオから流れた。

糸川はその「玉音放送《ぎょくおん》」を、ミサイルの組み立てを行っていた東京帝国大学《ていこくだいがく》（帝大、現在の東京大学）の中庭で聴いた。雑音《ざつおん》がひどくて、よく聴《き》き取《と》れなかった。でも、このことだけは分かった。

「戦争が終わったんだ。日本は戦争に負けたんだ」

この日、第二次世界大戦が終わり、日本は敗戦国となった。その時、糸川の頭に最初に浮《う》かんだことは、「ほっとした」でもないし、「くやしい」でもないし、「これからどうなるのだろう」でもなかった。

「僕はもう、飛行機が作れないかもしれない……」

その漠然《ばくぜん》とした予感は当たっていた。

敗戦国となった日本は、航空宇宙《こうくううちゅう》に関する研究、製作、業務を一切禁じられてしまったからだ。

「もう、飛行機の翼《つばさ》にも、エンジンにも、触《ふ》れることができないのか……」

敗戦という重い現実が、糸川の夢を押しつぶそうとしていた。

糸川英夫は、1912年、東京・麻布《あざぶ》で生まれた。幼い頃から頭の回転がはやく、見るもの聞くものすべてに強い興味をもつ少年だった。

糸川の飛行機との出会いは、４歳の時だった。代々木練兵場《よよぎれんぺいじょう》（現在の代々木公園）で、アート・スミス飛行士のアクロバット飛行を見て感動した。

そして中学生の時には、チャールズ・リンドバーグが単葉機《たんようき》で初めて大西洋の無着陸横断に成功したというニュースが届《とど》いた。この快挙《かいきょ》は、糸川少年に大変な衝撃《しょうげき》を与《あた》えた。

「リンドバーグが大西洋を飛んだ！　でも、まだ太平洋は飛んでいない。僕は一生を飛行機のために捧《ささ》げて、世界を驚《おどろ》かすんだ」

少年は、こう決意したのである。

糸川は迷《まよ》うことなく東京帝国大学の航空学科《こうくうがっか》に進学し、卒業と同時に中島飛行機に入社した。そこでさまざまな戦闘機《せんとうき》を設計していたが、戦争が本格化するにしたがい、陸軍に徴用《ちょうよう》され、帝大の助教授になった。帝大では、ミサイル誘導弾《ゆうどうだん》の研究をするとともに、エンジニアの養成にあたった。

玉音放送の翌日、研究室に行ってみると、そこはもぬけの殻《から》だった。働いていた研究員も学生たちも、また付き合いのあったマスコミの人々も、潮《しお》が引くように消えていた。

「戦闘機やミサイルの研究をやっている糸川と付き合っていると、誤解《ごかい》される」

誰もがそう考え、自分の身を守るために糸川から離れたのである。

かわりに、おびただしい数の請求書《せいきゅうしょ》が舞《ま》い込《こ》んだ。それまでミサイル部品の製造《せいぞう》を請《う》け負《お》っていた会社や工場からの請求書だった。

糸川は逃《に》げることはしなかった。研究室の器材や部品、家の家財道具など売れるものを売って、借金を完済《かんさい》した。糸川に残されたのは、自分の身ひとつだけとなった。

「夢とか言ってる場合じゃない。とにかく生活をしないと」

糸川は、飛行機のことは口に出さないと決めた。「飛行機のことを研究したい」などと言ったら、「また戦争でも始めるつもりか」と警戒《けいかい》されてしまう。

かわりに、少しだけ知識のあった「音響工学《おんきょうこうがく》」を専門にして、東京大学で、音響工学の教授の職を得た。

糸川はやがて、日本で初めての脳波測定器《のうはそくていき》の開発に成功する。さらに、麻酔《ますい》による眠《ねむ》りの深さを数値であらわす麻酔深度計の開発にも成功した。

これらの業績が認められ、糸川はアメリカのシカゴ大学から誘《さそ》いを受けた。麻酔深度測定の講義をしてほしいというのだ。

「アメリカか……。こんなチャンスはない。行ってみよう」

糸川は迷《まよ》わずアメリカ行きを決意した。

実は、この渡米が、糸川に自分の夢を取《と》り戻《もど》させるきっかけになる。

1952年、糸川は客船《きゃくせん》プレジデント・クリーブランド号に乗り、アメリカに渡った。シカゴ大学に迎《むか》えられ、そこで麻酔深度測定の講義を行った。

ある日、大学の図書館で資料を探していると、ある本の背表紙《せびょうし》のタイトルが目に飛びこんできた。

――『スペース・メディスン』。

それは、人間が宇宙に行った場合に人体に与《あた》える影響《えいきょう》について分析《ぶんせき》した本だった。

「アメリカは、単にロケットをつくって宇宙へ打ち上げようとしているのではない。ロケットで、人間を宇宙に送り出そうとしてるんだ……」

糸川は、ごく自然にこんなことを考え始めた。

「ロケットに人間を乗せて運ぶには、どんな構造にすればいいんだろう……」

そんなことを考えていると、飛行機設計者として腕《うで》をふるっていた時の興奮《こうふん》がよみがえってきた。

そして、その興奮を押しとどめることはできなくなった。

「アメリカはロケット開発をどんどん進めている。それは戦争のためではない。宇宙へ行くためだ。それなら、僕らもロケットをつくってもいいはずだ」

翌年5月、帰国した糸川は、それまで我慢《がまん》していた感情を解き放ち、こう宣言《せんげん》した。

「僕は、ロケット旅客機をつくります！」

「ロケット旅客機!?　何だそれは？」

同僚《どうりょう》の研究者たちは、糸川が発したまるでSFのような話に驚いた。

「超音速、超高速で飛べる旅客機だよ」

「でも、すでにジェット旅客機があるだろう？」

「うん。だから、いまさらジェットエンジンを積んだ航空機をつくっても遅《おそ》い。ロケット旅客機をつくって、太平洋を20分で横断するんだ」

糸川の胸には、「リンドバーグが、大西洋を飛んだ。でも、まだ太平洋は飛んでいない」という、少年の時の思いがよみがえっていた。太平洋をどうやって飛ぶのか？　その一つの答えが、ロケットという形をとって現れたのである。

ロケットをつくるといっても、もちろん一人ではできない。糸川はさまざまなメーカーにロケット開発の協力を願い出た。

しかし、当時はソ連（ロシア）が初めての人工衛星を打ち上げる4年も前で、日本でロケットや宇宙開発の話を本気で聞いてくれる人はいなかった。「それがどうやって金儲《かねもう》けになるのか？」と、怪《け》訝《げん》な顔をされるだけだった。

そんな中、唯一《ゆいいつ》、富士精密《ふじせいみつ》という会社だけが協力を申し出てくれた。

富士精密には、糸川の旧友である中川良一《なかがわりょういち》がいた。中川は、太平洋戦争のさなか戦闘機《せんとうき》のエンジン設計で腕《うで》をふるった超一流のエンジニアであり、今は富士精密の荻窪工場《おぎくぼこうじょう》で取締役《とりしまりやく》を務めていた。

「一緒にロケットをつくりましょう！」

中川はそう言って、糸川を励《はげ》ましてくれた。

実はこの富士精密が、プリンス自動車、日産自動車をへて、現在のＩＨＩエアロスペース社となる。彼らが、つねに日本の宇宙開発を支え続けることになるのだ。

糸川は、まずはテスト・ロケットをつくるため、「ランス」（投《な》げ槍《やり》）というシリーズ名のプランを立てた。「タイニー・ランス」「ベビー・ランス」「フライング・ランス」という順番で徐々に大きくしていくプランだった。

このシリーズの最初の「タイニー・ランス」が、糸川の代名詞、ペンシルロケットにあたる。

富士精密の中川は、技術部長・戸《と》田《だ》康明《やすあきら》を指名し、ロケットの仕事を任せた。とはいえ、戸田はロケットに関する知識があるわけではない。糸川は戸田に「まずは参考書を読みなさい」と、ロケットの専門書を数十冊与《あた》えるとともに、週に一度会うようにして、システムエンジニアリングやアナログコンピュータの概念《がいねん》について講義を行った。

戸田は、「ロケットって、こんなに複雑なんですね。とても自分だけでは手がまわりません」と言って、若手10名ほどをそろえて、糸川のロケット開発の熱意に応《こた》えようとした。

ロケットを飛ばすには、ロケットを推進《すいしん》させるための動力源、推薬《すいやく》が必要である。戸田は、旧海軍技術将校で、日本油脂《にほんゆし》の火薬工場に勤《つと》めている村田《むらた》勉《つとむ》博士のもとを訪れて、相談した。

「ロケットのための推薬を開発してもらえないでしょうか?」

「ロケット!?　どんな大きさの?」

「タイニー・ロケットといって、小さなロケットです」

すると村田は倉庫から、長さが1センチほどの推薬を持ってきて見せた。マカロニのように、中が空洞《くうどう》になった筒《つつ》の形をしている。

「すぐに提供《ていきょう》できる推薬は、これだね。ダブルベース(無煙火薬)だよ」

戸田はそれを見て、「ちょっと小さすぎるかな」と思った。でも、とりあえずこれで試してみるほかはない。

「何本かいただけますか?」

「もちろん、いいよ」

戸田は、マカロニ状の推薬《すいやく》を数十本持ち帰って、糸川やほかのメンバーに相談することにした。

メンバーはみな、テーブルに並べられた小さな推薬を見て、「小さいな」と言って首をかしげた。

ところが、糸川は推薬を一つ手にとって、手のひらで転がしながら、うなずいている。

「いいじゃないか。大きさは問題ではない。これでやってみましょう」

しかし、ほかのメンバーには不安があった。

「そんな小さなロケットじゃ、何も積めないですよ」

すると糸川は、その指摘《してき》を待っていたかのように答えた。

「ロケットを完成させるには、たくさんのデータが必要だ。小さなロケットにすれば、コストをかけずに何度も飛ばしてデータがとれる」

こうして糸川の判断で、この小さなマカロニ状の推薬をもとにロケット開発を進めることになった。

ロケットは、マカロニ状の推薬の大きさにあわせて設計した。こうして、直径1・8センチ、長さ23センチ、重さ約200グラムのロケットが生まれた。「ペンシルロケット」誕生《たんじょう》の瞬間《しゅんかん》である。

ほかの人ならあきらめる状況でも、糸川はそれを飛躍《ひやく》のチャンスととらえた。

「逆境《ぎゃっきょう》こそが人間を飛躍させる」

これはエンジニアの糸川が、さまざまな逆境を乗《の》り越《こ》える中でつかんだ信念だった。

１９５４年、東京大学生産技術研究所内にＡＶＳＡ《アブサ》（航空および超音速空気力学）研究班が組織され、研究費を獲得《かくとく》し、糸川たちのロケット開発の歩みは本格化した。当初は「ロケット旅客機」で太平洋を短時間で横断することをめざしていたが、そこに意外な依頼《いらい》が舞《ま》い込《こ》んできた。

同年の春、イタリアのローマでＩＧＹ（国際地球観測年：１９５７年７月１日～１９５８年12月31日）準備会議が開かれていた。これは世界中の科学者による共同観測を行い、地球の全体像を明らかにしようというプロジェクトだった。

その中に、太陽活動が極大期に入るのをとらえて、観測ロケットによって地球上の複数の地点から大気層上層を観測しようという計画があった。日本は、そのうちの一つを担当することになった。つまり、日本は観測ロケットを１機飛ばさないといけない。

このプロジェクトを担当した文部省（現在の文部科学省）の学術課長、岡野澄《おかのすすむ》は困《こま》り果《は》てた。日本でロケットを飛ばせる研究者に、心当たりがなかったからだ。

そんな時、新聞を読んでいると、「ロケット旅客機」「20分で太平洋横断」という文字が飛び込んできた。糸川が研究を進めていたロケット旅客機の記事が掲載《けいさい》されていたのだ。

岡野は、すぐに糸川を呼《よ》んで話を聞いた。

「糸川先生！　１９５８年までに高度１００キロメートル辺りまで到達《とうたつ》できるロケットを、日本が打ち上げることは可能ですか？」

「打ち上げないといけないというのなら、必ず打ち上げてみせます」

糸川は即答《そくとう》した。

こうしてＡＶＳＡグループは、日本のＩＧＹ参加のために、観測ロケットを打ち上げるという任務も負うことになったのである。


糸川らのロケット開発は順調に進み、燃焼テストに続いて、ペンシルロケットの水平試射を行う段階に入った。

それまでの実験は、住宅に囲《かこ》まれた東京の荻窪《おぎくぼ》で行っていたが、ここが手狭《てぜま》となり、郊外《こうがい》の国分寺《こくぶんじ》へ移った。工場の跡地《あとち》に銃《じゅう》を試射《ししゃ》するピットがあり、ここでペンシルロケットのテストが行われることになった。

１９５５年４月12日、初の公開試射が行われた。

総指揮《そうしき》を務める糸川は、実験場の本部から作業を見守る。ここが日本最初の「コントロールセンター」となった。

実験場は、一つの準備作業が完了すると、小さな電球《でんきゅう》を一つ点灯させるしくみになっていた。

半地下の壕《ごう》での水平発射とはいえ、コンクリート塀《べい》の向こうでは電車が走っている。塀の上にスタッフが待機し、電車の運行を見ながら、発射のタイミングをはかった。

いよいよペンシルロケットが格納庫《かくのうこ》から登場し、発射台にセットされ、小さな電球がすべて灯《とも》った。それを確認した糸川が、最後に自分で大きな電球を灯す。

糸川の秒読みが始まる。

「10、9、8、7、6、5、4、3、2、1、ゼロ」

直径18ミリ、長さ230ミリのペンシルは、水平に発射された。

ロケットは、電気標的と呼《よ》ばれる細い針金を貼《は》った紙のスクリーンを次々と貫通《かんつう》して、およそ10メートル先の砂場に突《つ》き刺《さ》さった。

「成功だ！」

糸川は思わず立ち上がって、拳《こぶし》を握《にぎ》りしめた。

チームのスタッフたちによって、この飛翔実験《ひしょうじっけん》のデータが集められた。速度は発射後5メートルくらいで最大に達し、秒速110〜140メートルほどだった。

これが日本のロケット開発の歴史において最初の試射であり、日本の宇宙開発史における記念碑的《きねんひてき》な出来事となった。

この水平試射は4月23日まで断続的に行われ、29機すべてが無事に飛行を終えた。

「エンジンの動作も非常に安定していた。不具合が少なすぎるくらいだ。今後の進歩のためには、もっと不具合があってもよかった」

糸川はそう振《ふ》り返《かえ》った。

その後、実験場を千葉に移し、50メートルの長さの水平発射用ピットで実験を続けた。ここでは、長さ３００ミリ（「ペンシル３００」）や2段式のペンシル、無尾翼《むびよく》のペンシルなどを使って繰《く》り返《かえ》し水平発射実験を行った。２段式のペンシルは、ペンシルの次にくる「ベビー・ロケット」を想定したもので、ブースター（補助推進装置《ほじょすいしんそうち》）をつけた2段式ロケットである。

そして、いよいよ実験は本格的な飛翔実験の段階に進んだ。

「よし！　上空に向かって飛ばそう」

しかし、日本でロケット発射実験ができる場所は限られていた。ロケットは海岸から打ち上げて海に落とすしかなかったので、海岸沿いの土地で、船舶《せんぱく》や航空機の往来のないところに限られる。漁船も少ないほうがいい。

こうした条件を求めて探すうちにたどりついたのが、秋田県の道川海岸だった。

ロケット発射の舞台は道川に移り、この場所は、１９５５年８月から１９６２年まで、日本のロケット開発の拠点《きょてん》となったのである。

１９５５年8月6日、天候晴れ、風速５・７メートル——。

道川での第1回実験は、「ペンシル３００」のななめ発射だった。長さ2メートルの発射台に全長

30センチの「ペンシル300」を取り付ける。発射角度は70度。

実験場を見下ろす「コントロールセンター」に着席した糸川は、電球《でんきゅう》が一つずつ点灯していくのを見つめた。発射準備完了を確認した彼は、端《はし》にあるひときわ大きな電球を点灯した。

30秒前から秒読みを開始する。いつもより少し固い声だった。

「……5、4、3、2、1、ゼロ!」

14時18分、ペンシル300が発射された。その瞬間、全員が声を失った。

ペンシルは発射台から転げ落ち、砂浜を激しく回転しながら這《は》いまわったのである。

このとき、報道陣《ほうどうじん》が70〜80名押《お》し寄《よ》せていて、遠くから実験を見守っていた。糸川には、彼らの大きなため息が聞こえてくるようだった。

「何が原因だ?」

「イグナイターが発火したとき、小さな噴射《ふんしゃ》で外れたようです」

「なんとかなるか?」

「はい、すぐに」

イグナイターとは、点火器のことだ。ロケットの燃料に点火するとき、その直前に小型のイグナイターにまず点火し、そこから出る炎によって主燃料に火がつくしくみになっていた。

それまでの水平発射では、ロケットは発射台にそのまま載《の》せるだけでよかったが、今回のななめ発射では、発射台からロケットがすべり落ちないように、底に貼《は》ったビニールテープを支えとしていた。しかし、イグナイターが発した炎によってビニールテープがはずれ、ロケットが打ち上がらず、落下してしまったのだ。

実験班は、急いで発射台の底にドリルで穴をあけ、鉄線のストッパーを取りつけて、再び秒読みを開始した。

15時32分、２度目の打ち上げが行われ、「ペンシル３００」は、見事に打ち上がった。

「行った！」

糸川は、思わず声をあげた。

小さな機体は、夏の重たい空気を切《き》り裂《さ》き、白煙《はくえん》を残しながら、真っ青な空へぐんぐん上昇《じょうしょう》し続けた。

到達高度は６００メートル、水平距離は７００メートル。飛翔《ひしょう》時間16・８秒だった。

その２日後の８月８日、たてつづけに４機の「ペンシル３００」が発射され、いずれも成功した。

これをもって、開発は次の段階へと移った。つまり、この日の最後に発射された「ペンシル３００」６号機が、ペンシルロケット最後の飛翔となったのである。

開発は「ベビー・ロケット」に移った。

「ベビー・ロケット」は、当初は「ベビー・ランス」という名前で計画されていたものだ。すでに燃焼実験《ねんしょうじっけん》は終えており、残すは発射実験のみとなっていた。

「ベビー・ロケット」は、直径80ミリ、全長1200ミリ、重さ約10キロの機体で、ペンシルロケットより大きい。2段式ロケットで、S型・T型・R型の3つのタイプがある。

はじめに行ったのは、S型の発射実験だ。S型ではロケットの飛翔性能に問題がないかどうか、噴《ふん》射煙《しゃえん》をたどってその航跡《こうせき》を調べた。

次のT型では、初めてテレメーター（遠隔《えんかく》自動データ収集装置）という装置を搭載《とうさい》し、ロケットで観測したデータの一部を地上に送信した。T型は5回の飛翔実験によって、満足できる結果が得られた。

一方、T型のように観測データを地上に送信するのではなく、ロケットに搭載した装置やサンプルを、観測が終わってからロケットから切り離したり、あるいはロケットごと回収するパターンもある。カメラの映像や上層大気のサンプル、太陽スペクトル（太陽光を分解して、波長ごとに並べたもの。虹《にじ》もその一つ）のフィルムなどである。R型は、日本で最初の回収ミッションとして計画されたもので、カメラが搭載された。

8月26日午前10時30分、「ベビー・ロケット」R型1号機が発射された。雲が低くたれこめていたため、ロケットは上昇《じょうしょう》してすぐに雲の中にのみこまれた。

「大丈夫《だいじょうぶ》でしょうか？」

「うん。必ず戻《もど》ってくる」

不安気なスタッフに、糸川はきっぱりと答えた。

実験場は静まりかえり、打《う》ち寄《よ》せる波の音だけが遠くから響《ひび》いた。上空を見上げ、双眼鏡《そうがんきょう》で雲のあちこちを見渡す。

失敗かと思われたその時、誰かが叫《さけ》んだ。

「あれだ！」

雲の間から、小さなパラシュートが姿《すがた》を現した。

「やった！　成功だ！」

「海に落ちるぞ！　すぐに回収しろ！」

スタッフはみな、まっすぐに落ちてくるパラシュートの行方《ゆくえ》を見逃《みのが》すまいと、海のほうへ走り出した。回収班は、準備していたヘリコプターのエンジンをかけ、離陸した。パラシュートは海岸線から100メートル西方の海上に落下した。

ヘリコプターは海面すれすれまで近づいてホバリングし、鈎《かぎ》のある竿《さお》にパラシュートをひっかけて回収した。

回収されたパラシュートには、ロケットに搭載《とうさい》されていたカメラとともに、もともと糸川が車につけていた神社のお守りもついていた。

「よく戻ってきたね」

糸川は、お守りを手に笑顔をみせた。

搭載カメラのフィルムを現像してみると、上空を撮影した6枚の写真があった。「ベビー・ロケット」の3つの実験は、見事成功を収めた。

国際地球観測年（IGY）まで、残り2年となった。糸川をはじめAVSA研究班のメンバーたちは、これまでの実験結果から「いける」と確信していた。

当時、高度100キロをクリアできる観測ロケットには、アメリカの「V-2」「バイキング」「エアロビー」の3種、フランスの「ベロニーク」があった。アメリカの「V-2」は、第二次世界大戦末期から戦後にかけて、ドイツのロケットと技術者を接収して開発されたものだ。これらは、いずれも液体燃料の単段式ロケットだった。

「固体燃料ロケットで、同じ高度に到達できるのか？」

「固体燃料はもう限界だ。外国のように液体燃料に転換《てんかん》すべきだ」

そんな声が上がったが、糸川はきっぱり反論した。

「外国のあとばかり追いまわしても意味はない。これまでの実験結果から、固体燃料でまったく問題ない。固体燃料で、ここから一気に高度60〜100キロを狙《ねら》います」

こうして糸川たちは、当時「K-128J」と呼《よ》ばれていたエンジンを備えた、K-1型ロケットを開発する。

このK-1型ロケットには、「カッパ」という名前がつけられた。こうして「カッパロケット」の開発が始まった。

実験は1956年2月から開始された。

「春には完成させましょう」

糸川はそう言って、みなを激励《げきれい》した。ところが、ここからいくつもの難題が糸川の前に立ちはだかった。IGYは早くも翌年《よくねん》に迫《せま》っていたが、糸川は決して焦《あせ》ってはいなかった。

その一つが、燃焼室《ねんしょうしつ》の問題だった。糸川たちのロケットは「全面燃焼」という燃焼方式をとっていたが、高温の燃焼ガスがロケット燃焼室の金属に直接触《ふ》れると、燃焼室が溶《と》けてしまうのだ。

「別の素材で試してみよう」

技術陣は、約30種類におよぶ素材を試して、実験を繰《く》り返《かえ》した。すでに6月に入っていた。

「これならいけるぞ!」

スタッフたちとともに実験に取り組んでいた糸川が、声を上げた。彼らがたどりついたのは、「アブレーション熱防御法《ぼうぎょほう》」と呼ばれる燃焼法だった。燃焼室の内側にいくつかの成分を混ぜて塗《ぬ》っておくと、高温ガスが噴出《ふんしゅつ》された時、結晶水《けっしょうすい》が生じて燃焼室を冷却《れいきゃく》することが分かったのだ。

こうして燃焼の問題をクリアした糸川らは、その年の9月から道川でK-1型ロケットの飛翔《ひしょう》実験を行うことになった。

だが、すぐに新たな問題に直面した。ロケットが、高度10キロ以上飛ばないのだ。

「大きな燃料を積めないと、これ以上のパワーは出ません。これまでの固形燃料の数を増やすにも限界があります」

「うむ……」

スタッフの話を聞いて、糸川も悩《なや》んだ。

それまで使っていた固形燃料は直径11センチのマカロニ状のもので、これをリボルバーのシリンダーに弾《たま》を詰《つ》めるようにして燃焼室に収めていた。つまり、固形燃料の形は決まっているので、これに合わせて燃焼室をつくり、ロケットをつくっていたのだ。しかし、このやり方だと、燃焼室に積める燃料の量に限界がある。

「そうか！　燃焼室の形に合わせて固形燃料をつくればいいんだ」

糸川はひらめいた。

はじめに燃焼室を設計し、そこに合った形の固形燃料をつくる。これなら無駄《むだ》なスペースもなく、固形燃料の量を最大限まで増やすことができる。

それから試行錯誤《しこうさくご》を重ね、国際地球観測年も数ヵ月が経過した1958年初頭、やっと新しいエンジンの見通しが立った。

「これならロケットの飛翔高度を上げることができるぞ！」

糸川は自信を深めた。

1958年6月、ついに本格的な観測ロケット「カッパロケットK-6」が完成する。第一段は直径25センチ、第2段は直径16センチ、全長5・4メートル、重量は255キロあった。

ところが、その打ち上げは簡単にはいかなかった。

打ち上げミスや観測機器のトラブルなどが続き、一度も成功できないまま、時間ばかりが過ぎていった。国際地球観測年のリミットは、その年の12月に迫《せま》っていた。

9月25日の早朝、発射台にカッパロケットがセットされた。糸川たちは、打ち上げの時を待った。空は薄《うす》い雲に覆《おお》われている。

糸川たちがじっと空を見つめていると、雲がさっとひいて、眩《まぶ》しい太陽が顔をのぞかせた。

「よし、打ち上げだ！」

糸川の決断は早かった。カウントダウンが始まる。

「……5、4、3、2、1、ゼロ！」

発射《はっしゃ》――。

カッパロケットはたっぷりの白煙《はくえん》をあげて、轟音《ごうおん》とともに一気に上昇《じょうしょう》し、青空の向こうへ吸《す》い込《こ》まれていった。

スタッフは観測用の受信機を見守った。

数秒後、高度60キロの大気を測定した観測データが送られてきた。

「受信しました！　成功です！」

「よし！　よくやったぞ！」

糸川が大きな声をあげた。コントロールセンターは歓喜《かんき》に包《つつ》まれた。

日本は観測ロケット「カッパロケットＫ－６」の打ち上げに成功し、同時にＩＧＹの参加にも成功した。結局、観測ロケットをＩＧＹ期間中に自力で打ち上げることができたのは、日本のほか、アメリカ、ソ連、イギリスだけだった。

この日、日本は世界の宇宙開発の競争に名乗りを上げたのである。

その後、カッパロケットの打ち上げは続けられ、１９６０年７月の打ち上げでは、高度２００キロを超えた。このカッパロケット８型は、さまざまな宇宙観測ができるロケットとして世界的に評価された。

カッパロケット開発とＩＧＹにおける任務を終えた糸川は、日本のロケット開発をさらに進展させるため、発射基地を鹿児島県《かごしまけん》の大隅半島《おおすみはんとう》・内之浦《うちのうら》に移した。

糸川はここで、ロケットを「カッパ型」から「ラムダ型」へと進化させた。糸川が東京大学を退官したあとも、このラムダ型ロケットの開発は仲間たちに引《ひ》き継《つ》がれ、研究が続けられた。こうして完成したラムダ４Ｓロケットによって、１９７０年２月11日、日本は初めて人工衛星の打ち上げに成功する。この人工衛星は、打ち上げの地・大隅半島にちなんで「おおすみ」と命名された。

「おおすみ」からの通信は翌日には途絶《とだ》えたが、「おおすみ」はそれから数十年にわたり、地球周回軌道上にとどまることになる。

これまで、日本の宇宙開発は宇宙開発事業団、宇宙科学研究所、航空宇宙技術研究など、それぞれの組織でばらばらで行われていたが、２００３年10月1日、これらの３つの機関が統合《とうごう》され、宇宙航空研究開発機構（ＪＡＸＡ《ジャクサ》）という単一の宇宙機関が誕生した。

一方、それと同じ年、糸川が構想《こうそう》したミューロケットによって打ち上げられた日本初の人工衛星「おおすみ」が、大気圏《たいきけん》に再突入して33年の寿命《じゅみょう》をまっとうした。

日本の宇宙開発は大きな節目を迎《むか》えようとしていた。糸川らが牽引《けんいん》してきた宇宙開発の歴史が終わり、新しい時代が幕《まく》を開けようとしていたのである。

しかし、そのめざすべき未来がはっきりしていたわけではない。

日本の宇宙開発の予算は、アメリカなどと比べても極端《きょくたん》に少ない。その限られた予算の中で、何をめざすのか？　それは、日本の宇宙開発関係者に突《つ》きつけられた課題だった。

そんな中、この年の5月9日、その後の日本の宇宙開発の道筋を照らす、小さな探査機が内之浦からひっそりと打ち上げられていた。

この探査機の名は「はやぶさ」といった。「はやぶさ」がめざしたのは、名もなき小惑星《しょうわくせい》で、この時は「１９９８ＳＦ３６」という識別名しかなかった。「はやぶさ」がめざしたこの小惑星は、日本の宇宙開発の父、糸川英夫の名をとって、のちに「イトカワ」と呼《よ》ばれるようになる。

こうして小惑星「イトカワ」をめざす、「はやぶさ」のミッションが始まった——。

日本の宇宙開発においては、１９８０年代からサンプルリターン構想《こうそう》が話し合われていた。

サンプルリターンとは、探査機《たんさき》を惑星《わくせい》に着陸させたあと、表面の試料（砂や土など）を採取《さいしゅ》して地球に持ち帰るというミッションである。惑星に着陸して、その場で試料を観測・分析《ぶんせき》するよりも、ずっと難しい。地球と惑星のあいだの往復飛行が必要になるからだ。

１９８５年、「第１回小惑星サンプルリターン小研究会」が開かれ、翌年には小惑星アンテロスに行く計画が立案された。しかし、その軌道《きどう》を計算してみると、とんでもないことが分かった。

「とにかくたっぷり燃料が必要です。探査機重量の９割以上を燃料に割りあてないと……」

「何だって!? それじゃ、観測機器《かんそくきき》を積むこともできないじゃないか。何のために惑星まで行くんだ」

議論は滞《とどこお》り、それ以降、研究会は開かれなくなった。

そんな中、「日本は宇宙開発で何ができるのか」を真剣《しんけん》に模索《もさく》する一人の研究者がいた。ハレー彗《すい》星探査機《せいたんさき》「さきがけ」「すいせい」などのプロジェクトに携《たずさ》わった、川口淳一郎《かわぐちじゅんいちろう》である。

「サンプルリターンは難しいかもしれないが、これならできるんじゃないか？」

川口たちは、小惑星とのランデブー計画を考えた。片道飛行で小惑星アンテロスを近くから観察するという計画だ。決して難しいことではない。川口には成功させる自信があった。

１９８７年、川口はアメリカのＮＡＳＡのロバート・ファーカーに会う機会を得た。

「日本はどんな計画があるんですか？」

「小惑星アンテロスとのランデブー計画があります」

「なるほど。それはおもしろそうですね。一緒に勉強会をやりましょう」

「ぜひお願いします」

それから時をへて、1994年のこと。NASAが、のちに「ニア・シューメーカー」と名付けられる小惑星探査プロジェクトを発表した。川口はその内容を見て驚《おどろ》いた。

「なんだこれは！　我々《われわれ》の小惑星ランデブー計画とほとんど同じじゃないか！」

さらに翌年、NASAは「スターダスト」計画を立ち上げた。それは、日本の宇宙科学研究所とNASAが共同研究として話し合ってきた、彗星の核《かく》（コマ）のサンプルリターン計画「SOCCER」と、とてもよく似《に》たものだった。

「一緒に研究してきたのに、なぜ？　でも、我々には、打ち上げるロケットもないし、予算もない。手の出しようがない」

川口は、NASAのやり方にショックを受けた。

「我々がどんなに素晴らしい計画を立てても、NASAが同じようなプロジェクトを始めれば、簡単に先に実現されてしまう。これでは勝ち目がない……」

川口は頭を抱《かか》えた。

「そうか！　NASAがやったことをお手本に同じような計画を立てれば、NASAに先を越《こ》されることはない！　いや、僕は何を考えてるんだ。NASAの真似《まね》をして、いったい何が得られるというんだ」

川口は、すっかり絶望的な気持ちになった。どうやってもＮＡＳＡに対抗《たいこう》するすべが見つからない。相手は世界一の宇宙開発国家で、唯一《ゆいいつ》、人類を月に送り込んだ国だ。

「ＮＡＳＡがやりたがらない計画とは何だろうか？　ＮＡＳＡも手を出せない計画とは？」

その時、川口はひらめいた。

「小惑星のサンプルリターンだ！　これをやるしかない！　こんな無謀《むぼう》な挑戦なら、ＮＡＳＡも手を出せないだろう」

川口は、惑星探査の中でももっとも難易度《なんいど》の高い小惑星《しょうわくせい》サンプルリターンに、あえて挑《いど》もうと考えたのだ。

ここに、日本の宇宙開発史上最大ともいえるドラマが幕《まく》を開けたのである。

１９９５年、川口は小惑星サンプルリターン計画を発案し、そのプロジェクトマネージャーについた。この時、40歳。ほかのメンバーも若く、ほとんどが30代だった。

当時、小惑星サンプルリターン計画は世界で唯一《ゆいいつ》のプロジェクトであり、参加するメンバーのモチベーションは高かった。

川口たちは、惑星間をイオンエンジンで航行《こうこう》し、採取した惑星の試料をカプセルに入れて帰還《きかん》、惑星間飛行の軌道《きどう》からカプセルを地球の大気圏《たいきけん》に再突入させて回収しようと計画していた。

これは日本オリジナルのアイデアだった。

ところが、またもやNASAが動き出した。NASAは1998年に探査機「ディープスペースⅠ《ワン》」を打ち上げ、イオンエンジンによる惑星間航行を実現してしまったのだ。

「またしても、NASAにリードされてしまいましたね」

スタッフは悔《くや》しそうな顔をした。しかし、川口の顔にはなぜか余裕があった。

「いや、我々はNASAを焦《あせ》らせたんだよ」

「どういうことですか？」

「ディープスペースⅠの、太陽電池パネルとイオンエンジンの取り付け方を見てごらん。焦って取り付けたのがわかるよ」

川口が言うように、「ディープスペースⅠ」の太陽電池とイオンエンジンの取り付け方は、探査機が効率よく加速できるような配置にはなっていなかった。

「太陽と機体の軌道《きどう》の関係をよく考えればわかることなのに、あわてて設計したんだな」

川口はそう言って笑った。

しかし、NASAは次々に成果を重ね、川口たちの小惑星サンプルリターン計画を、意味のないものにしようとしているかのようだった。

2001年、NASAは「ニア・シューメーカー」プロジェクトを完遂《かんすい》し、小惑星エロスに探査機を着陸させることに成功した。川口たちがやろうとしていた小惑星着陸を、あっさりと達成してしまったのである。川口はそれでも冷静だった。

「観測機器をほとんど積んでいない探査機を着陸させたって、何の意味もないじゃないか。NASAは、ただ小惑星《しょうわくせい》に最初に着陸したという意地を見せただけだ」

NASAをもってしても、小惑星のサンプルリターンは難易度《なんいど》が高い。川口には、それがよく分かっていた。

川口たちがめざす小惑星は、「1998SF36」に決まった。簡単な軌道《きどう》ではなかったが、途中で地球スウィングバイ（惑星の重力を利用して、探査機を加速または減速させること。燃料を使わずに軌道の修正ができる）をして、イオンエンジンで加速していけば到達《とうたつ》できることがわかった。

イオンエンジンで飛ぶ探査機をつくるのは初めてだったので、実際の設計と製造は試行錯誤《しこうさくご》の連続となった。

ロケットの打ち上げ能力から、探査機の上限重量は決まっている。そのため、その上限を上回らないように、探査機の各パーツに重量を割り当てて設計しなければならない。

イオンエンジンは電力で動くため、小惑星に到達するまでに必要な推力《すいりょく》を割り出し、そのための供給《きょうきゅう》電力を見積もる。供給電力が大きくなると、太陽光電池パネルも大きくなり、探査機の重量が増える。すると今度は、イオンエンジンの推力を大きくする必要がある。ジレンマに陥《おちい》った。

「イオンエンジンの燃料タンクをあらかじめ大きめに作って余裕《よゆう》をもたせ、もし探査機本体の重量がそれほど重くなければ、タンクの上限まで燃料を積めるように設計しよう」

開発スタッフたちはそう話し合った。

探査機をできるだけ軽くするため、電気配線の電線を銅線からアルミ線に変えるなど、できる限りの工夫をこらした。

結果として、探査機の重量は予定内に収まった。もともと大きめにつくっておいたタンクには、たっぷりの燃料（キセノンガス）を積むことができるようになった。

惑星探査機は、地球を周回する人工衛星と違って、いつでも打ち上げられるわけではない。地球も目的地の惑星も、それぞれのスピードで太陽の周りを公転している。そのため、探査機ができるだけロスのない軌道で惑星に向かうことができるよう、タイミングをはかる必要があった。

チャンスは、２００２年12月と２００３年５月の２回しかなかった。しかしスケジュールが遅《おく》れたため、２００２年12月の打ち上げは断念《だんねん》せざるをえなかった。

「万全の準備をして、２００３年５月の一回にかけよう」

川口はスタッフを前に言った。

２００３年５月９日13時29分、内之浦の宇宙空間観測所の発射台に、小惑星探査機をのせたロケット「Ｍ－Ｖ５」がセットされた。

天候は快晴。青空に向かって、ロケットは無事に打ち上げられた。

ロケットの轟音《ごうおん》が消えると、管制室は緊張《きんちょう》で静まり返った。ロケットには高出力の送信機を搭載《とうさい》していているため、空気のあるところでは放電・爆発《ばくはつ》するリスクがある。そのため、打ち上げ時は探査機から電波を出さず、完全な真空状態になってから、地上に信号を送ることになっていた。

「うまくいってくれ……！」

川口は、祈《いの》るような気持ちで見守った。

20分後、探査機からの信号が入った。管制室は拍手《はくしゅ》に包《つつ》まれた。探査機はロケットから切り離されると、折りたたんでいた太陽電池パネルを展開し、発電を開始した。すべて計画通り、順調に進んでいる。川口はほっと胸をなでおろした。

探査機がロケットから分離したあと、この探査機には「はやぶさ」という名前がつけられた。「小惑星にさっと舞《ま》い降《お》りて獲物《えもの》をとらえ、ふたたび飛《と》び立《た》つ」様子を、すばやく獲物《えもの》を狩《か》る、猛禽類《もうきんるい》の「隼《はやぶさ》」に見立てたのである。

そして２００３年８月６日、めざす小惑星に、故糸川英夫博士にちなんで「イトカワ」という名前がつけられた。

「はやぶさ」の旅が、いよいよ始まった。

打ち上げから1年ほど、「はやぶさ」はイオンエンジンを使って加速しながら飛行した。そして２００４年５月19日、地球の重力を使ったスウィングバイを行い、イトカワに向かう軌道《きどう》にのった。

２００５年７月29日、川口たちは「はやぶさ」に、イトカワの方向を撮影《さつえい》する指令を送った。

そもそも、このミッションの最初の大きなチャレンジは、イトカワに到達《とうたつ》することである。それには、「はやぶさ」の位置をできるだけ正確に把握《はあく》する必要がある。

「はやぶさ」の位置は、地上からも測定することができるが、遠距離になればなるほど誤差《ごさ》が大きくなる。そこで「はやぶさ」から星空を背景《はいけい》にイトカワ方向を撮影し、その画像情報と組み合わせることで、「はやぶさ」のより正確な位置を推定することにしたのだ。

「何だこれは!」

「はやぶさ」から送られてきた画像を見たスタッフは驚《おどろ》いた。そこには、星図にのっていない、得体の知れない光が10個以上映っていたのである。これでは、どれがイトカワなのか判別《はんべつ》がつかない。

「また撮《と》り直《なお》してみよう」

川口は言った。

7月29日の画像と後日撮った画像を比べると、ほとんどの光は途中で消えたり、天体としては不自然に動いたりしていたので、イトカワの候補《こうほ》から外れた。そして残った光の点列が、イトカワのものと確認された。

「見つけたぞ!」

こうして、「はやぶさ」はイトカワをめざして着実に進み、9月12日、最後は減速噴射《げんそくふんしゃ》を使って、イトカワから20キロメートルの地点に静止した。

「はやぶさ」が、イトカワの画像を送ってきた。

それを見て、川口は少しだけほっとした。惑星探査のプロジェクトでは、惑星にたどりついて、何枚かのクリアな画像が手に入れば、失敗と批判《ひはん》されることはないからだ。

それにしても驚いたのは、イトカワの姿《すがた》だった。とてもユニークな形をしていたのだ。

「ずいぶんごつごつしていて、ジャガイモみたいだな」

「俺にはラッコに見えるよ」

スタッフは口々にそう言って笑い合った。

いよいよ、イトカワに着陸し、サンプルの採取を行う時が来た。

サンプルの採取方法は、岩盤《がんばん》の上に着地して、弾丸《だんがん》を打ち付け、粉砕《ふんさい》して持ち帰るプロジェクタイル（弾丸）方式だった。

イトカワは、表面がごつごつとした凹凸《おうとつ》に覆《おお》われていた。起伏《きふく》のあるところに着陸すると太陽電池パネルを破損《はそん》してしまう恐《おそ》れがあるので、できるだけ平らな場所を選ぶ。着陸予定地点として「ウーメラ砂漠《さばく》」と「ミューゼスの海」と呼《よ》ばれる2地点が候補《こうほ》になった。

11月初め、着陸ミッションが始まった。「はやぶさ」が地球に向けて出発する期限は11月いっぱいだ。それまでに出発しないと、軌道《きどう》の関係で、2007年に予定している地球帰還《ちきゅうきかん》ができなくなる。時間は限られていた。

遠い小惑星への着陸ミッションで難しいのは、時差だ。

地球とイトカワとの間は、着陸ミッションの時点で約3億キロメートル離れている。光の速さで片道17分かかる。地球から「降下《こうか》」の指令を出しても、「はやぶさ」に届《とど》くまでに17分、「はやぶさ」がすぐに応答したとしても、その結果が地球に届くまでに、さらに17分かかる。つまり、指令の結果を確認するまで30分以上かかるのだ。また、「はやぶさ」が「現在、高度50メートル」と知らせてきても、それは17分前の状況である。その間、「はやぶさ」はさらに降下し続け、次の指令を受けるまで、34分間降下し続けることになる。

そのため、イトカワ着陸の最終段階では、すべて「はやぶさ」が自分で判断《はんだん》して行動することになった。

11月4日、まず、第1回目のリハーサルが行われた。

高度3・5キロメートルから降下を開始。イトカワを連続して撮影《さつえい》し、その明るいところの中心を認識して、レーザー高度計でその高度を測りながら降下した。しかし、イトカワの表面が当初想定していた以上にでこぼこしていたため、この画像処理でいくつも明るい部分を検知してしまい、高度700メートル付近でエラーが出た。リハーサルはここで中止となった。

この時送られてきた着陸予定地点の「ウーメラ砂漠」の画像を見たスタッフが言った。

「岩石が散在していて、着陸地点としてはふさわしくないかもしれません」

「そうだな……」

川口はうなずき、もう1つの着陸予定地、「ミューゼスの海」にかけることにした。

11月9日、第2回目のリハーサルでは、前回エラーの出た画像処理は使わず、高度500メートルまで手動で制御《せいぎょ》した。そして途中で、ターゲットマーカーの分離・放出をして、正常に動くことを確認した。「はやぶさ」は高度70メートルまで降下し、ふたたび上昇した。

ターゲットマーカーとは、イトカワに着陸する時の目印になるものだ。本番では、高度40メートルまで降下したところで、ターゲットマーカーをイトカワに向けて放出し、これを追尾しながら自動で接近する。高度35メートルまで近づいたら、4方向に装備された近距離レーザー距離計を使って、イトカワ表面までの高度を測りながら降下する計画だ。

このリハーサルでは、ターゲットマーカーが予定通り分離・放出し、正常に作動することが確認できた。

3日後の11月12日の第3回目のリハーサルでは、ご飯茶碗《ちゃわん》ほどの小さな地表探査ローバー「ミネルバ」を放出した。ミネルバは地表をジャンプしながら移動し、画像や温度のデータを送信する機能がある。

ところが、高度70メートルで分離したつもりが、実際には200メートルで分離されており、ミネルバを地表に届けることには失敗した。原因は、小惑星の表面が想定以上に明るくなっていたことだった。そのせいで、近距離レーザー距離計が正しく機能しなかったため、急いで調整したが、「はやぶさ」の挙動に間に合わなかったのだ。

「だめだったか……」

ミネルバの放出失敗で少し落ち込んでいた川口に、「はやぶさ」の軌道《きどう》・姿勢制御《しせいせいぎょ》を担当していたスタッフが、こんな提案《ていあん》をしてきた。

「はやぶさの動きを制御《せいぎょ》するのに、これまで精度優先《せいどゆうせん》で計算機処理で答えを出す方式にこだわっていましたが、人間による処理を入れたほうがいいですよ」

「ほんとに？」

「ええ、そのほうがはるかに処理が速くなります」

こうして提案《ていあん》された新たな方法は、「地形航法」といって、「はやぶさ」のミッションを通して獲得《かくとく》した最大の成果となった。ほかの国にはない、日本の小惑星探査の大きな財産となったのである。

こうしてリハーサルは終了し、いよいよ「はやぶさ」は着陸本番を迎《むか》えることになった。11月20日、「はやぶさ」はイトカワへの着陸を開始した。

「ミューゼスの海への降下を開始する」

川口の合図とともに、「はやぶさ」は高度約1キロメートルから降下を開始した。

高度54メートルまで近づいたところで、ターゲットマーカーを作動させる。ターゲットマーカーは無事に地表に届き、「はやぶさ」は3分後にターゲットマーカーの追尾を始めた。高度17メートルで地表面にうまく着地するための姿勢制御《しせいせいぎょ》モードに移行した。ここからの着陸・弾丸発射《だんがんはっしゃ》・上昇《じょうしょう》という作業は、「はやぶさ」の判断に任せる。

「ここまでは順調だ……」

川口がそう思った時だった。

「どういうことだ？」

スタッフが身を乗り出すように画面を見つめた。「はやぶさ」からは順次、高度の情報が送られてくる。そこに、不可解な数値が並んでいたのだ。

「どうした？」

「ずっと秒速2センチメートルで降下を続けているんです」

「どういうことだ？　はやぶさは、まだ着陸していないのか？」

「……わかりません」

「仕方ない。緊急離脱指令《きんきゅうりだつしれい》（デルタV）を出そう」

「……はい」

緊急離脱指令によって「はやぶさ」は上昇《じょうしょう》を開始し、セーフ・ホールド・モードに入った。セーフ・ホールド・モードは、トラブルが起きた際など、探査機に弱い回転を与《あた》えて休眠状態《きゅうみんじょうたい》にするものだ。

ところが、改めてデータを調べてみると、「はやぶさ」はたしかにイトカワに着陸していたことが分かった。

「はやぶさは着陸して、イトカワの自転と一緒に動いていたから、数値の上では毎秒2センチメートルの降下を続けているように見えていたのかもしれません」

「そういうことか……」

川口は納得して、笑顔でこう言った。

「ということは、着陸成功ということだな」

「はい！」

メンバー全員に笑みがこぼれた。ついに、「はやぶさ」が小惑星イトカワへの着陸を成功させたのである。

NASAの「ニア・シューメーカー計画」では小惑星への着陸にのみ成功していたが、「はやぶさ」は着陸しただけではなく、小惑星からの離陸にも成功したのである。

「これは、世界初の小惑星からの離陸だ！」

川口は、初めてNASAを超えたという感動にひたった。


しかし、歓喜《かんき》の瞬間《しゅんかん》と同時に、川口には難しい選択が待っていた。

「30分の着陸に成功したんです。はやぶさをもう地球に帰してやりましょう」

「そうです。舞い上がったサンプルがカプセルに入っている可能性もあります。もう一回、着陸を試みるだけでもリスクです」

「地球への帰還《きかん》のタイムリミットも迫《せま》っていますし……」

スタッフや科学者の多くが、そう口をそろえた。

すべてもっともな理由だった。しかし、川口には「帰る」という選択肢《せんたくし》はなかった。「はやぶさ」の本当のミッションはここからだと思っていた。

「単に帰るだけではなく、確実にサンプルを持ち帰ることが、はやぶさの大きな使命だ。それらのリスクも分かったうえで、最後のチャレンジをしよう」

「でも……」

および腰《ごし》のメンバーに、川口は言った。

「これを見てほしい」

川口が見せたのは、はやぶさから送られてくるデータだった。

「セーフ・ホールド・モードにいる間に、はやぶさはイトカワから100キロメートルの距離《きょり》まで離されていた。だが、すでに体勢を整えて、ふたたびイトカワに近づいている。はやぶさは、イトカワに戻《もど》る気なんだ！」

スタッフ全員が、しばしデータに見入った。

「はやぶさのやつ、まだやる気なのか……」

「よし！　まだ時間はある。もう一回チャレンジしよう！」

川口の熱意に押され、全員が「はやぶさ」のイトカワ再着陸にチャレンジすることを決意した。

川口にも、成功する確信があったわけではない。この判断が正しいのかどうかは分からなかった。でも、目標だったサンプルリターンをどうしても確実なものにしたかったのだ。

11月25日、「はやぶさ」は最後の着陸を開始した。

これまでの教訓から、障害物検出《しょうがいぶつけんしゅつ》センサーが何かを検出しても、着陸を続行することにした。また、前回のように30分間静止がないよう、一定の待ち時間（3分）を過ぎたら、自動的に次の手順に入ることにした。そして、着陸の精度《せいど》が上がっていたことから、ターゲットマーカーは使わないことにした。

降下、着陸、弾丸発射、そして上昇と、すべては想定通りに進んだ。「はやぶさ」は着陸と試料採取に成功したのである。

月以外の天体において、つまり地球圏外《ちきゅうけんがい》の天体において、着陸と試料採取に成功したのはこれが初めてのことであり、世界の宇宙開発史における偉業《いぎょう》だった。

川口は目頭を熱くして、喜びをかみしめた。

ところが、すべてはここから暗転する。それまでの順調なミッションが嘘《うそ》のように、次々に悪いニュースが飛び込んできた。

11月26日、着陸に成功してから4時間後のこと、化学エンジンのトラブルが発生した。イトカワの上昇を減速して止めるため、「はやぶさ」の上面にある化学エンジンを噴射《ふんしゃ》したところ、燃料が漏《も》れたのだ。

翌日、電源がリセットされたが、その次の日には一時通信が途切《とぎ》れた。29日に通信が復旧《ふっきゅう》するまで、関係者たちは祈《いの》るような日々を過ごした。

「トラブルが起きたことは残念ですが、これも、ただ宇宙空間を飛んでいるだけでは起こりえないことです」

川口は26日の記者会見でそう語った。

化学エンジンの燃料漏れは、着陸をしたからこそ起きたトラブルだというわけだ。チャレンジしたからこそ負った傷であり、宇宙探査機にとっての勲章《くんしょう》のようなもの。川口は、そうとらえていた。

「悔《く》いはない」

川口は心からそう思った。しかし、責任はすべて自分がとらなければいけない。

その後、化学エンジンの弁は二度と開けられなくなった。これ以降、「はやぶさ」の化学エンジンは使えなくなったのである。

「はやぶさ」は過酷《かこく》な状況に追い込まれた。

化学エンジンが使えないと、探査機の姿勢は毎日1度ずつずれていく。すると、探査機のアンテナの方向と地球の方向にもずれが生じる。ずれが大きくなれば、地球との交信はできなくなる。そうなると、探査機は死んだも同然だ。

「このままではまずい」

スタッフたちの顔に焦《あせ》りの色があらわれた。川口も、「これまでか」と覚悟《かくご》した。

するとその時、イオンエンジンのチームの一人が言った。

「キセノンガスをそのまま噴射《ふんしゃ》したらどうでしょうか?」

「どういうことだ?」

「キセノンガスの噴射は、イオンエンジンと比べたら、微弱《びじゃく》な推力《すいりょく》しか発生させることができません。しかし、小回りはきくはずです」

「そんなことできるのか?」

「そのためのソフトウェアをつくります」

「分かった。すぐに頼む」

12月4日、キセノンガスを使って姿勢を制御《せいぎょ》するソフトウェアが完成し、ただちに「はやぶさ」に指令が出された。その結果、20~30度あった角度のずれを、翌日には10~20度まで修正することができた。

一方、「はやぶさ」が記録していたデータの分析《ぶんせき》も進んでいた。実は11月29日、「はやぶさ」との通信が復活した時、真っ先にデータの受信をしていたのだ。電源がリセットされているあいだにデータが消えてしまう可能性もあったが、幸いにもかなりのデータが残っていた。

ところが、そのデータから恐《おそ》ろしいことが分かった。

「弾丸《だんがん》の発射装置に、安全装置がかかっていたようです」

「なんだって!?」

「サンプルは回収されていないかもしれません」

「そんなバカな……」

目的だった試料が採取されていない可能性がある。それなら、何のために「はやぶさ」を地球に帰《き》還《かん》させるのか？

川口は自問した。

「それでも、ミッションを投げ出すわけにはいかない……」

もはや、勝っても得るもののない消化試合をするようなものだった。

この事実を知らされたスタッフも、モチベーションを維持《いじ》するのに苦労した。だが彼らには、ただ、粛々《しゅくしゅく》と仕事を続けることしかできなかった。

そんな中、12月8日、「はやぶさ」はふたたび燃料漏《も》れを発生させ、姿勢《しせい》がひっくり返った。今度はキセノンガスを直接噴射しても、姿勢のコントロールがきかなくなった。太陽電池パネルの方向がずれて電力を失い、バッテリを喪失《そうしつ》。すべての機器の電源が落ちた。

12月9日13時10分、「はやぶさ」からの電波が消えた。

――もう、自分の役目は終わりです。

そう言っているかのようだった。

誰も、エラーを起こした「はやぶさ」を恨《うら》んだわけではない。それなのに、「はやぶさ」は運命を悟《さと》ったかのように、自らの命を絶ったように見えた。

イトカワから約550キロメートル、地球から約2億9000万キロメートルという、何もない暗黒の宇宙に、「はやぶさ」は黙《だま》ってのみこまれた。

川口は平静《へいせい》を装っていたが、心は泣いていた。

あきらめたわけではない。「はやぶさ」が行方不明《ゆくえふめい》になっても、「なんとか見つけて地球に帰還《きかん》させてやりたい」と、自分を奮《ふる》い立《た》たせた。

それが何になるのかわからない。「はやぶさ」が地球に帰還したところで、NASAに自慢《じまん》できるわけでもない。そこにあるのは、エンジニアとしての意地だけだった。

復旧《ふっきゅう》できるかどうかは、チームの意欲にかかっている。川口には、それがよく分かっていた。

「はやぶさのふるさとは地球だ！　はやぶさにもう一度だけ地球を見せてやりたい。お願いだ。協力してほしい！」

川口の言葉に胸をうたれたチームは、はやぶさの救出へ向けて動き出した。

交信は途切《とぎ》れているため、当初予定していた２００７年６月の帰還は断念《だんねん》せざるをえなかった。「はやぶさ」はイトカワとほぼ同じ軌道《きどう》で公転していて、次に地球に近づくのは２０１０年６月である。その時の帰還をめざすことになった。

「もう一度太陽電池に光が当たれば、通信が可能になる時がくる」

川口はそう信じていた。

チームは、「はやぶさ」のいると思われる方向に電波を送り続けた。しかし、応答はない。聞こえてくるのは雑音《ざつおん》ばかりだった。こんな運用がずっと続いた。

「変化のない仕事ほど、つらいものはない……」

電波を送り始めて46日目、2006年1月23日のこと。運用担当者が突然叫《とつぜんさけ》んだ。

「来たぞ!」

「はやぶさからか?」

「はい、アンテナの向きを変えると、電波が消えます。だから、はやぶさからのもので間違いありません。はやぶさは、まだ生きています!」

「はやぶさは、まだあきらめていなかったんだ!!」

暗く沈《しず》んでいたチームに、一筋《ひとすじ》の光が差しこんだ。

しかし、「はやぶさ」の姿勢は悪く、このままでは公転につれて2〜3ヵ月たつと、太陽電池がふたたび電力を失うことがわかった。

「なんとか太陽の方角に向けたいな」

「でも、電波が弱く、詳細《しょうさい》がわかりません」

川口はスタッフと話し合いを続けたが、なかなか解決策は見つからなかった。

それから1ヵ月ほどたつと、探査機の状態もわかってきた。スタッフたちのミーティングで、次のような報告がなされた。

「はやぶさは、今後4年間、太陽の周りを2周半して、地球に帰ってきます。その間、太陽電池パネルに太陽光を当てるため、太陽の方向を向き続けなければいけません。その姿勢を維持《いじ》させるには、キセノンガスの直接噴射《ふんしゃ》では量が足りません」

　すると、あるスタッフが言った。

「太陽光のもつ力を利用したらどうです？」

「どういうことだ？」

　川口はすかさず聞いた。

「もともと太陽からは、非常に弱い力（太陽輻射圧《たいようふくしゃあつ》）がはたらいています。とても弱いけど、それでも重力を除《のぞ》くと、惑星《わくせい》探査機にはたらく一番大きな力です。太陽電池パネルでこの力を受ければ、１日に毎秒１センチメートルくらいは加速できるはずです」

「なるほど。つまり、今残っているのは、イオンエンジンと１基だけ残ったリアクションホール（宇宙機の姿勢制御装置）。これに太陽からの力だ。この３つの力で、はやぶさの姿勢をコントロールしよう。それによって、地球帰還時《ちきゅうきかんじ》に使うイオンエンジン運転用のキセノンガスを温存しておける」

　こうしてさまざまなトラブルに見舞《みま》われながらも、地球帰還のわずかな可能性が残された。

　２００８年４月25日、「はやぶさ」は１年半にわたって並走《へいそう》していたイトカワの軌道《きどう》から離脱《りだつ》。地球への帰還の旅を開始した。

　そして３年後、２０１０年４月から６月にかけて、地球再突入軌道に入った。

　当初の計画では、「はやぶさ」はカプセルを切り離し、地球に落下させ、自身は化学エンジンを使って、地球再突入軌道から離れ、ふたたび宇宙に飛び出して、次のミッションのため飛行を継続することになっていた。

しかし、推力《すいりょく》の弱いイオンエンジンしか残っていないので、これはもうできない。カプセルを切り離したあと、「はやぶさ」を地球に突入させて消滅《しょうめつ》させるしかなかった。

実は、川口はサンプルの回収をあきらめてはいなかった。

「イトカワ着陸時に弾丸が発射されなかったが、それでもイトカワに2回着陸している。小さな塵《ちり》やほこりのようなサンプルを採取している可能性はある。それを無事に地球に届《とど》けることができるかもしれない」

それは、このミッションに残された、最後の小さな希望の光だった。

2010年6月13日、「はやぶさ」にとって、地球帰還の最後のチャンスになるかもしれない日がきた。

再突入《さいとつにゅう》のチャンスは一回しかない。「はやぶさ」の使命は、カプセルを地球に届けること。あらゆるリスクに備え、カプセル切り離しまで不要な機器の電源はすべて切ることになった。電源を入れたとたん、ショートして探査機が全損《ぜんそん》するおそれがあったからだ。

「はやぶさは内之浦《うちのうら》上空を通過する。カメラのスイッチを入れて、7年前に飛び立った母港を見せてやりたい……」

川口はそう思ったが、口にはしなかった。何よりもカプセルが優先だ。

19時51分、カプセルの分離に成功。カプセルは弾道飛行でオーストラリアのウーメラ砂漠《さばく》に向かって落下していった。

カプセルの軌道は地上からコントロールできないので、「はやぶさ」の全ミッションはここに終了したことになる。

もちろんスタッフはみな、そのことを分かっていた。しかし、持ち場を離れる者はいない。すべての役目を終えた「はやぶさ」は、まだ飛行を続けているのだ。大気圏《たいきけん》に再突入《さいとつにゅう》するまで、2時間半あまりが残されていた。

「……はやぶさに自分の目で、ふるさとの地球を見せてやろう」

川口が言った。

スタッフはみなうなずいた。思いは同じだった。

4年半ぶりにカメラの電源が入った。

「はやぶさ」は自分の目を取り戻《もど》した。何度か撮影《さつえい》を試みる。しかし、カプセルを分離した反動で、機体が大きく揺《ゆ》れていて、画像にはならない。

やがて「はやぶさ」は、地球の大気圏《たいきけん》に突入《とつにゅう》した。

「さようなら……」

川口は小さくつぶやいた。

そのとき、１枚の画像が送られてきた。「はやぶさ」が最後に撮影した７枚目の画像だった。通信が途中で途切《とぎ》れたため、画像の最後は切れていたが、そこには美しい地球の姿《すがた》が写っていた。

「はやぶさ」は、ふるさとの地球を目に焼きつけながら、燃えつきたのである。

「えっ!?　何もないじゃないか！」

「やはり、サンプルの採取は失敗したのでしょうか……」

オーストラリアのウーメラ砂漠で回収されたカプセルは、羽田空港経由で相模原《さがみはら》の宇宙科学研究所に届《とど》けられた。

試料分析《しりょうぶんせき》のため、カプセルの中の試料採取容器（コンテナ）を開けた研究者たちは肩を落とした。中には、目に見えるものは何もなかったのだ。

ところが、その後の調査で、コンテナの底に、肉眼《にくがん》で見える比較的《ひかくてき》大きな小片《しょうへん》が確認された。そして、光学顕微鏡《こうがくけんびきょう》で観測してみると、空《から》と思われていた容器にも、微粒子《びりゅうし》が存在していることがわかった。ヘラでかきとってみると、１００個以上の粒子がとらえられた。これらを電子顕微鏡で観察してみると、輝石《きせき》やカンラン石が多数確認された。これらは当初予測されていたイトカワの岩石とほぼ一致《いっち》した。

２０１０年11月16日、最終的に、イトカワ起源の微粒子１５００個を確認したことが発表された。小惑星からのサンプルリターンの成功が、確かなものとなったのである。これは人類初の快挙だった。

「だから地球に戻ってきてくれたんだな……」

川口は、「はやぶさ」の影を探すように大空を見上げた。

その後、「はやぶさ」の後継《こうけい》として、「はやぶさ2」のプロジェクトが始まった。

2014年12月3日、種子島《たねがしま》宇宙センターからH-ⅡA《ツー》ロケットで打ち上げられた「はやぶさ2」は、JAXAにおいて史上最年少でプロジェクトマネージャーとなった津田雄一《つだゆういち》のもとでミッションが遂行《すいこう》され、2018年6月27日、小惑星リュウグウに到着《とうちゃく》した。

そして2019年2月22日、タッチダウンにより十分な試料の採取に成功。さらに7月11日にも、2回目の着陸と試料採取に成功した。その後、2020年12月6日に試料回収カプセルを地球に帰還《きかん》させ、サンプルリターンを成功させた。

「はやぶさ2」は現在、地球を離れ、別の小惑星へ向かう拡張《かくちょう》ミッションに移っている。

日本の宇宙開発は、さまざまなトラブルや苦難に見舞《みま》われながらも、高度な技術や斬新《ざんしん》なアイデア、そして熱い思いによって、いくつものハードルを乗《の》り越《こ》えてきた。先人たちがつないできたバトンを受《う》け継《つ》ぎながら、今も新たな地平を開き続けている。

エピローグ
地球から月へ、そしてその先へ

補給機ジュール・ヴェルヌ

1992年。かつてキャサリンが予想した通り、36歳のメイ・ジェミソンが、初のアフリカ系アメリカ人女性の宇宙飛行士として、スペースシャトル・エンデバーで宇宙へと向かった。

ジェミソンは元々パイロットではなく、医師だ。アポロ計画の終了から20年経ったこの頃には、宇宙飛行士になるのにパイロットの資格は必須《ひっす》ではなくなり、多様な人材が宇宙飛行士を目指すようになった。宇宙空間での科学ミッションが増え、ジェミソンもシャトルに搭載《とうさい》された「スペース・ラブ」で、医学や生物に関する実験を行った。

スペースシャトルは、それまでの宇宙船と違い、再利用できる宇宙船として開発された。90年代半ばからは、宇宙ステーションの建設に駆《か》り出《だ》され活躍《かつやく》した。

史上最大の人工衛星である、国際宇宙ステーション、通称ISSは、NASA《ナサ》(アメリカ)、ロスコスモス(ロシア)、ESA《イーサ》(ヨーロッパ)、CSA(カナダ)、JAXA《ジャクサ》(日本)——この5つの宇宙機関が共同で運用している、地球周回軌道上《ちきゅうしゅうかいきどうじょう》に作られた科学研究所だ。

ロシアのプロトンロケットやソユーズロケット、スペースシャトル、無人補給機《むじんほきゅうき》で何度も部品を運び、宇宙空間で組み立てられてきた。そして、各国の技術者、科学者、医師などが宇宙飛行士として訪れて、宇宙空間でしかできない、オリジナリティあふれる研究を行っている。

2008年3月9日、ESAの欧州補給機《おうしゅうほきゅうき》の第1号、ジュール・ヴェルヌは、ESAが誇《ほこ》るアリアン5ロケットで打ち上げられた。ジュール・ヴェルヌはISSへ物資の輸送《ゆそう》を行う無人補給《ほきゅう》機で、いくつかの実験とテストをこなしてから、4月3日に無事ISSとのドッキングを成功させた。

その2ヵ月後、スペースシャトル・ディスカバリーに乗って、NASAの宇宙飛行士、グレゴリー・シャミトフが、セサミベーグルの差し入れを片手にやってきた。カナダのモントリオール生まれの彼は、幼い頃にアポロ11号の月面着陸をテレビで見た6億人のうちの一人だった。彼はその時抱《いだ》いた夢を叶《かな》えて、ISSの第17-18次長期滞在クルーとして、これから6ヵ月間のミッションに従事《じゅうじ》するのだ。


「ジュール・ヴェルヌの中は静かだな。寝室《しんしつ》にぴったりじゃないか」

シャミトフは、ISSの一番端《はし》に連結されたジュール・ヴェルヌの内部に初めてやってきた。円筒《えんとう》型《がた》の内壁《ないへき》一面に設けられた棚《たな》には、大量の積み荷がベルトでしっかり固定されている。シャミトフはその荷物のうち、一つのパッケージのベルトを外して引っ張り出した。

パッケージは地上で持ってもさほど重くはないだろうと思ったが、ISSの中では宙に浮《う》いて、指でつつくだけで滑《すべ》るように移動した。中身をばら撒《ま》かないように、壁に押し付けて開封《かいふう》する。そこには、ESAが用意してくれたさまざまな記念品が入っていた。シャミトフはそのうちの一つ、古ぼけた一枚の原稿用紙《げんこうようし》を取り出した。それは台紙に固定され、ビニールのパックで厳重《げんじゅう》に守られていた。

「『前進、それこそ人類のモットーだ』——か。本物なんだよな、これ」

それはこの補給機《ほきゅうき》の名前になっている、小説家ジュール・ヴェルヌの直筆原稿だった。この打ち上げを記念して、『月世界旅行』のフランス語版と共に、宇宙までやってきたのだ。

過去のロケット開発者たちを生み出した、偉大《いだい》な作家の肉筆の言葉を手にして、航空工学、宇宙工学の技術者であるシャミトフは、こみあげてくる感動にひたった。しかし、しばらく眺《なが》めているうちに、自分ではどうにもできない悔《くや》しさが胸ににじむのを感じた。

――前進か……。ISSはとてつもないプロジェクトだ。この巨大《きょだい》な人工衛星《じんこうえいせい》は、間違いなく宇宙開発が前進している証《あかし》だ。それは間違いない。しかし、有人の惑星探査のほうでは、我々《われわれ》は停滞《ていたい》している……。

1977年に打ち上げられた無人探査機ボイジャー1号・2号両機は、すでに太陽系の端《はし》に到達《とうたつ》し、火星探査車のオポチュニティは火星の表面をきびきびと動き回っている。少し前には無人探査機ニュー・ホライズンが打ち上げられ、海王星から外側の天体の調査へと向かう旅路の途中にある。しかし、有人活動のほうはというと、すっかり鳴りをひそめていた。

シャミトフは、原稿の下にあった『月世界旅行』の美しい表紙を眺《なが》めた。地球儀《ちきゅうぎ》と船の錨《いかり》を組み合わせた意匠《いしょう》の周囲に、コンパス、望遠鏡、気球、操舵輪《そうだりん》など、19世紀らしい冒険《ぼうけん》を表すアイコンがちりばめられている。21世紀の宇宙空間で見てもなお、冒険心をくすぐられる素晴らしいデザインだった。

――地球の周回軌道《しゅうかいきどう》から飛び出していく冒険は、すっかり無人機のものになってしまった。アメリカもロシアも、月の次は火星に人類を送ると息巻《いきま》いていたのに、月にすら行かなくなってしまった。ESAも、ヨーロッパ版のスペースシャトル・エルメスの開発をあきらめてしまった。

ISSは素晴らしい研究室だが、冒険をする場所ではない。ここでは人々は冒険ではなく、生活をする。Tシャツとスウェットパンツでベーグルをかじり、ラボで細菌の培養具合《ばいようぐあい》をチェックして、休憩時間《きゅうけい》には仲間と卓球《たっきゅう》やボードゲームをする。そんな毎日が当たり前になっている。

「NASAはもう月にすら行かないのだろうか……」

シャミトフはそうつぶやいて、原稿と本をそっとパッケージに戻《もど》した。わかっている、自分たちは単に遠くに行くためだけに、莫大《ばくだい》な予算を消費するわけにはいかないことを。今の宇宙開発には、大金をかけたぶんの、実用的なリターンが求められている。ISSはそのリターンを返せる場所だ。ここで堅実《けんじつ》な仕事を続けて、いずれは民間利用にまで開放していくのが、今の宇宙開発の役目なのだ。わかってはいる。

――「前進、それこそ人類のモットーだ」。できることなら、この言葉を月まで連れて行きたいが……。今の我々には、ここが限界なんだ、ヴェルヌ先生……。

39年前。

少年の日のシャミトフが憧《あこが》れたアームストロング船長は、月面での活動を終えてイーグルの船内に戻《もど》ったあと、少し睡眠《すいみん》を取ろうとした。スケジュールにそう組み込まれていたからだ。しかし、イーグルの中はひどく冷え切っていたし、大きな仕事をやり遂《と》げた興奮《こうふん》と、予想していなかった驚《おどろ》きもあって、まったく寝つけなかった。

その驚き——手触《てざわ》りとしては、ささやかなできごとだった。しかし、彼がここまで来た意味が、それには凝縮《ぎょうしゅく》されていた。

——ここに戻《もど》って、ヘルメットを脱《ぬ》いだ時……月の砂まみれになっていた宇宙服から、においがした。あれは、間違いなく月のにおいだ。火薬のような、火が消えたあとの暖炉《だんろ》の灰のような……。あそこには炎《ほのお》も酸素《さんそ》もなかったのに、何かが燃えた直後のようなにおいが、確かに漂《ただよ》ってきたのだ……。俺は、月ににおいがあるなんて、考えもしなかった。こればかりは望遠鏡や無人機がどれだけ発達したって、わかりっこないだろう……。宇宙には、人が行かなければ、どうしてもわからないことがあるのだ……。


むかしむかし。

美しい女神レートーは、宇宙を支配する全知全能の神ゼウスに見初《みそ》められ、双子《ふたご》をみごもった。しかし、ゼウスの嫉妬深《しっとぶか》い妻《つま》、ヘーラーにそれを知られてしまう。レートーにゼウスの子を産ませまいとするヘーラーの妨害《ぼうがい》を潜《くぐ》り抜《ぬ》けて、レートーはまず双子の姉、アルテミスを産んだ。その後、9日9晩苦しんで、やっと双子の弟、アポロンを産み落とした。

アポロンは太陽を司《つかさど》る神で、アルテミスは月を司る女神だ。20世紀の人々は、史上初の有人月面探査計画の名に、アポロンの名をつけた。

シャミトフが抱《いだ》いたような悔《くや》しさを、宇宙開発に関わる人々は多かれ少なかれ、胸の内に抱《かか》えてきた。アポロ計画の終了から45年、その悔しさがついに報われる時がきた。2017年、アメリカ政府は、新たな有人月面探査計画を承認した。今度はNASA単体ではなく、ISSのような国際協力プロジェクトとして、ヨーロッパ、カナダ、オーストラリア、そして日本が参加する計画になった。

この新たな計画に、21世紀の我々は、月の女神、アルテミスの名をつけた。

2022年11月16日、アルテミス計画のファーストミッション、アルテミス1号の打ち上げが行われた。アルテミス1号は無人の計画だが、次のアルテミス2号は有人飛行計画だ。月への梯子《はしご》は、まだ折れてはいない。人が宇宙を目指し続ける限り、地上から月へ、そしてその先へと、これからも伸《の》びてゆくことだろう。人が行かなければ、見つけられないものを探しに。

参考文献

【宇宙を目指した人々】

『地球から月へ　月を回って　上も下もなく』(ジュール・ヴェルヌ 著、インスクリプト)

『月をめざした二人の科学者』(的川泰宣 著、中公新書)

『宇宙に取り憑かれた男たち』(的川泰宣 著、講談社α文庫)

『宇宙飛行の父ツィオルコフスキー』(的川泰宣 著、勉誠出版)

『ロシア宇宙開発史』(冨田信之 著、東京大学出版会)

『セルゲイ・コロリョフ』(冨田信之 著、日本ロケット協会)

『収容所群島　3』(ソルジェニーツィン 著、ブッキング)

『宇宙への野望』(佐貫亦男 著、ダイヤモンド社)

『宇宙空間をめざして:V2号物語』(W.ドルンベルガー 著、岩波書店)

『ガガーリン』(ジェイミー・ドーラン 著、河出書房新社)

『大いなる一歩　アポロ11号全記録』(ニール・アームストロング、マイケル・コリンズ、エドウィン・E.オルドリンJr. 著)

『アポロ13』(ジム・ラベル、ジェフリー・クルーガー 著、新潮文庫)

『ドリーム　NASAを支えた名もなき計算手たち』(マーゴット・リー・シェタリー 著、ハーパーコリンズ・ジャパン)

『宇宙プロジェクト開発史アーカイブ』(鈴木喜生 著、二見書房)

『月へ　人類史上最大の冒険』(ロッド・パイル 著、三省堂)

『逆転の翼　ペンシルロケット物語』(的川泰宣 著、新日本出版社)

『小惑星探査機はやぶさ　「玉手箱」は開かれた』(川口淳一郎 著、中公新書)

『はやぶさ、そうまでして君は　生みの親がはじめて明かすプロジェクト秘話』(川口淳一郎 著、宝島社)

「JAXA」ホームページ

『天文学辞典』(公益社団法人日本天文学会)

※そのほか、多くの書籍、論文、Webサイト、新聞記事、映像を参考にさせていただいております。

NDC280

科学の先駆者たち

❶ 宇宙を目指した人々

Gakken　2023　356P　22cm
ISBN　978-4-05-501397-0

2023年2月28日　第1刷発行

発行人　土屋徹
編集人　芳賀靖彦
企画・編集　目黒哲也
発行所　株式会社Gakken
〒141-8416　東京都品川区西五反田2-11-8
印刷所　大日本印刷株式会社
DTP　株式会社 四国写研

●お客様へ
[この本に関する各種お問い合わせ先]
○本の内容については、下記サイトのお問い合わせフォームよりお願いします。
https://www.corp-gakken.co.jp/contact/
○在庫については TEL03-6431-1197(販売部)
○不良品(落丁・乱丁)については TEL0570-000577
学研業務センター　〒354-0045　埼玉県入間郡三芳町上富279-1
○上記以外のお問い合わせは TEL0570-056-710(学研グループ総合案内)

科学の先駆者たち

❶宇宙を目指した人々
❷病気と闘った人々
❸星の謎に挑んだ人々
❹生命の不思議に魅せられた人々
❺コンピュータ社会を創った人々